Nelles Verlag

AF125881

Foto: Jayakumar (Shutterstock.com)

# Indien
## Der Süden

Autoren:
Julia Ziegelmaier, Helmut Köllner
Shalini Saran, Ashis Banerjee,
Dr. R. Nagaswamy, J. Inder Singh Kalra,
Shiraz Sidhva, Varsha Das, Geeta Doctor

RAJASTHAN
PALANPUR
685
Mahi
GUJARAT
AHMEDABAD
674
VADODARA
MANDSAUR
INDORE
Narmada
VIDISHA
MADHYA
PRADESH
BHOPAL
Maihar
Dalton
842
Son
AMBIKAP
Hasdo
JABALPUR
1123
1350
Tawa Reservoir
CHHINDWARA
BILASPUR
CHHATTISGARH
SAMBALP
105
SURAT
937
BURHANPUR
1178
NAGPUR
Tapi
DHULE
RAIPUR
Balangi
VALSAD
(BULSAR)
110
825
Ajanta Caves
AMRAVATI
(AMRAOTI)
Penganga
NASHIK
108
Ellora Caves
Godavari
Purna
CHANDRAPUR
AURANGABAD
INDIA
97
MUMBAI
(BOMBAY)
MAHARASHTRA
990
JAGDALPUR
Godavari
PUNE
(POONA)
NIZAMABAD
Malkangiri
1405
TELANGANA
WARANGAL
SOLAPUR
(SHOLAPUR)
163
HYDERABAD
VISAKHAPATNA
Bhima
Godavari
Ratnagiri
BIJAPUR
VIJAYAVADA
678
RAJAHMUNDR
KOLHAPUR
KONKAN
WESTERN
EASTERN
GHATS
MACHILIPATNAM
(MASULIPATAM, BANDA
Pattadakal
KURNOOL
Krishna
Hampi
Tungabhadra
DHARWAD
153
ANDHRA
ONGOLE
PANAJI (PANJIM)
122
GOA
HUBLI-
HOSPET
GUNTAKAL
PRADESH
118
Karwar
CHITRADURGA
Penneru
Penneru
NELLORE
MALABAR
1105
Penukonda
KARNATAKA
TIRUPATI
COAST
Udupi
1892
Belur
BENGALURU
(BANGALORE)
144
CHENNAI
(MADRAS)
178
MANGALORE
Mahabalipuram
COAST
MYSORE
TAMIL
191
NADU
PUDUCHERRY
(PONDICHERRY)
KANNUR
2339
COIMBATORE
COROMANDEL
KOZHIKODE
(CALICUT)
TIRUCHIRAPPALLI
(TRICHY)
LAKSHADWEEP
(INDIA)
KERALA
Anamudi
2695
201
Minakshi Temple
THANJAVUR
Strait
Palk
206
KOCHI
(COCHIN)
212
MADURAI
JAFFNA
LAKSHADWEEP
Rameswaram
Mullaittivu
Mannar
SEA
KOLLAM
(QUILON)
TIRUNELVELI
Gulf of Mannar
Trincomalee
224
ANURADHAPURA
SRI LANKA
(CEYLON)
218
NAGERCOIL
Puttalam
189
237
THIRUVANANTHAPURAM
(TRIVANDRUM)
Batticaloa

Map showing the Bay of Bengal region with the following labels:

JHARKHAND, WEST BENGAL, RANCHI, KULTI, HAORA (HOWRAH), JAMSHEDPUR, RAURKELA, 1055, BALESHWAR (BALASORE), ODISHA, HUBANESHWAR, 134, Paradip, PURI, Chilika Lake, BRAHMAPUR (BERHAMPUR), KAKULAM, 137

DHAKA (DACCA), KHULNA, KOLKATA (CALCUTTA), Feni, BANGLADESH, Mouth of the Ganga (Ganges), Cox's Bazaar, CHITTAGONG, Lunglei, Blue Mountain, Falam

Mogok, MANDALAY, PAKOKKU, Mt. Victoria 3053, Mt. Popa 1518, MEIKTILA, Sagu, Minhla

SITTWE (AKYAB), Ramree, MYANMAR (BURMA), PYAY (PROME), HINTHADA (HENZADA), PATHEIN (BASSEIN), Labutta, Mouth of the Ayeyarwady (Irrawaddy)

B A Y   O F   B E N G A L

I N D I A N   O C E A N

0   200   400 km

© Nelles Verlag GmbH, München

## KARTENVERZEICHNIS

Hinweis: In einigen Fällen ist die Schreibweise der Ortsnamen in den Karten nicht identisch mit der im Text, weil für die Kartennamen die UNO-Richtlinien zugrunde gelegt wurden, während im Text die im Deutschen gebräuchliche Schreibweise verwendet wurde.

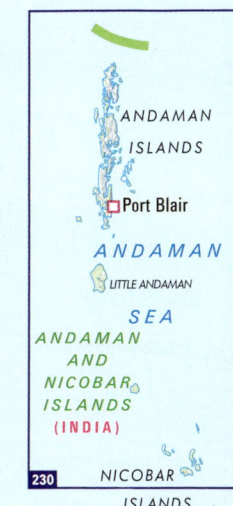

ANDAMAN ISLANDS, Port Blair, ANDAMAN, LITTLE ANDAMAN, SEA, ANDAMAN AND NICOBAR ISLANDS (INDIA), 230, NICOBAR ISLANDS, GREAT NICOBAR

# IMPRESSUM / KARTENLEGENDE

## Liebe Leserin, lieber Leser,

AKTUALITÄT wird in der Nelles-Reihe groß geschrieben. Unsere Korrespondenten dokumentieren laufend die Veränderungen der weltweiten Reiseszene, und unsere Kartografen berichtigen ständig die auf den Text abgestimmten Karten.

Wir freuen uns über jeden Korrekturhinweis! Unsere Adresse: Nelles Verlag, Machtlfinger Str. 26 Rgb., D-81379 München, Tel. +49 (0)89 3571940, Fax +49 (0)89 35719430, E-Mail: Info@Nelles.com, Internet: www.Nelles.com

**Haftungsbeschränkung**: Trotz sorgfältiger Bearbeitung können fehlerhafte Angaben nicht ausgeschlossen werden, der Verlag lehnt jegliche Produkthaftung ab. Alle Angaben ohne Gewähr. Firmen, Produkte und Objekte sind subjektiv ausgewählt und bewertet.

## *LEGENDE*

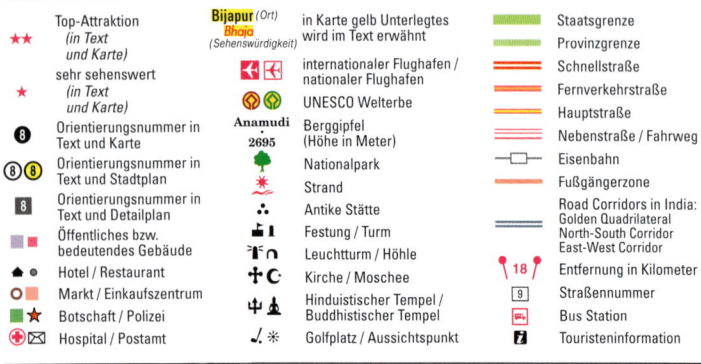

| | | |
|---|---|---|
| ★★ | Top-Attraktion *(in Text und Karte)* | **Bijapur** *(Ort)* / *Bhaja (Sehenswürdigkeit)* — in Karte gelb Unterlegtes wird im Text erwähnt | Staatsgrenze |
| ★ | sehr sehenswert *(in Text und Karte)* | internationaler Flughafen / nationaler Flughafen | Provinzgrenze |
| ❶ | Orientierungsnummer in Text und Karte | UNESCO Welterbe | Schnellstraße |
| ⑧❽ | Orientierungsnummer in Text und Stadtplan | **Anamudi** 2695 Berggipfel (Höhe in Meter) | Fernverkehrstraße |
| ⑧ | Orientierungsnummer in Text und Detailplan | Nationalpark | Hauptstraße |
| | Öffentliches bzw. bedeutendes Gebäude | Strand | Nebenstraße / Fahrweg |
| ♠ ● | Hotel / Restaurant | Antike Stätte | Eisenbahn |
| ○ ■ | Markt / Einkaufszentrum | Festung / Turm | Fußgängerzone |
| ■ ★ | Botschaft / Polizei | Leuchtturm / Höhle | Road Corridors in India: Golden Quadrilateral North-South Corridor East-West Corridor |
| ✚ ⊠ | Hospital / Postamt | Kirche / Moschee | Entfernung in Kilometer |
| | | Hinduistischer Tempel / Buddhistischer Tempel | Straßennummer |
| | | Golfplatz / Aussichtspunkt | Bus Station |
| | | | Touristeninformation |

## IMPRESSUM

**INDIEN – Der Süden**
© Nelles® Verlag GmbH
81379 München
All rights reserved

Druck: Bayerlein, Germany
Einband durch DBGM geschützt

Reproduktionen, auch auszugsweise, sowie die Verbreitung durch Internet, fotomechanische Wiedergabe, Datenverarbeitungssysteme und Tonträger nur mit schriftlicher Genehmigung des Nelles Verlags
- F2522 -

# 1 FEATURES

# 2 GESCHICHTE UND KULTUR

# 3 WOLKENKRATZER UND HÖHLENTEMPEL

# 4 PORTUGIESISCHES ERBE

# 5 RELIGIÖSE INBRUNST

## 6 QUERSCHNITT EINES SUBKONTINENTS

## 7 EIN HORT DER TRADITION

## 8 DAS FEST DES LEBENS

## 9 TROPISCHE INSELN

## 10 REISE-INFORMATIONEN

Hoysalesvara-Tempel, Höhepunkt der Hoysala-Kunst in Halebid

Waschtag an einem Fluss in Tamil Nadu

## HÖHEPUNKTE

★★**Mumbai** (Bombay, S. 91): In der Megacity am arabischen Meer kontrastieren westlicher Lifestyle mit Uferpromenaden, Bars, Cafés und Bollywood-Starlets mit quirligen Märkten, Hochhäusern, historischen Kolonialbauten, und dem größten Slum Asiens.

★★**Elephanta** (S. 100): Vom Gateway of India schippert man zur Felseninsel Elephanta mit ihren großartigen Felsskulpturen aus dem 6. Jh.

★★**Ellora** (S. 108): Eine gigantische Anlage aus hinduistischen, buddhistischen und jainistischen Felshöhlen.

★★**Ajanta** (S. 109): Buddhistische Felshöhlen (2. Jh. v. Chr. bis 7. n. Chr.), mit feinsten Malereien und Skulpturen. Ein Muss für Kunstliebhaber.

★★**Goa** (S. 117): Baden, Strandspaziergänge, Märkte, Bars, Partys, historische Kirchen – die frühere portugiesische Kolonie hat viel zu bieten.

★★**Konarak** (S. 136): Der riesige Tempel des Sonnengotts hat die Gestalt eines Pferdegespanns; erotische Figuren schmücken die Fassade.

★★**Nagarhole National Park** (S. 149): Heimat der größten wilden Elefantenpopulation Asiens, von Gazellen, Löwen, Affen, Tigern und Leoparden.

★★**Sravanabelagola** (S. 150): Malerisch steht, auf einem Granithügel aus dem Fels gemeißelt, der 17 m hohe Jainaheilige Gomateshvara (10.Jh.).

★★**Hampi** (S. 152): Riesige Granitfelsen liegen wie Kieselsteine in der Landschaft, dazwischen die Ruinen der alten Königshauptstadt Vijayanagara.

★★**Badami** (S. 154): Eine malerische Kleinstadt, umgeben von Sandsteinfelsen und einem Wasserreservoir, an dem mit herausragendem Skulpturenschmuck verzierte Höhlen und Tempel stehen.

★★**Hyderabad** (S. 161): Eine Zeitreise in der Dekkanmetropole führt von den Basaren der Altstadt über die prunkvollen Nizam-Paläste zu den Cafés der IT-Szene am Husseinsagar.

★★**Mammallapuram** (S. 187): In die Granitlandschaft eingebettet liegen die aus dem Fels geschlagenen skulpturalen Meisterwerke der Pallava-Dynastie.

★★**Puducherry** (S. 191): Französisches Kolonialflair in der zum Spazieren einladenden „Ville Blanche".

★★**Brihadesvara-Tempel** (S. 195): Ein Architektur-Highlight in Thanjavur, das von der Hochkultur der Cholakönige zeugt; den 66 m hohen Tempelturm bewacht Nandi, der Reitstier Shivas. Im Palastmuseum locken großartige Chola-Bronzen.

★★**Srirangam** (S. 197): Die Tempelstadt mit ihren sieben Mauerringen, hohen Tempeltoren und kunstvollen, betriebsamen Tempeln ist ein Muss.

★★**Minakshi-Tempel** (S. 199): Der große, beeindruckende lebende Tempel mit seinen bunten Tempeltoren ist Ziel vieler Hochzeitspaare und Pilger.

★★**Nilgiri-Schmalspureisenbahn** (S. 202): Eine Fahrt in die über 2000 m hohen blauen Berge führt an Teeplantagen vorbei in die kühle Hillstation Ooty

★★**Kochi** (Cochin) (S. 213): Ein Bummel durch die alte Hafenstadt mit ihren Antiquitätenläden und Cafés führt zu Kirchen, Palast und Synagoge und endet bei einer Kathakali-Show.

★★**Periyar National Park Kerala** (S. 219): Ein Refugium für Vögel, Antilopen, Affen, wilde Elefanten und Tiger in den Westghats. Auf Pirsch fährt man per Boot den Stausee entlang oder wandert durch den Dschungel.

★★**Die Backwaters** (S. 220): Eine entspannte Bootsfahrt auf den palmengesäumten Wasserstraßen bietet auch Einblicke in das Leben der Keralesen.

★**Havelock Island**, ★★**Radhanagar Beach/Beach No 7** (S. 235): Die aufwendige Anreise zu den Andamanen lohnt auf Havelock-Island der paradiesische Radhanagar Beach.

---

Rechts: Kerala – gute Stimmung am Strand.

Foto: Julia Ziegelmaier

## EINSTIMMUNG

Südindien bietet einen besonderen Masala-Mix: Aus dem Fels gehauene Tempelhöhlen mit Reliefs; lebendige Tempelstädte; Frauen in Seiden-Saris mit Blüten im Haar; Männer in Dhotis, ursprünglich lebende ethnische Minderheiten; tropische Vegetation; süße Mangos; grüne Reisfelder; Nationalparks mit Elefanten; koloniales Erbe; Gewürz- und Teeplantagen; Kanäle mit Hausbooten und Palmenstrände.

Im hinduistischen Südindien werden religiöse Traditionen gepflegt: Pilger machen sich auf zu den zahlreichen heiligen Stätten und zelebrieren malerische Tempelrituale. Klassische Tänze werden aufgeführt und Ayurveda, die alte ganzheitliche Gesundheitslehre sowie Yoga seit Jahrtausenden bewahrt.

Unterschiedliche Religionen prägen nicht nur spirituelle Haltung und Lebensweise der Menschen, sondern auch deren regionale kulinarische Spezialitäten: So lieben viele Hindus und Jainas rein vegetarisches Thali vom Ba-

nanenblatt, Christen in Goa und Kerala ihre Fischcurries, Muslime und Parsen ihre Fleischgerichte und Kebabs.

Die Metropolen Mumbai (Bombay), Bangaluru (Bangalore) und Hyderabad stehen für das neue Südindien. Die junge, qualifizierte Mittelklasse, die oft im IT-Bereich tätig ist, pflegt hier westlichen Lifestyle mit Ausgehen, Shopping und Urlaub. Auf dem Land aber, wo noch immer die Mehrheit der Südinder lebt, findet man ein ganz anderes Leben: traditionell, erdverbunden und kastenbewusst – mit weniger Armut und Analphabetismus, einem ausgewogeneren Mann-Frau-Verhältnis und hygienischeren Bedingungen als in vielen Bundesstaaten des Nordens.

Bemerkenswert ist die fröhliche Offenheit der Menschen; hier ist man entspannter als im Norden. Daher ist es nicht nur ein Ziel für Kulturinteressierte, Naturfreunde und Badeurlauber, sondern auch für Reisende, die einfach einmal zur Ruhe kommen wollen. Willkommen in der Vielfalt Südindiens – Vanakam! Namaskaram! Namaste!

**2150-1750 v. Chr.** Blütezeit der Hochkultur des Industal in Mohenjodaro und Harappa. Städtebau mit Wasserversorgungs-und Entsorgungssystem, Siegel mit Inschriften.

**Nach 1400 v. Chr.** Die Arya, kriegerische Nomaden, wandern aus Nordwesten ein.

**1300-600 v. Chr.** Die religiösen Hymnen und Texte des Veda und der Upanishaden, Basis des Hinduismus, werden verfasst. Sie etablieren das Kastenwesen als göttliche Ordnung und die Vorstellung von Wiedergeburt entsprechend der Taten (Karma).

**6. Jh. v. Chr.** Die Reformreligionen Buddhismus und Jainismus entstehen durch Gautama Buddha bzw. Vardhamana Mahavira. Beide lehren Selbsterkenntnis, beten keine Schöpfergötter an und lehnen das Kastenwesen ab.

**273-232 v. Chr.** Maurya-Kaiser Ashoka begründet sein Großreich und wird Buddhist.

**230 v. Chr. - 200 n. Chr.** Satavahana-Dynastie auf dem Dekkan, die ältesten buddhistischen Höhlen in Ajanta entstehen.

**2. Jh v. Chr.-2. Jh. n. Chr.** Südindien treibt regen Handel mit Rom, um 70 n. Chr. lassen sich erste Juden in Kerala nieder.

**72 n. Chr.** Tod des Apostels Thomas im heutigen Chennai. Gemeinden der Thomas-Christen existierten bis heute.

**2. Jh. n Chr.** Die Kunstschulen von Gandhara, Mathura im Norden und Amaravati im Süden, schaffen erste Buddhafiguren.

**200-600 n. Chr.** Die mit dem Gupta-Reich im Norden verschwägerte Vakataka-Dynastie regiert auf dem Dekkan. Ausbau der buddhistischen Höhlen von Ajanta

**4. – 9. Jh.** Pallava-Dynastie regiert in Kanchipuram über den tiefen Süden und errichtet monolithische Felstempel in der Hafenstadt Mamallapuram. Seehandel nach Südostasien.

**Um 500-757 n. Chr.** Chalukya-Dynastie regiert den Dekkan von Aihole und später Badami. Ausbau der Höhlentempel von Ellora und Wechselwirkung mit der Kunst der verfeindeten Pallava in Südindien, sichtbar in der Tempelarchitektur von Pattadakal.

**520** Bodhidharma reist von Südindien nach China und begründet dort im Shaolin-Kloster den Zen-Meditationsbuddhismus.

**757-973 n. Chr.** Rashtrakuta-Dynastie auf dem Dekkan, der Kailashanath-Tempel in Ellora wird aus dem Fels gemeißelt.

**880-1267 n. Chr.** Chola-Dynastie in Thanjavur. Im 11. Jh. Eroberungen entlang der Ostküste bis in den Norden, die Flotte der Chola erobert Reiche in Südostasien. Höhepunkt der südindischen Bronzegießkunst;

**1192** Der Afghane Mohammed von Ghur unterwirft Nordindien, 1206 erstes Sultanat in Delhi, von dort aus zunehmende Ausdehnung der islamischen Herrschaft auch nach Süden.

**1191-1317 n. Chr.** Hoyshala-Dynastie im Süden. Meister der filigranen Steinmetzkunst.

**1290-1320** Sultan Alauddin Khiljis General Malik Kafur aus Delhi erobert und plündert die Königrei-

Hinduistischer Tempelwagen in Srirangam, vorbereitet zur großen Prozession.

che Südindiens bis nach Madurai.

**1320-1398** Tughluk-Sultanat in Delhi. Muhammed Tughluk verlegt die Hauptstadt über 1000 km südlich nach Daulatabad (Maharashtra).

**1335-1565 n. Chr.** Die Hindureiche des Südens vereinigen sich zum Großreich von Vijayanagara, bis 1565 ein Bollwerk gegen muslimische Eroberer aus dem Norden.

**1498** Vasco da Gama landet an der Küste Südindiens bei Calicut und kehrt mit Gewürzen beladen zurück nach Lisabon.In der Folge **1503** Gründung von

Fort Manuel in Cochin, dem ersten europäischen Fort in Indien, 1510 wird Goa Kolonie des katholischen Portugal.

**1526-1858** Islam. Mogulreich in Nordindien.

**16. Jh.-1779** Hindu-Reiche der Nayaka, ehemaliger Unterkönige von Vijayanagar, im Süden, v. a. in Madurai, Gingee, Thanjavur.

**1600** Londoner Kaufleute gründen die British East India Company. 1602 Gründung der Niederländischen Ostindien-Kompanie (VOC).

Ab **1639** Aus Fort St. George, der ersten britischen

Foto: Gianni Iorio (SIME/Schapowalow)

Eine junge Frau im südindischen Bundesstaat Kerala.

Handelsniederlassung, entwickelt sich allmählich die Handelsmetropole Madras.

**1658-1707** Mogulkaiser Aurangzeb erobert die Dekkansultanate Bijapur und Golkonda.

**1663** erobern die Niederländer Cochin und lösen die Portugiesen im Gewürzhandel ab.

**1673** Die Französische Ostindienkompanie lässt sich in Pondycherry nieder.

**1680** Tod des Marathenführer Shivaji (dessen Kampf gegen den Mogulkaiser Aurangzeb auch religiös eingefärbt war). Marathen beherrschen 1714-

1818 große Teile Indiens.

**1706** B. Ziegenbalg begründet die Hallesche Mission in Tranquebar, welches 1620-1845 dänische Handelsniederlassung ist.

**1724** Der einstige Vizekönig des Moghulreiches mit dem Titel Nizam ul Mulk begründet den eigenständigen Staat Hyderabad.

**1746-1757** Militärische Auseinandersetzungen zwischen Briten und Franzosen in Madras, Pondicherry und Bengalen.

**1760-1799** Haider Ali u. sein Sohn Tipu Sultan bekämpfen von Seringapatnam aus die Briten.

**1798** Der von einem evangelischen Missionar erzogene Marathe Serfoji wird Maharaja von Thanjavur.

**1858** Briten schlagen den Sepoy-Aufstand nieder. Königin Viktoria wird Kaiserin von Indien.

**1902** Der Maharaja von Mysore läßt das erste Wasserkraftwerk Asiens errichten, Bangalore wird die erste elektifizierte Stadt Indiens.

**1920er Jahre** Gandhi ruft zum gewaltlosen Widerstand gegen die Briten auf. Die Dravidenbewegung fordert die Unabhängigkeit des Südens. Der Nizam von Hyderabad gilt als reichster Mann der Welt.

**15.8.47** Unabhängigkeit Indiens. Die Aufspaltung des Subkontinents in Indien und Pakistan bringt Vertreibungen und Massaker mit sich.

**1954** Indien annektiert die französische Kolonie Pondicherry.

**1961** Indien besetzt die portugiesische Kolonie Goa. 1987 wird Goa ein eigener Bundesstaat.

**1974** Erster erfolgreicher Atomtest Indiens.

**1984** Indira Gandhi wird ermordet. Ihr Sohn Rajiv gewinnt die Wahlen.

**1991** Ermordung Rajiv Gandhis. Der Südinder Rao wird Premierminister, Manmohan Singh Finanzminister: Liberalisierung der Wirtschaft.

**1998** Die Hindupartei BJP gewinnt die Wahl. Atombombentests in Indien und Pakistan.

**2004** Die Kongresspartei ist wieder an der Regierung. Ein Tsunami fordert in Südindien 9000 Opfer. Maoisten kämpfen v.a. in Orissa und Andhra Pradesh bewaffnet für ihre Ziele.

**2008** Islamisten attackieren Mumbai und verschanzen sich im Hotel Taj Mahal; 164 Tote.

**2014** Die hindunationale BJP gewinnt die Wahl und Narendra Modi wird Premierminister. Telangana wird zum 29. Bundesstaat.

**2022** Kritiker mahnen, dass sich Indien unter Premierminister Modis hindu-nationalistischer BJP-Regierung immer mehr zu einer illiberalen Demokratie entwickle.

Hinduistisches Pantheon an einem Tempelturm in Madurai

Foto: Helmut Köllner

## TEMPELREISE

Die Tempel Südindiens sollten nicht nur als faszinierende künstlerische Relikte der Vergangenheit verstanden werden, sondern auch als lebendige religiöse Einrichtungen, in denen Traditionen bewahrt werden, die zu einem festen Bestandteil des indischen Lebens geworden sind. Die im folgenden vorgeschlagene „Tempelreise" umfasst vier Tempelgruppen, von denen jede auf ihre eigene Art interessant ist.

Die erste Gruppe besteht aus den Chalukya-Tempeln, die sich in Badami, Mahakuta, Pattadakal und Aihole befinden. In **Badami**, der alten Hauptstadt der Chalukya-Dynasten, stehen die ältesten Hindu-Tempel Südindiens, die durch ihre enorme Größe auffallen. Die Hindu-Heiligtümer des 6. bis 9. Jh. v. Chr. waren hauptsächlich Höhlentempel. Die vier Höhlentempel in Badami wurden unter der Schirmherrschaft der Chalukya-Herrscher im 6. Jh. aus dem Fels geschlagen. Das charakteristische Merkmal dieser Tempel ist die architektonische Kühnheit und die Verzierung der Decken und Kragsteine über den Säulen mit Figuren. In die Seitenwände der Höhlen wurden mächtige Göttergestalten eingemeißelt. Einige Tempel, deren Figuren weniger auffällig sind, treten durch ihre räumliche Gestaltung hervor. Die Tempel in Badami werden nicht mehr für religiöse Andachten benutzt, während in **Mahakuta** (10 km) einer der vielen Chalukya-Tempel steht, in denen seit fast 1500 Jahren heilige Zeremonien abgehalten werden. Das große Haupthelligtum ist von mehreren kleinen umgeben, in denen jedoch keine religiösen Andachten mehr stattfinden. Auch die Tempel in **Aihole** und in **Pattadakal**, blühende Zentren religiöser Verehrung zur Zeit der Chalukyas, sind verwaist.

Die Tempel an diesen vier Standorten unterscheiden sich zwar in ihrer Bauart, sind aber alle gruppenförmig in der Nähe einer alten Wasserstelle angelegt; und während in Pattadakal, der jüngsten der Städte, bereits sämtliche Tempel freistehend sind, gibt es in Aihole und Badami auch Höhlentempel. Auffallend ist das Nebeneinander von drei verschiedenen Tempelstilen – dem drawidischen Stil mit dem Turm über dem Sanktum, dem nördlichen Stil mit dem vertikal gegliederten *sikhara* (kurvilinear zulaufendes Dach), und dem Kadamba-Stil mit seinem pyramidenförmig geschichteten Aufbau.

Üppig gestaltete Skulpturen charakterisieren die nächste Tempelgruppe in der Nähe von Mysore, errichtet unter den Hoysala-Herrschern. Die Tempel von **Halebid**, **Belur** und **Somnathpur** wurden fast 600 Jahre nach der Chalukya-Gruppe gebaut. In der dazwischenliegenden Zeitspanne veränderten sich die Baustile dramatisch: Die Höhlentempel sind verschwunden, die strukturellen Formen werden komplexer, innerhalb eines bestimmten Planschemas werden Elemente verdoppelt oder verdreifacht. Die bis dahin vorherrschende einfache, realistische Ausdrucksweise weicht einem Stil, der reich verziert und überladen ist. Die Wände sind fast gänzlich mit Blumenmustern und Figuren bedeckt, unter deren fein gearbeiteten Schmuck- und Kleidungsstücken man die Schönheit göttlicher und menschlicher Formen sieht, akzentuiert durch fließende Linien und sinnliche Kurven. Mit ihrer Fülle an bildhauerischen Details sind die Hoysala-Tempel vielleicht einzigartig in der Welt.

Der *Gomatesvara* in **Sravanabelgola** hingegen ruft eher ehrfürchtiges Staunen hervor. Die nackte Kolossalfigur strahlt eine solche Gelassenheit aus, dass alles um sie herum an Bedeutung verliert. Der Geist dieses Jaina-Gottes symbolisiert die absolute Vollendung, die seit jeher Ziel jedes Jaina war. Die Haltung des *Gomatesvara* ist bekannt

Links: Die Kolossalstatue des Gomatesvara in Sravanabelgola wird alle 12 Jahre in feierlicher Zeremonie mit Milch und Honig gesalbt.

als *kayotsarga* (den Körper auflösen) und symbolisiert das vollkommene Sein, das sich von allen individuellen Merkmalen gelöst hat. Der Jaina-Glaube, mit seiner Befürwortung eines einfachen, asketischen Lebens, hätte seinen Idealen kein eindrucksvolleres Denkmal setzen können.

Die südindischen Tempel folgen einem architektonischen Grundmuster und sind immer nach Osten hin ausgerichtet. Zwei *gopurams* (Türme), je einer im Osten und Süden, erheben sich an der rechteckigen Umgrenzungsmauer. Innerhalb des Tempelbezirks gibt es Pavillons, Zisternen, Innenhöfe und Heiligtümer. Am Haupteingang befindet sich der *balipitha*, „Darbringungs-Sitz", ein kleiner Steinaltar, auf dem die Brahmanen ihre Reis-Opfergaben ablegen. Dahinter steht der *dhvaja-stambha*, der „Flaggenmast", ein hoher Pfosten mit drei waagerechten Stangen, die auf das Haupttheiligtum weisen. In Shiva-Tempeln findet man zwischen Pfosten und Sanktuarium einen ruhenden Nandi (der Stier, Shivas Reittier), der auf den Tempeleingang blickt. In Vishnu-Tempeln ist dies entweder der Garuda (Vishnus Reittier, ein mythologisches Wesen, halb Mann, halb Adler), oder der Affengott Hanuman. Das Haupttheiligtum ist quadratisch und mit Öllampen beleuchtet. Hier wird das menschenähnliche Bild des Gottes oder der Göttin aufbewahrt, oder, in Shiva-Tempeln, das *linga*. Andere Heiligtümer innerhalb des Tempelbezirks sind kleineren, mit der Hauptgottheit assoziierten Göttern geweiht. Die Wände und Treppen dieser Bauten sind mit weißen und roten Streifen verziert.

Das auffälligste Element der Tempel ist der *gopuram* (Torbau), der zweimal so hoch wie breit ist. Diese mächtigen Torbauten sind oft mit Skulpturen geschmückt. Die Zahl der Stockwerke

des *gopuram* ist immer ungerade, und jedes ist mit kleinen Pavillons verziert. Der mittlere Pavillon ist größer als die anderen und hat ein kleines offenes Fenster. In jedes Stockwerk sind Bilder von Göttern, Göttinnen und *dvarpalas* (Türhüter) eingemeißelt.

Tamil Nadu ist das Land der Monumentaltempel, die Zentren religiöser Andachten geblieben sind. In **Chennai** (Madras) stehen der Kapalisvara-Tempel (in Mylapore) und der Parthasarathi-Tempel (in Triplicane), in denen täglich Andachten und Zeremonien stattfinden. Beide Tempel sind mindestens 1300 Jahre alt und werden in den Hymnen der Heiligen gepriesen. Nicht-Hindus dürfen nur den äußeren Bereich des Kapalisvara-Tempels betreten.

Die Tempel in **Mamallapuram** (Mahabalipuram) und Kanchipuram können von Madras in einer Stunde Fahrzeit erreicht werden. In Mamallapuram haben die Pallavas des 8. Jahrhunderts die besten Beispiele ihrer klassischen Felsbildhauer-Kunst hinterlassen. Religiöse Andachten werden zwar nicht mehr abgehalten, aber die Fülle der Statuen ist überwältigend, und sogar die monolithischen *rathas* sehen wie Skulpturen aus. Es gibt hier mehrere Höhlentempel, fünf monolithische freistehende Tempel und mehrere aus Steinen errichtete Tempel einschließlich des malerischen Strandtempels.

In **Kanchipuram**, der alten Hauptstadt der Pallavas, kann man am besten die Entwicklung der südindischen Tempelarchitektur vom 7. Jh. bis heute studieren. Es gibt dort über 100 Tempel, von denen die bekanntesten, der Kailasanatha-Tempel und der Ekambaresvara-Tempel, Shiva geweiht sind; im Varadaraja-Tempel wird Vishnu und im Kamakshi-Tempel die Göttin Parvati verehrt; weitere Heiligtümer sind der Subrahmanya-Tempel und ein Jaina-Tempel.

**Chidambaram** ist der Ausgangspunkt für die letzte Tempelgruppe, die hier vorgestellt wird. Chidambaram

---

Rechts: Der Chenna Keshava Vishnu-Tempel in Belur, 1117 erbaut, gilt als früher Höhepunkt des Hoysala-Stils.

Foto: Rainer Hackenberg

ist der Wohnsitz Natarajas, des „kosmischen Tänzers Shiva". Das Besondere an diesem Tempel ist, dass hier die Bronzefigur des Nataraja verehrt wird, und nicht, wie in anderen Tempeln, Shivas *linga*. Über ihm erhebt sich der Bau des Sanktuariums wie eine Blätterhütte, bedeckt mit vergoldeten Metallplatten. Nataraja war die Familiengottheit der Chola-Herrscher, die das Privileg besaßen, in Gegenwart des Gottes gekrönt zu werden. Chidambaram ist das Allerheiligste der Shivaiten; um diesen Tempel herum entwickelten sich Literatur, Religion, Philosophie, Musik und Tanz in einem Zeitraum von 2000 Jahren.

Von hier aus ist der Ort **Gangaikondacholapuram** nur eine Fahrstunde entfernt. Der prächtige Shiva-Tempel liegt auf der Strecke nach Kumbakonam, einer alten Stadt, in der es einige wichtige Tempel gibt. Zwei verdienen besondere Erwähnung – der Nagesvara-Tempel und der Ramaswamy-Tempel. Der erstere, mit einer Struktur aus dem 9. Jh., besitzt liebliche Statuen aus der frühen Chola-Epoche. Der Ramaswamy-Tempel ist ein Beispiel für die Nayak-Architektur des 17. Jh. und für seine kunstvollen Skulpturen bekannt.

In der Nähe von Kumbakonam, in **Darasuram**, liegt ein schöner Chola-Tempel aus dem 12. Jh. Die gewundene Straße führt weiter nach **Tanjore**, das im 9. Jh. als Hauptstadt der Cholas an Bedeutung gewann. Hier baute der berühmte Rajaraja I. um 1010 v. Chr. einen Tempel, der völlig aus Granit besteht. Sein *gopuram*, der stattlichste im Süden, wird von einem Kreuzgang mit zwei Eingangstürmen eingefasst. In diesem Tempel entwickelten sich Künste wie Bildhauerei, Bronzeguss, Malerei, Musik, Tanz, Literatur und Rituale auf einzigartige Weise.

**Madurai** ist bekannt durch den Tempel der Göttin Minakshi, die eine Inkarnation von Parvati ist, Shivas Begleiterin. Die Stadt Madurai wuchs kreisförmig um den Minakshi-Tempel herum. Jede Straße um den Tempel ist nach einem Monat des Jahres benannt.

Foto: Shalini Saran

## INDISCHE GÖTTER

Das indische Götterpantheon ist auf den ersten Blick unübersichtlich und soll nach Meinung mancher Hindus sogar 330 000 003 Götter beherbergen. In der Praxis ist es nicht ganz so schlimm: Es gibt zwar eine Vielfalt an Göttern – wie im alten Griechenland –, die für bestimmte Anliegen zuständig sind, die allermeisten werden jedoch nicht als welterschaffende Götter verehrt. Als Schöpfergott gelten, je nach religiöser Ausrichtung, die Götter Shiva oder Vishnu, oder auch die Devi, die Göttin. Zudem existiert das religionsphilosophische Konzept der *trimurti*, der „Dreigestalt" des Göttlichen mit Shiva als dem Zerstörer, Vishnu dem Erhalter und Brahma dem Schöpfer des Universums, das jedoch heute in der hinduistischen Praxis keine große Rolle mehr spielt.

Oben: Der phallische Lingam symbolisiert Shiva. Rechts: Vishnu erscheint auch als Mannlöwe (in Hampi). Rechts außen: Durga – vielarmig und auf einem Tiger reitend.

Der Hinduismus, der nichts anderes als „die Religion der Inder" bedeutet, ist eine sehr alte Religion, die im Laufe der Jahrtausende tiefgreifende Veränderungen erfahren und andererseits uralte Vorstellungen konserviert hat. Vor mehr als dreitausend Jahren brachten die über den Hindukusch nach Indien einwandernden *Arya* („Arier") ihre Götter mit auf den Subkontinent. Diese Götter und Gesellschaftsvorstellungen wurden in den Veden (1300-1000 v. Chr.), den ältesten religiösen Texten Indiens, festgehalten und bilden die Basis des heutigen Hinduismus.

In den Veden wird aber auch von „dunkelhäutigen, plattnasigen Ureinwohnern, die den Phallus (*lingam*) verehren" berichtet. Von der vorvedischen Kultur des Industals (Harappa; 3000-2500 v. Chr.) sind Tonidole von Fruchtbarkeitsgöttinnen und zudem Siegel von einem Gott mit Stier erhalten.

Innerhalb des Hinduismus gibt es heute unterschiedlichste Ausrichtungen. So kann der Hinduismus polytheistisch oder monotheistisch verstanden werden; es existieren Gruppierungen, die das Göttliche in der Natur sehen; andere, die die Rolle der Brahmanenpriester als Mittler zwischen dem Menschen und Gott ablehnen oder wieder andere, die jegliche Götter leugnen.

In den Hinduismus wird man hineingeboren. Er ist mehr als nur Religion: auch Philosophie, Lebenseinstellung und Gesellschaftsordnung. Trotz dieser Komplexität gibt es einen Kern, der einfach darzulegen ist: Grundpfeiler ist der Glaube an *samsara*, den ewigen Kreislauf der Wiedergeburten. Durch *karma*, sein Handeln, erlangt der Mensch Verbesserung bzw. Verschlechterung in seiner nächsten Existenz auf Erden. Endgültiges Ziel der guten Lebensführung ist *moksha*, die Erlösung aus dem Kreislauf der Wiedergeburten. Die Seele des Menschen (*atman*) ist eins mit dem Göttlichen (*brahman*). Ein weiterer Grundsatz ist das positive Annehmen der eigenen Lebenssituation als Hand-

Foto: Mikhail Nekrasov (Dreamstime)

Foto: Picstudio (Dreamstime)

lungsebene, wie es die Bhagavadgita, das zentrale heilige Buch des Mahabharata, beschreibt, und somit die Akzeptanz des Kastenwesens.

Die indischen Götter werden meist anthropomorph, in menschlich anmutender Gestalt dargestellt: Die Göttinnen sehr feminin, jung, schlank mit üppiger Brust und viel Schmuck; die Götter als junge Helden, europäischen Betrachtern eher androgyn erscheinend; Brahma jedoch häufig als älterer, weiser Gott mit Bart. Um übernatürliche Kraft anzudeuten, weisen die Götterbildnisse oft mehrere Arme auf.

**Shiva** ist ein religionsgeschichtlich sehr früher Gott und wird in vielen südindischen Tempeln im zentralen Heiligtum verehrt. Er ist ein wilder, teils auch gefürchteter Gott, oft mit langen Asketenlocken und um die Hüften gegürtetem Tiger- oder Leopardenfell. Seine Erkennungsmerkmale sind das dritte Auge auf der Stirn, Haarknoten, Dreizack oder Axt, Sanduhrtrommel, Schlange oder Gazelle, und oft eine Mondsichel im Haar. Er ist der Patron der Sadhus, der heiligen Männer und Asketen Indiens, und wird im Allerheiligsten des Tempels nur anikonisch als *lingam*, Phallus, dargestellt. Dementsprechend ist er aber auch mit Fruchtbarkeit und Schöpfung assoziiert und hat so auch einen freundlichen Aspekt, wie schon sein Name Shiva, „der Gnädige", bezeichnet. Als **Nataraja**, König des Tanzes, zerstört, erschafft und bewahrt Shiva die Welt, in einer Flammenaureole auf einem Dämon tanzend; am häufigsten ist das Bildnis des tanzenden Shiva in Südindien zu sehen.

**Vishnu** ist der gütige, kultivierte Gott, mit den Hauptattributen Rad (*cakra*), Muschelhorn (*shanka*), Keule (*gada*) und Lotos (*padma*). Oft wird er auch auf dem Schlangenbett liegend dargestellt, wie er die Erschaffung der Welt träumt. Aus seinem Nabel wächst dabei ein Lotos mit dem Schöpfergott Brahma. Vishnu kommt zudem in zehn Avataren (Herabkünften, Erscheinungsformen) den Menschen zu Hilfe bei der Errettung der Welt: Als **Matsya**/Fisch; **Kurma**/Schildkröte; **Varaha**/Eber; **Narasingha**/Mann-

Foto: Murali Nath (Dreamstime)

wilde **Kali**, die auf den Leichenäckern tanzt.

Alle Götter des indischen Pantheons besitzen außerdem ein Reittier oder Fahrzeug, *vahana*, das in seiner symbolischen Wesensart dem Gott entspricht. So reitet Shiva auf dem **Nandi** (Stier, Bild S. 170), Vishnu auf dem Göttervogel **Garuda** und Durga auf dem **Tiger** oder Löwen.

Der beliebte **Ganesha**, der Gott mit dem Elefantenkopf, der auf der Ratte reitet und den Menschen Hindernisse aus dem Weg räumt, gilt als Sohn von Shiva und Parvati. Ein weiterer Sohn heißt **Skanda** (oder Kartikeya, Murugan, Subrahmania); er reitet auf dem Pfau und ist manchmal mit sechs Köpfen (Shanmukha) dargestellt.

Eine wichtige Göttin ist die Glücksgöttin **Lakshmi**, die den Menschen Fruchtbarkeit und Wohlstand sichern soll. Sie ist die Gattin des Gottes Vishnu und wird häufig auf einem Lotospolster sitzend in einer Übergießungszeremonie dargestellt, bei der Elefanten Wassergefäße über sie ergießen.

Außer dem „Fahrzeug" bilden auch die Attribute, die die Götter in den Händen halten, eine gute Erkennungshilfe, wie schon bei Shiva und Vishnu erwähnt. So hält die Göttin der Wissenschaften und Künste **Sarasvati** das Saiteninstrument Veena und reitet auf der Wildgans Hansa. Das gleiche Reittier hat Gott **Brahma**, ihr Mann, der heute kaum noch in eigenen Tempeln verehrt wird. Ebenso hat der Regengott **Indra** auf dem weißen Elefanten in der Geschichte des Hinduismus an Bedeutung verloren und wird wie Brahma hauptsächlich als Schützer einer Himmelsrichtung außen am Tempel dargestellt. Die Götter treten gern in Begleitung ihres Hofstaates aus Mischwesen, Naturgenien, himmlischen Musikanten und Schönheiten auf.

Daneben gibt es noch viele weitere Gottheiten, die in Südindien Verehrung genießen. Flussgöttinnen wie **Ganga**, **Yamuna** oder **Kauveri** sind oft am Tem-

löwe; **Vamana**/Zwerg, der zum riesigen **Trivikrama**/Dreifachausschreitenden wird; als **Parashurama**/Rama mit der Axt; als **Rama**, der Held des Ramayana-Epos; als **Krishna**, der beliebte Gott, der auf dem Land aufwächst, gern Flöte spielt und von hübschen Kuhhirtinnen umschwärmt wird; als **Balarama**/Rama mit dem Pflug (in Teilen Indiens stattdessen als Buddha); und in seinem Avatar als **Kalkin**, der Erlöser auf dem Pferd, der kommen wird, um die heutige Welt zu retten, wenn sie untergeht.

Auch **Devi**, die Göttin, tritt in unterschiedlicher Gestalt auf: Als **Durga**, die jungfräuliche heldenhafte Kriegerin, ist sie mit den Waffen aller Götter ausgestattet und bekämpft Dämonen (s. Bild S. 63). Oft ist sie in Südindien als Töterin des Büffeldämons Mahisha dargestellt, dann wiederum als **Parvati**, die liebliche Ehefrau Shivas, oder aber als

---

Oben: Die Göttin Lakshmi sorgt für Glück und Fruchtbarkeit. Rechts: Das Rind genießt bei den Hindus große Verehrung, denn die Kuh gilt als Amme oder Mutter der Menschen.

Foto: Julia Ziegelmaier

peleingang dargestellt. Frisch Verheiratete beten an **Nagakals**, Schlangensteinen, um Fruchtbarkeit oder hängen kleine hölzerne Wiegen bzw. Stoffknoten in ein **Baumheiligtum**. Diese archaischen Heiligtümer sind in Südindien oft am Rande eines Tempels, außerhalb des Haupttheiligtums zu finden, wie auch die **Navagrahas**, die „Neun Planeten", die im astrologiebegeisterten Indien oft verehrt werden.

In Tamil Nadu sitzen inmitten der Reisfelder oft riesige buntbemalte Figuren, die **Ayanar** heißen und als Schutzgottheiten die Dörfer und Felder bewachen. Der Ayanar ist als furchteinflößender Krieger mit roter Gesichtsfarbe, weit aufgerissenen Augen und einem dicken Säbel dargestellt. Der Tradition gemäß bringt ihm die Dorfbevölkerung an speziellen Feiertagen ein neues Reittier, ein Pferd aus Ton, an seine Kultstätte.

Außerdem genießt in Indien die **„Heilige Kuh"** Verehrung. Sie gilt als Amme oder Mutter der Menschen, die sie mit ihren heiligen Produkten wie Milch, Joghurt und *ghee* (geklärter Butter/Butterschmalz) versorgt. Als Sitz diverser Götter wird die Kuh auch in speziellen Zeremonien geehrt, so beim Lichterfest Divali. Gerade für vegetarisch lebende Inder (25 % der Bevölkerung, d. h. rund 400 Millionen) ist die Kuh ein sehr wertvoller Eiweißlieferant. Selbst die Ausscheidungen der Kuh werden als heilige Gabe betrachtet: Geklärter Kuhurin etwa wird in der ayurvedischen Medizin als Zutat in Medikamenten verwendet; Kuhdung dient als Brennmaterial sowie als Dünger und als Insekten abwehrender Baustoff. Und für Kleinbauern ist das Rind als Zugtier unverzichtbar.

Rindfleisch ist für Kasten-Hindus tabu, in sechs Bundesstaaten ist das Schlachten von Rindern verboten. In traditionellen Gegenden erhalten alte Kühe ihr Gnadenbrot in *goshalas* (Kuhheimen). Muslimische Händler jedoch kaufen alte Rinder und bringen sie in illegale Schlachthäuser oder in Staaten ohne Schlachttabu. In Kerala und Goa etwa, wo viele Christen leben, gibt es nämlich kein generelles Rinderschlachtverbot.

## DAS KASTENWESEN

„Sein Mund ward zum Brahmanen, seine beiden Arme wurden zum Kshatriyas gemacht, seine beiden Schenkel zum Vaishya, aus seinen Füßen entstand der Shudra." Diese Zeilen aus dem jahrtausendealten Rigveda umreißen bereits die gleichsam sakrale Segregation in einer traditionellen Hindugesellschaft wie in Indien oder Bali.

Kennzeichnend für das indische Kastensystem ist, dass es eine hierarchische Schichtung darstellt, in die der Einzelne hineingeboren wird und aus der er nicht entrinnen kann; ein starres soziales Gefüge, in dem höhere Kasten als zeremoniell „rein" und niedere Kasten als zeremoniell „unrein" angesehen werden. Nach dem Glauben der Hindus wurden vier Kasten (varnas – „Farben") am Beginn der Geschichte eingesetzt, die ewig bestehen sollen: Brahmanen (die Priester), Kshatriyas (die Kriegsherren), Vaishyas (die Bauern und Kaufleute) und Shudras (die Handwerker und Knechte). Noch unterhalb dieser Ordnung stehen die Unberührbaren, die fürs Saubermachen, Gerben etc. zuständig sind.

Obwohl das Kastensystem bei den Hindus eine lange Tradition hat, ist die Feststellung interessant, dass es in den Veden, die teils älter als 3000 Jahre sind, in einer noch wenig entwickelten Form existierte, zu Buddhas Zeit um das 6. Jh. v. Chr. jedoch bereits weit verbreitet war. Den Griechen fiel das Kastenwesen einige Jahrhunderte später auf. Die Hindu-Religion wurde von ihm stark beeinflusst, v. a. die Vorstellungen über die unsterbliche Seele und deren Wiedergeburt unter den moralischen Gesetzen von Handlung und Wirkung (karma).

Mitglieder der höheren Kasten werden als „zweimal geboren" bezeichnet, da sie im Jugendalter mit dem feierlichen Anlegen der „heiligen Schnur" spirituell ein zweites Leben beginnen.

In praktischer Hinsicht sind es die Jatis, die ins Auge fallen. Die Jatis sind Unterkasten und bezeichnen das, was der westliche Besucher unter Kaste versteht. Sie sind in weit mehr als nur vier Unterteilungen gegliedert, wobei die Unterscheidungen zunehmen, je niedriger der soziale Status wird, um sich von der als noch niedriger angesehenen Berufsgruppe abzugrenzen. Diese Regeln innerhalb der Jatis, die in Indien auch häufig mit dem englischen Wort community umschrieben werden, spielen auch im heutigen Leben noch ein Rolle, was sich vor allem in der Heiratspolitik und der Berufswahl niederschlägt. So können höhere Hindukasten sogar außerhalb ihrer Religionsgemeinschaft mit Jainas heiraten, wohingegen große Kastenunterschiede bei Heiratswünschen innerhalb einer konservativen Hindugemeinde zu größtem Konfliktpotential werden können. Im Extremfall kommt es sogar zur Ausstoßung aus der Familie oder Kaste oder gar zu Morden – archaisch anmutende Tragödien, über die die indische Presse immer wieder berichtet.

Es wurde bereits erwähnt, dass das Kastensystem auch die Muslime und Christen in Indien beeinflusst hat. Die Christen der Malabar-Küste, die der syrischen Kirche angehören und in verschiedene Gruppen aufgeteilt sind, essen vielleicht zusammen, aber die einzelnen Gruppen heiraten nicht untereinander. So gibt es beispielsweise einen Gegensatz zwischen „hochkastigen" Thomaschristen der syrischen Kirchen (ab 52 n. Chr. übergetretenen Brahmanen) und „niedrigkastigen" lateinischen Christen – ursprünglich arme Fischer, die von den Portugiesen erst ab 1500 zwangsbekehrt wurden.

Bei den Muslimen wird ein grundsätzlicher Unterschied gemacht zwischen den ashraf, Nachfahren muslimischer Einwanderer, und den Nicht-ashraf, die Hindu-Konvertiten sind. Die ashraf-Gruppe ist weiter unterteilt in

---

Rechts: „Unberührbare" dürfen ihr Wasser nicht aus den Brunnen der Brahmanen schöpfen.

Foto: Bernhard/Walter Kiempf

Sayyids (Nachfahren des arabischen Propheten), Shaikhs (Nachfahren von Mohammeds Gefährten), Pathans (afghanische Abstammung) und Mughals (zentralasiatische Abstammung). Die Nicht-*ashraf* sind entsprechend ihrem Status vor dem Übertritt zum Islam in drei Gruppen aufgeteilt. Die zwei Hauptideen der Hindus, das rituell streng geregelte Zusammenleben der verschiedenen Kasten und deren Heiratsordnung, tauchen im islamischen System allerdings kaum auf.

Ursprünglich sollte das Kastensystem soziale Absicherung bringen und wurde ähnlich den europäischen Zünften als erweiterte Familie verstanden. Kasten bieten eine gute Basis etwa für Geschäftsverbindungen im In-und Ausland. Schon zur Kolonialzeit hatte die Händlerkaste der Chettya den Teakholzhandel in Burma, was damals zu British India gehörte, unter Kontrolle. Verbesserte Kommunikationsmittel ermöglichen es heute den verschiedenen Jatis, sich über geografische Grenzen hinweg auszubreiten, was zu einer wichtigen

Basis für ihre soziale und politische Aktivität geworden ist.

Die indische Politik hat sich, wenn sie auch demokratisch ist und auf dem allgemeinen Wahlrecht basiert, im Verlauf der politischen Entwicklung nur schwer vom Kastenwesen lösen können. Obwohl sich die gebildete Mittelklasse gern öffentlich vom Kastensystem distanziert, bleibt die Kastenhierarchie ein großes soziales Problem.

Die zunehmende Übernahme eigentlich brahmanischer Sitten durch die unteren Kasten, wie die (Un-) Sitte exzessiver Mitgift für die Braut, kann Ärmere in den Ruin treiben; mittels Misshandlung der Ehefrau wird dann manchmal noch weiter versucht, den Schwiegereltern Geld abzupressen.

### Die Unberührbaren

Das Phänomen der „Unberührbarkeit" ist so einzigartig wie das ganze hinduistische Kastensystem. Durch die soziale Bewertung verschiedener Arbeiten wurden diejenigen, die traditionsgemäß Berufen nachgingen wie Straßenkehrer, Metzger, Latrinenreiniger, Schmied, Musikant, Gerber oder Entsorger von toten Tieren als „unberührbar" angesehen in dem Sinn, dass ein körperlicher Kontakt mit ihnen die „Reinheit" der obereren Kasten verletzen würde. Gemeinsame Mahlzeiten mit Niedrigkastigen waren tabu. Mancherorts galt sogar der Anblick eines Unberührbaren oder seine Gegenwart in einem bestimmten Körperabstand für einen Brahmanen als „unrein". Die Unberührbaren mussten daher am Dorf- oder Stadtrand leben und durften auch ihr Wasser nicht aus den Brunnen höherer Kasten schöpfen. Seit der Unabhängigkeitsbewegung werden diese Kasten als „scheduled castes" bezeichnet; an die 200 Millionen Inder rechnet man heute dazu.

Mahatma Gandhi wollte die Diskriminierung abschaffen und taufte die Unberührbaren *Harijans*, „Kinder Gottes", Sie selbst nennen sich *Dalits*, was man mit „Gebrochene" oder „Unterdrückte" übersetzen könnte und einen kämpferischen Beiklang hat. In der Verfassung der Republik Indien wurde durch Artikel 17 die Diskriminierung als „unberührbar" offiziell abgeschafft und zum strafrechtlich verfolgten Vergehen erklärt. Artikel 46 besagt: „Der Staat soll mit besonderer Sorgfalt die kulturellen und sozialen Interessen der Unterprivilegierten fördern … und soll sie vor sozialer Ungerechtigkeit und allen Formen der Ausbeutung schützen". Darüber wacht auch der „Beauftragte für geschützte Kasten und Stämme". Die 63 Millionen *Adivasi* – Stammesangehörige, die Ureinwohner Indiens – werden im Hinduismus ebenso diskriminiert wie die Dalits.

Die indischen Bundesstaaten unterhalten eigene Sozialämter, die für die Belange der Dalits zuständig sind. Ein bedeutender Aspekt des politischen Systems im heutigen Indien ist die Politik der *Reservations*. Das bedeutet, dass ein gewisser Prozentsatz von Plätzen in staatlichen höheren Bildungseinrichtungen und Beamtenstellen Kastenlosen und anderen niedrigen Kasten (OBC, *other backward classes*) vorbehalten sind. Dieser Prozentsatz wurde von der indischen Regierung auf 50% festgelegt. Der südindische Bundesstaat Tamil Nadu reserviert sogar 68% der Plätze. Mit diesem System „positiver" Diskriminierung will der Staat sicherstellen, dass die früheren „Unberührbaren" jetzt eine gesellschaftliche Chance durch Bildung und Beschäftigung bekommen.

Diese Maßnahme hatte jedoch Proteste etwas höherer Kasten zur Folge; so wollten sich manche gar ihre Kaste aberkennen lassen, um an dem Bonusprogramm für Unterprivilegierte teilhaben zu können. Es protestierten auch mittellose Brahmanen der allerhöchsten Kaste, die zwar einen sozial hohen Rang in der alten Kastenordnung besaßen, in der modernen Gesellschaft außerhalb des Tempeldienstes aber verarmt waren. Nicht zuletzt protestierte der Mittelstand vehement – bis hin zur Selbstverbrennung von Studenten –, der in einem hohen Reservierungsprozentsatz der ersehnten Stellen eine Gefährdung des Leistungsprinzips sah, wenn die Mittelschichtkinder bei gleicher Leistung ohne Stelle blieben. So kämpft die Vorsitzende der Bahujan Samaj Party BSP Mayawati, Tochter einer Dalit-Familie, die seit 2007 politisch sehr erfolgreich ist, nun auch für mittellose Brahmanen.

K. R. Narayanan war 1997 der erste Staatspräsident, der aus einer „Unberührbaren"-Kaste stammte.

Seit dem Mittelalter sind „Unberührbare" aus der Hindu-Gesellschaft zum Islam, später v. a. zu Buddhismus und Christentum gewechselt, um der verhassten Unberührbarkeit zu entgehen. Besonders zahlreich treten und traten in Orissa Dalits zum Christentum über,

---

Rechts: Die schwerste und am schlechtesten bezahlte Arbeit wird traditionell von den Angehörigen der untersten Kasten verrichtet.

Foto: Tuul & Bruno Morandi (SIME/Schapowalow)

was dort bereits Pogrome, Morde und Vertreibung von Dalit-Christen durch fanatische Hindus zur Folge hatte.

Dr. B. R. Ambedkar, einer der Gründungsväter der indischen Verfassung, war selbst ein so genannter Unberührbarer. Doch ein Hindu-Lehrer bot ihm den Gebrauch des brahmanischen Familiennamens Ambedkar an, und ein Maharaja finanzierte sein Studium. So konnte er durch Bildung die sozialen Kastengrenzen überwinden, und er beschloss, um gegen den Status der Unberührbarkeit ein Zeichen zu setzen, zum Buddhismus überzutreten. Der frühe Buddhismus, eine alte indische Reformreligion, kannte keine Kastengrenzen, hatte sich aber in seinem Ursprungsland, trotz der Ähnlichkeit zum noch existierenden Jainismus, nicht als lebendige Religion über die Jahrtausende erhalten können. So gründete Dr. Ambedkar die Bewegung der Neo-Buddhisten, die seither in Indien wieder eine Gemeinschaft mit 10 Millionen Anhängern bildet. Ambedkar unterstützte später nicht mehr die Politik der *Reservations* (die Quotenregelung für die Besetzung öffentlicher Stellen), mit der Begründung, dass die Trennung zwischen den unterdrückten Kasten von der restlichen Gesellschaft dadurch keineswegs aufgehoben würde – nur die völlige Abkehr vom hinduistischen Kastensystem könne die Diskriminierung beenden. Wenn man die Zahl der an Hochschulen für Unberührbare reservierten, aber nicht belegten Studienplätze betrachtet, wird klar, dass diese in der Praxis nicht immer die Privilegien, die der Staat ihnen bietet, tatsächlich nutzen können.

Im anonymen Großstadtleben verblassen die Kastenunterschiede – Geld regiert die moderne Welt, und Einkommensunterschiede werden in Bezug auf Lebenschancen und sozialen Status zunehmend wichtiger als rituelle hinduistische Reinheitsgebote, die in der Kantine eines Großbetriebs sowieso kaum jemand mehr streng befolgen kann. So könnte heute ein Dalit als IT-Experte hoch aufsteigen oder ein Brahmane im Großstadtdschungel tief fallen.

Foto: Julia Ziegelmaier

## FRAUEN IN INDIEN

In Indien sind Frauen in fast allen Berufszweigen beschäftigt, und die Gesetzgebung sieht gleiche Bezahlung für Männer und Frauen bei gleicher Leistung vor. Der lange Kampf gegen die britische Kolonialregierung veranlasste viele Frauen zu politischen Aktivitäten, und so findet man sie heute häufig im öffentlichen Leben: Staatspräsidentin des Subkontinents war 2007-2012 Pratibha Patil, und Sonia Gandhi gilt als eine der mächtigsten Politikerinnen des Landes. Künftig soll eine 33-Prozent-Frauenquote für alle Volksvertretungen gelten. In der Verwaltung haben Frauen einige der höchsten Positionen inne und sind auch in Medizin, Rechtsprechung, Industrie und Wissenschaft als Führungskräfte tätig.

In der Mittelklasse ist es üblich, dass Frauen einen höheren Schulabschluss machen. Trotz der Vorbehalte, die viele traditionelle Familien der Mittelklasse gegen berufstätige Frauen haben, selbst wenn sie in höheren Berufen arbeiten, steigt die Zahl derer, die sich etwa als Lehrerinnen ausbilden lassen oder in Büros arbeiten.

Die meisten Frauen arbeiten jedoch noch immer in der Landwirtschaft und verdienen dort weniger als Männer. Millionen Frauen arbeiten in Fabriken, Ziegeleien, Steinbrüchen, Straßenbau und Plantagen – oft unter härtesten Bedingungen. Bei Frauen niedriger sozialer Schichten ist die Sterblichkeitsrate bei Geburt und Schwangerschaft auf unterem Entwicklungslandniveau.

Zunehmend sichern Gesetze den Frauen die gleichen Rechte bei Erbschaft, Heirat und Scheidung zu, wobei für die verschiedenen Religionsgruppen unterschiedliche Gesetze gelten. Für Hindus gilt der Marriage Act von 1955, für Christen die Gesetzgebung von 1869. Muslime unterliegen dem islamischen Familienrecht und zudem dem Muslim Women (Protection of

Für die meisten indischen Frauen bedeutet das Leben harte Arbeit – oben: in einer Ziegelei; rechts: in einem Granitsteinbruch.

Foto: Julia Ziegelmaier

Rights on Divorce) Act von 1986. Frauen sollen so nach der Scheidung materielle Sicherheit erhalten, was jedoch oft nicht eingehalten wird. Daher ist die Scheidungsrate niedrig. Von muslimischer Seite werden Bestrebungen, auch geschiedenen muslimischen Frauen einen adäquaten Unterhaltsanspruch zuzugestehen, als islamfeindlich dargestellt.

Das Sozialsystem bevorzugt die Männer. Eine Brautmitgift, obwohl für illegal erklärt, ist bei den meisten Hindu-Hochzeiten üblich. In den Stadtgebieten nimmt diese Praxis immer bedrohlichere Ausmaße an; die Familie des Mannes verlangt große Geldbeträge und Haushaltswaren von der Familie der Braut – bei der Hochzeit und oft auch noch lange danach. Das führt zu Ehestreitigkeiten und im Extremfall zum Mord an der Frau.

Als Antwort auf derartige Auswüchse extremen Patriarchats wird die Frauenbewegung immer stärker. Frauenmagazine wie *Manushi* nehmen sich dieser Themen an; gesamtindische demokratische Frauenvereinigungen wie *Janwadi Mahila Sangathan* und *Saheli* engagieren sich gegen pränatale Geschlechtsbestimmung (seit 1994 in Indien offiziell verboten) und Abtreibung weiblicher Föten und bieten Frauen Hilfe bei Misshandlung im häuslichen Umfeld, in speziellen Frauenzentren bzw. auf Onlineforen wie www.feministsindia.com oder sozialen Medien wie facebook und twitter.

Seit einer besonders grausamen Vergewaltigung mit Todesfolge in Delhi 2012 wird Gewalt gegen Frauen in Indien auch international als Problem wahrgenommen.

Bereits in den 1980er Jahren kam es durch das politische Engagement der Frauen zu einer interessanten Entwicklung: Einige Bundesstaaten haben eine beachtliche Anzahl der Verwaltungspositionen für Frauen reserviert. Mittlerweile müssen lokale Selbstverwaltungskörperschaften und bald auch die Parlamente zu einem Drittel mit Frauen besetzt sein. Im Jahr 2011 wurden vier Bundesstaaten von Frauen regiert.

Foto: Alonsalonos (Dreamstime)

**AYURVEDA**

Die Tage, in denen Ayurveda – „Die Wissenschaft vom Leben" – ein exotisches Fremdwort und nur Asien-Insidern vertraut war, sind vorbei. Heute schießen auch in Europa Zentren, die Ayurveda-Behandlungen anbieten, wie Pilze aus dem Boden. Was bei Vielen den Wunsch weckt, die Anwendung des uralten Wissens des Ayurveda einmal in dessen indischer Heimat zu erleben. Für Wellness-Urlauber ist der südindische Bundesstaat Kerala, wo diese Tradition seit Jahrtausenden gepflegt wird, ideal dafür, eine entspannende ayurvedische Ölmassage im angenehmen Ambiente eines Komforthotels in tropischer Umgebung zu genießen. Allerdings ist „Ayurvedische Massage" in Indien kein geschützter Begriff, und so können die

Anwendungen von unterschiedlichster Qualität und Niveau sein.

Ursprünglich hatte Ayurveda in Indien aber nicht nur den Charakter einer exklusiven Wellness-Massage, wie das heute im Westen oft missverstanden wird. Ayurveda ist vielmehr die klassische altindische Medizin und teilt sich in die Sanskritbegriffe *ayus* und *veda*. Veda bedeutet Wissen, Ayus bedeutet Leben, daher beschäftigt sich diese traditionelle Medizin mit Lebensweise und Gesundheit. Zentrale Elemente des Ayurveda sind das Wissen um heilende Kräuter und Mineralien, Ölmassagen und Reinigung des Körpers, ausgewogene Ernährung und Yoga.

Nach der indischen Mythologie ist der kosmische Arzt Dhanvatari der Hüter des Ayurveda. Er erschien beim legendären Quirlen des Milchozeans durch die Götter und hielt den Topf mit Unsterblichkeitstrank Amrita in seinen Händen. Traditionelle Ayurvedazentren beginnen daher die Massage mit dem Entzünden einer Öllampe oder einem kurzen religiösen Innehalten.

Ayurveda ist nicht in erster Linie kurativ, sondern wird vor allem als Katalog von Krankheiten vorbeugenden Maßnahmen verstanden und betrachtet den Körper ähnlich wie die Homöopathie als ein ganzheitliches System aus Körper, Geist und Seele.

Das Universum ist gemäß der ayurvedischen Lehre in die *panchamahabhutas*, die fünf Elemente Wasser, Erde, Feuer, Luft und Äther gegliedert, aus denen sich alles zusammensetzt. Basis der Ayurvedalehre ist die Aufspaltung des Menschen in drei unterschiedliche Charaktertypen, die *doshas*:

Vata – Wind/Luft/Äther
Pitta – Feuer (Wasser)
Kapha – Erde (Wasser)

Diese unterschiedlichen Faktoren beeinflussen den Menschen und bilden die Wesensbausteine, aus denen er sichzusammensetzt. Sie finden ihre Entsprechung auch in der altgriechischen Säftelehre. So würde *kapha* in etwa

Oben: Heilkräuter spielen eine wichtige Rolle bei jeder ayurvedischen Behandlung (hier Heiliges Basilikum/ Tulsi, lat.: Ocimum tenuiflorum). Rechts: Vor der Massage werden Kerzen oder eine Öllampe entzündet.

Foto: TL Reed / NightAndDayImages (iStockphoto)

„phlegma" enstprechen, von dem sich das Wesen des Phlegmatikers ableitet; *pitta* dem griechischen „chole", das den Choleriker prägt; und *vata* in etwa dem „pneuma".

Der ayurvedische Arzt erkennt die dominierenden Doshas eines Patienten u. a. durch Pulsdiagnose, Betrachtung der körperlichen Erscheinung und Befragung über Schlaf- und Essensgewohnheiten. Bereits das physische Erscheinungsbild und die Art sich zu bewegen bzw. zu sprechen legen die Dominanz eines Doshas nahe. So besitzen sehr schlanke, große, kommunikative Menschen mit Hang zur Nervosität v. a. *vata*-Konstitution; muskulöse, aktive Personen mit Hang zum Aufbrausen v. a. *pitta*-Konstitution; kräftige Typen, die ruhig, gemütlich und ausdauernd aber träge sind, v. a. *kapha*-Konstitution. Die meisten Menschen sind jedoch Mischtypen aus zwei Konstitutionen.

Diese Tridosha-Lehre des Ayurveda sieht vor, dass sich die drei Doshas eines jeden Menschen im Gleichgewicht befinden müssen, um dauerhaft Gesundheit zu erhalten. Auch Speisen werden kategorisiert, und zwar in die sechs Geschmacksrichtungen: süß, sauer, salzig, scharf, bitter und herb-astringierend.

Die ayurvedische Lehre kennt typenbezogene Ernährungsvorschriften, um die Doshas auszugleichen. So sollen die feurigen Pitta-Typen weder Chili noch Zwiebel zu sich nehmen, sondern Beruhigendes wie Gurke oder süße Früchte. Das wäre aber die falsche Diät für Kapha-Typen; diese sollen, um in Schwung zu kommen, d. h. Pitta zu fördern, sich Chili einverleiben. Vata-Typen hingegen sollten Bitterstoffe und Astringierendes reduzieren, wie sie in Spinat, grünen Äpfeln oder Rhabarber enthalten sind.

Es gelten jedoch auch allgemeine Regeln in der Kombination von Speisen. So gehen nach der ayurvedischen Lehre Milchprodukte und Früchte nicht gut zusammen. Sie sollten getrennt verspeist werden, um Magendrücken zu vermeiden. Ebenso sollte keinesfalls Fisch mit Milchprodukten kombiniert werden. Außerdem sollten Speisen nie in Hektik sowie in regelmäßigen Ab-

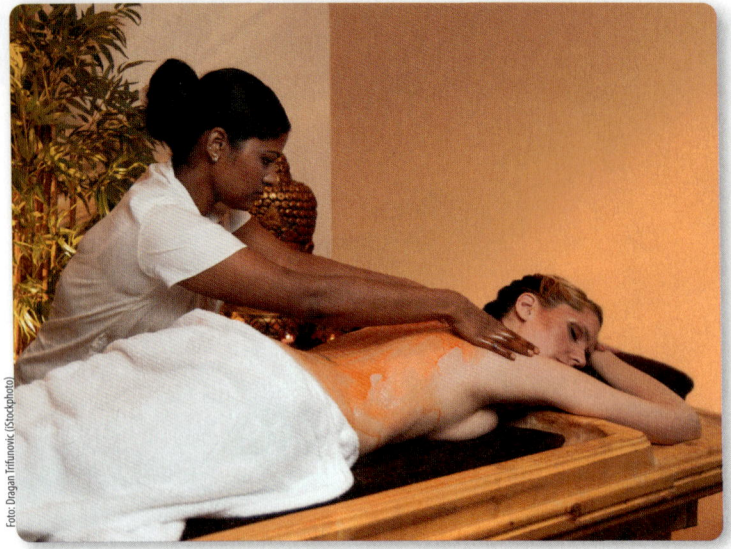

Foto: Dragan Trifunovic (iStockphoto)

ständen gegessen werden – nur etwa alle fünf Stunden. Denn eine gute Verdauung ist nach indischem Verständnis die Wurzel der Gesundheit.

Die ayurvedische Lehre bevorzugt die vegetarische Küche, die leichter verdaulich ist und zudem dem indischen Prinzip des *ahimsa* (Nicht-Verletzen) entspricht. Bei unguter Verdauung, stressiger Lebensführung sowie bei Zufuhr von Genussmitteln wie Alkohol und Nikotin entsteht im Körper *ama* – Gift. Sammelt sich Ama an, blockiert es die Energiebahnen im Körper und der Körper beginnt, Krankheiten zu entwickeln, die an seinen typenbezogenen Schwachstellen ansetzen. Warnsignale des Körpers sind z. B. chronische Abgeschlagenheit oder eine belegte Zunge. Der Körper muss daher durch *panchakarma* (Fünf Methoden) von der „Vergiftung" gereinigt werden. Eine davon ist Diät, andere sind Reinigung durch

abführende Verfahren zu beiden Seiten (also auch Erbrechen), Nasenträufeltherapie oder die bekannten angenehmen Massagen.

Die Energiebahnen sind teils konkret als Adern oder Lymphsystem erkennbar, andere dieser Energieverläufe sind schulmedizinisch gar nicht fassbar. Sie durchziehen nach indischer Vorstellung den gesamten Körper. Ziel ayurvedischer Massagetechniken ist es, diese gestörten Energiebahnen wieder in Fluss zu bringen, weshalb eine ayurvedische Massage den gesamten Körper einbezieht. Auf ähnlichen Prinzipien beruht auch die Akupunktur der traditionellen chinesischen Medizin. Die Energiebahnen werden durch den/die Masseur/in – korrekter Weise Damen für Damen und Herren für Herren – mit leichtem Druck nachvollzogen und dabei stimuliert.

Die Anwendungen erfolgen traditionell in sonnenlichtgeschützten, schattigen, aber warmen Räumlichkeiten unter Verwendung von viel Massageöl, das im Idealfall die Ayurvedaklinik

Oben: Massage mit leicht erwärmtem Massageöl. Rechts: Shirodhara – der Stirnguss – wird besonders bei Stress und Schlaflosigkeit empfohlen.

Foto: Dragan Trifunovic (iStockphoto)

selbst frisch herstellt. Das Öl wird leicht angewärmt auf dem Körper aufgetragen und einmassiert, um die „Giftstoffe" zu lösen. Körper und Geist entspannen sich mit dem warmen Öl ganz hervorragend! Bei Ayurvedakuren kommen mit diversen Kräutern versetzte Öle für spezielle Defizite wie Arthrose oder Schlaflosigkeit zur Anwendung.

Für die Massage entkleidet man sich komplett und erhält im Massageraum einen schnürbaren Baumwoll-Einwegtanga – praktisch, da sich Kleidungsstücke im Lauf der Anwendung mit dunklem Kräuter-Massageöl vollsaugen. Die ayurvedische Ganzkörpermassage findet im Liegen auf einer Holzbank statt und schließt meist eine Kopfmassage mit Öl ein, die aber auch im Sitzen verabreicht werden kann. Besonders zu empfehlen bei Stress, Anspannung und Schlaflosigkeit ist *shirodhara*, der Stirnguss, bei dem ein Energiepunkt auf der Stirn über der Nasenwurzel mit lauwarmem Öl übergossen wird.

Nach solchen Anwendungen empfiehlt es sich, etwas zu ruhen. Nicht jede

Anwendung beeinhaltet medizinisches Massageöl: Eine stärkende Massage wird z. B. mit einer Art in Stoffsäckchen gepacktem Milchreispudding durchgeführt. Nach der Massage schrubbt man das Öl mit Hilfe einer Kräuterpaste ab und duscht im angeschlossenen Waschraum oder kann bei einer längeren Ayurvedakur das Öl auch noch eine Weile in privaten Räumlickeiten einwirken lassen. Vorsicht bei eingeöltem Haar und Klimaanlage: Öl auf dem Kopf hat über längere Zeit eine kühlende Wirkung, zusätzliche Klimatisierung führt schnell zu Erkältungen.

Eine Massageanwendung wirkt bereits sehr entspannend und gibt einen guten Einblick in die ayurvedische Therapie. Um aber eine deutliche Wirkung bei Stress, Migräne oder Herz/Kreislaufbeschwerden zu erreichen, sollte man zumindest eine Woche ansetzen; um eine Körperreinigung zu erzielen, ist eine Ayurvedakur mit ärztlicher Begleitung von 2-3 Wochen einzuplanen. Solche Kuren werden von Ayurvedahotels meist als Paket angeboten.

## INDISCHE KÜCHE

Indische Kochrezepte wurden einst gehütet, von Generation zu Generation mündlich überliefert, und sind in den verschiedenen Regionen des Landes sehr unterschiedlich. Die nordindische Küche ist in Deutschland als „die" indische Küche bekannt, da die meisten indischen Restaurants im Ausland ihre kulinarischen Wurzeln in der Punjab-Region im Norden haben. Die Küche des Südens jedoch, die goanische, vor allem aber die tamilische und die keralesische, unterscheidet sich stark davon. Sie ist – dem innertropischen Klima gemäß – wesentlich leichter und enthält oft Kokosprodukte und frische Kräuter, bietet mehr vegetarische – und sehr scharfe – Curries, und statt Weizen-Fladen ist Reis die Sättigungsbeilage.

### Die Küche Südindiens

Im kleinen Staat **Goa** stößt man auf eine erstaunlich vielseitige Küche – etwa die christliche, die hinduistische und die brahmanische. Fleischgerichte bestehen fast überall in Indien normalerweise politisch korrekt aus Huhn und Lamm, da für Muslime Schweinefleisch und für Hindus Rindfleisch tabu ist und in manchen Bundesstaaten schon eine einmalige unabsichtliche Verwechslung im Restaurant bürgerkriegsähnliche Zustände auslösen könnte.

Bei den portugiesisch beeinflussten Christen Goas aber darf – wie bei den Christen Keralas – Rind und Schwein in die Pfanne! Die goanischen Schweinswürstel erinnern an Salsicca und sind als *Goan Sausage Chilly fry* besonders köstlich.

In Goa gibt es noch viele Küstenfischer, daher ist Fisch frisch und günstig. Das legendäre *Goa Fish Curry* schmeckt überall ein wenig anders und besteht meist aus Makrele in flüssiger Kokos-Tomaten-Curry-Soße und wird mit viel Reis gegessen. *Shark Ambotik* ist Haifischsteak in flüssiger Tomaten-Essig-Chilly-Soße. Probieren sollte man auch Muscheln paniert und frittiert (*Rawa fried mussels*) oder Fisch *Reichardo* – d. h. der Länge nach aufgeschnitten und mit Chilly-Currypaste gefüllt.

*Vindaloo* (-Art) bedeutet in scharfer Essig-Tomaten-Soße: So kann Fleisch, aber auch Fisch gegessen werden.

Ein köstlicher Nachtisch ist *Bebinca* – eine wie ein Baumkuchen geschichtete Süßspeise.

Die typische, muslimisch geprägte **Hyderabad**-Küche besteht aus Biryanis und Kebabs. *Biryani* ist ein Risotto oder der Paella ähnliches Reisgericht, für das es viele verschiedene Rezepte gibt. Es enthält meist Fleisch (Hammel/Lamm oder Huhn) aber auch Ei. Die *Kebabs* bestehen meist aus Lamm, gehackt oder als Stücke auf dem Spieß und werden mit Dips gegessen. Beliebt sind *Boti kebab*, *Shikh kebab*, *Shikampur* und *Dum ke kebab*. Es gibt auch vegetarische Kebabs, meist auf Kartoffel- oder Linsenbasis. Weitere typische Hyderabad-Gerichte: *Pasande ka Salan* (pikantes Lamm-Curry), *Dum ka Murgh* (Huhn, im eigenen Saft mit Gewürzen gedünstet), *Kairi ka do Piaza* (Lamm und rohe Mangos mit Zwiebeln gekocht) und *Baghare Baingan* (Auberginen mit Erdnüssen und Tamarinde).

Als gängige Desserts gibt es überall *Dabbal ka Mitha*, eine spezielle Zubereitungsart des Brotpuddings, und *Qubani ka Mitha*, eine Süßspeise aus getrockneten Aprikosen.

Neben den die traditionelle Hyderabad-Küche pflegenden Lokalen der Altstadt gibt es übrigens in der Neustadt von Hyderabad mittlerweile viele sehr schicke Restaurants mit ausgesprochen guter internationaler Küche, darunter auch Thai.

**Andhra Pradesh**, **Karnataka**, **Kerala** und **Tamil Nadu** können sich einer großen Vielfalt hervorragender Kochstile rühmen – es gibt die malabarische, ta-

---

Rechts: Dal, das Nationalgericht aus roten Linsen, ist der Inbegriff indischer vegetarischer Küche.

Foto: Photobasis (Dreamstime)

milische und die Küche von Coorg, auch die der syrischen Christen und die der Juden von Cochin.

Zum späten **Frühstück** im Süden Indiens oder als Snack werden folgende Gerichte verspeist: *Idli* (gedämpfte Reiskuchen, siehe unten), *Bonda* (gewürzte Kartoffelbällchen), *Vadai* (eine Art salzige Donuts). *Dosa* ist eine Art knusprige Reiscrépe, die mit *Sambhar*, einer warmen, gelben, leicht tamarindengesäuerten Soße aus roten Linsen und kaltem Kokosnuss-Chutney gegessen wird. Es gibt sie auch als *Masala Dosa*, dann wird sie mit Kartoffeln und Zwiebeln gefüllt – sehr lecker!

*Idli* sind weiße gedämpfte ungewürzte Fladen, klein, dick und rund, aus Reis und fermentierten Urdbohnen gemacht, die ebenfalls mit Kokos-Chutney oder auch Tomaten-Chutney sowie mit warmem Sambhar gegessen werden und sehr gut verträglich sind.

Großzügig verwendet werden in der südindischen Küche Kokosnuss, *kari*-Blätter, Bockshornklee-Samen, Tamarinde und Asant (Asafoetida).

**Mittags** reichen die beliebten günstigen, rein vegetarischen Restaurants gerne so genannte „Meals", d. h. ein schnelles Mittagsgericht, das aus Reis und verschiedenen Gemüsecurrys sowie *Dal* (aus roten Linsen) besteht. Dazu wird ein im Fett herausgebratener Cracker-Papad serviert und manchmal *Rasam*, eine dünne Pfeffersuppe.

Obwohl tief im Süden die vegetarische Küche dominiert, gibt es dort auch Fleischgerichte, z. B. aus der Chettya-Küche.

*Nandu Masala* ist Krabbencurry mit Kokos, *Milagu Kozhi Chettinad* sehr scharf gewürztes Hühnercurry und *Vendakka Masala Pachchadi* Okragemüse in Joghurt-Sauce.

Die **Keralesische Küche** hat einige Gemeinsamkeiten mit der Küche Sri Lankas. Angenommen werden darf, dass die Rezepte über das Meer von Indien auf die Insel gereist sind. Besondere Leckerbissen sind Appam und Idyappam. *Appam* ist ein Reispfannkuchen, der über einem Rundeisen gewölbt herausgebacken wird. Er kann reichhaltiger

Foto: Robert Höbel

auch mit Ei serviert werden und wird mit Gemüsecurries oder Sambhar gegessen. In Sri Lanka sind Appam unter dem anglo-indischen Namen „Hoppers" bekannt.

*Idyappam* sind kleine Reisnudelnester, die gedämpft werden. Sie haben etwa die Größe eines Kartoffelpuffers und werden ebenso zu den leichten Gemüsecurries des Südens gereicht. Idyappam werden jedoch auch gerne als Frühstück oder als Süßspeise mit Kokosmilch oder gezuckert und mit Kokosraspeln gegessen. In Sri Lanka werden Idyappam „Stringhoppers" genannt.

Übrigens stammt **„Curry"** von dem tamilischen Wort *kari*, das Sauce oder Sud bedeutet und keinesfalls Currypulver (das eine kolonialbritische Erfindung ist und heute v. a. exportiert wird). In Indien ist Curry eben keine Gewürzmischung, sondern bezeichnet allgemein Fleisch-, Fisch- oder Gemüsegerichte in Sauce, die zu Reis oder zu Broten wie Chapati, Nan oder Puri gegessen werden. Die verschiedenen Gewürzmischungen zur Zubereitung indischer Curries werden dort Masala genannt, und es gibt sie in unzähligen Variationen – von süßlich über pikant bis sehr scharf, wobei südindische Curries oft besonders *hot* geraten. Häufige Zutat ist die Kurkumawurzel (Gelbwurz/ *Turmeric*). Kurkuma findet man auch im Currypulver; er verleiht ihm die gelbe Farbe. Andere Zutaten sind: Pfeffer, Chili, Kardamom, Koriandersamen, Ingwer, Kreuzkümmel, Muskat, Muskatblüte, Zimt, Bockshornkleesaat, Piment, Nelken, und Curryblätter.

In vegetarischen Restaurants wird kein Alkohol gereicht. Man trinkt entweder Fresh Lime Soda – Soda mit frischen Zitronensaft – oder gewürzte Buttermilch sowie Wasser oder Softdrinks. Nach dem Essen gibt es dann einen starken Milchtee, der z. T. bereits gesüßt im traditionellen Metallgeschirr (zum Mischen wird hin- und hergegossen) gereicht wird. In Tamil Nadu gibt es auch sehr guten Milchkaffee.

Oben: Thali – eine Art „südindische Reistafel", auf Bananenblättern serviert.

## Die Küche Nordindiens

Die Küche Nordindiens ist längst auch im Süden angekommen, besonders die **Tandoori-Küche**. Indiens traditioneller Lehmofen, der mit Holzkohle beheizt wird, ist ein vielseitiges Küchengerät. Ohne ihn gäbe es weder leckeres *naan* (Fladenbrot), noch könnte man das beliebte *kebab* genießen.

Der Punjab, Heimat des *tandoor*, besitzt eine deftige Küche, die von Eroberern aus dem Nordwesten beeinflusst wurde, von Griechen, Persern, Afghanen und Mongolen – leidenschaftlichen Fleischessern. Hier entstand eine Vielzahl von *tandoori*-Fleischgerichten: *Tandoori Murgh* (Huhn), *Murgh Tikka* in vielen Variationen (mit Pfefferminze, Knoblauch oder Käse), *Shikh Kebab* (Röllchen aus Lamm-Hack, im *tandoor* gegrillt), *Tandoori Jhinga* (Garnelen), *Tandoori Pomfret*, ganzen oder *tikka*-(gewürfelten) Fisch.

Die Würze der marinierten Tandoor-ofen-Fleischgerichte basiert auf Chili, Kreuzkümmel und Koriandersamen; für die Hähnchen-Marinade kommen Joghurt, Knoblauch, Zwiebeln, Ingwer, Salz und Zitronensaft hinzu.

Beliebte *Punjabi*-Gerichte sind z. B. *Murgh Makhani* (Huhn in Butter), *Hara Chholia Te Paneer* (Kichererbsen mit gebratenen Käsewürfeln), und *Dal Makhani* (das populärste Linsengericht aus schwarzen Linsen mit Butter).

## Nachspeisen

Indische Nachspeisen schmecken köstlich und basieren oft auf Milch; im tiefen Süden jedoch werden Milch und indische Käse- (*paneer*-) Produkte aufgrund des wärmeren Klimas weniger häufig gegessen als im Norden.

*Rasmalai* sind Milchbällchen in Safran-Sahne-Soße. *Rasgulla* heißen die gleichen Bällchen in Zuckersirup zubereitet. *Gulab Jamin* sind frittierte Griesbällchen in Zuckersirup, *Phorni* eine Art warmer Gries-/Reisbrei. *Kulfi* ist die indische Eiscreme aus gekochter Milch mit Safran bzw. Pistazien.

*Halwa* gibt es in allen Variationen (Karotten, Kürbis etc.) und ist hier eine Art warmes Mus.

Bei Europäern beliebt ist das Joghurt Shake *Lassi*, das entweder süß oder salzig (wie der türkische Ayran) getrunken wird. Moderne Varianten sind Kombinationen mit Frucht, wie Mango- oder Bananalassi, die vor allem bei Travellern beliebt sind.

Der Joghurt (engl.: *curd*; Hindi: *dahi*) stammt in erster Linie aus Kuhmilch, kann aber auch aus Büffelmilch gemacht werden und ist dann noch sättigender.

Nach dem Essen wird gerne ein *pan*-Happen genommen: Die anregende Arekanuss im Betelblatt gibt es als süße Variante (probieren!) oder mit Kautabak (besser lassen, denn dieser muss aufgrund des scharfen Geschmacks immer wieder ausgespuckt werden).

## Snacks

Gute indische Snacks sind die frittierten, meist dreieckigen knusprigen Teigtaschen *Samosas*. Sie sind entweder rein vegetarisch mit gewürzten Kartoffelstückchen gefüllt oder mit Hackfleisch und Kartoffelfüllung. Meist schmecken sie recht pikant und werden gern in Soßen gedippt.

*Pakoras* sind frittierte Gemüsestückchen in Kichererbsenteig, die auch gerne mit Dip als Vorspeise angeboten werden. Es gibt sie aus Kartoffel, Blumenkohl, Zwiebelringen sogar Spinatblätter oder etwa dem guten Paneer-Käse.

Eine Spezialität in Mumbai – das Fastfood der Pendler – sind die Kartoffelburger *Vada Pav*, die gerne an kleinen Ständen angeboten werden und als der Standardimbiss des Bundesstaats Maharashtra gelten: würzige frittierte Kartoffelbällchen im Brötchen (*pav*). *Pav Bhaji* ist eine würzige, ölige Gemüsepaste, die man mit Brötchen isst.

Foto: Rainer Hackenberg

## INDISCHES WIRTSCHAFTSWUNDER

Indien ist heute die – nach China – am stärksten expandierende Volkswirtschaft der Welt; 2010 betrug sein Wirtschaftswachstum 8,6%. Das Rennen zwischen dem chinesischen Drachen und dem indischen Elefanten ist ein politisch brisantes Thema: Kann die Wirtschaft der größten Demokratie der Welt das Wirtschaftswunder Chinas kopieren oder eines Tages gar übertrumpfen? Oder ist ein autoritärer, undemokratischer Staat besser geeignet, wirtschaftliche Entwicklung voranzubringen?

Der Stolz der indischen Wirtschaftspolitik ist weniger Bollywood, sondern vielmehr die IT-Branche, in der Indien als zweitgrößter Softwareproduzent gleich nach den USA rangiert. Die Grundlage dazu legte bereits 1984 Rajiv Gandhi, der als erster indischer Staatsmann die Bedeutung der jungen Computerindustrie erkannte und deren Einfuhrzölle

drastisch reduzierte. Zudem begann er die Modernisierung und Liberalisierung des maroden Fernmeldebereichs, die nachfolgende Regierungen in den 90er Jahren fortsetzten. Diese beiden Entscheidungen bildeten die Grundlage des IT-Booms Indiens, von dem Südindien besonders profitiert: Bangalore, Hyderabad und Chennai sind heute Zentren der Softwareentwicklung. Von der verbesserten Infrastruktur im Telekommunikationsbereich profitierte die indische Wirtschaft durch die nun wie Pilze aus dem Boden schießenden Call Center und die Abrechnungszentralen internationaler Konzerne. Die Zahl der Mobiltelefonbenutzer schnellte binnen eines Jahrzehnts von 1 Mio. auf heute 650 Mio., jeden Monat kommen 16 Mio. neue Nutzer dazu. Indien ist damit der zweitgrößte Mobilfunkmarkt der Welt. Ein rapide wachsender Stellenmarkt für gut qualifizierte Bürokräfte ließ indische Wirtschaftsjournalisten bereits von ihrem Land als kommendem „Schreibtisch der Welt" träumen, in Anspielung auf China als „Fabrik der Welt".

Oben: Indien im Dritten Jahrtausend – Software-Spezialisten in Bangalore.

40

Auch die Autobranche boomt, zudem ist Indien größte Motorradhersteller der Welt. Der indische TATA-Konzern hat mit dem Nano das billigste Auto der Welt als „Volkswagen Indiens" auf den Markt gebracht und zugleich im Ausland die Edelmarke Jaguar gekauft. Der heute in Europa lebende Inder Mittal hat sich von Indien aus zum größten Stahlproduzenten der Welt hochgearbeitet. 2011 machte die indische Indigo Airline Schlagzeilen – mit der größten Einzelbestellung bei Airbus.

Von dieser Entwicklung profitiert aber nicht das Gros der 1,2 Mrd. Einwohner des Subkontinents; sie scheint sogar die Schere zwischen Reich und Arm weiter zu öffnen: 830 Millionen leben von weniger als 20 Rupien (40 Cent) am Tag, 100 Millionäre kontrollieren 25 % des Bruttosozialprodukts.

Der Anteil des Mittelstands liegt zwar noch unter 30%; diese 300 Millionen sind jedoch der Motor des boomenden Binnenmarkts, der viel wichtiger als der Exportmarkt ist.

Noch immer sind 70 % der Inder auf dem Land zu Hause, über die Hälfte der Bevölkerung lebt von der Landwirtschaft, die in abgelegenen Gegenden noch als Subsistenzwirtschaft betrieben wird. Viele Bauern, die sich auf Cash Crops verlagert haben, sind aufgrund kreditfinanzierter Investitionen in Hybridsaatgut und moderne Maschinen in die Schuldenfalle getappt. Die hohe Zahl der Selbstmorde unter den verschuldeten Bauern ist – besonders vor Wahlen – ein politisch hoch brisantes Thema. Mittlerweile wurden Programme initiiert, um die größte Not auf dem Land zu mildern, etwa ein Beschäftigungsprogramm für Arme, das 100 Tage bezahlte Beschäftigung für ein Familienmitglied garantiert. Die Umsetzung solcher Sozialprogramme wird jedoch durch die weitverbreitete Korruption gebremst. Die Beschäftigungseffekte des indischen Wirtschaftsbooms auch für Unqualifizierte sind ausgeblieben. Jener Bereich der Wirtschaft, in dem für sie massenweise Arbeitsplätze entstehen könnten, Industrie und verarbeitendes Gewerbe, stagniert. Jedes Jahr kommen wegen des hohen Bevölkerungswachstums 13 Mio Menschen neu auf den Arbeitsmarkt, dem stehen nur 4 Mio. Ausbildungsplätze gegenüber; nur 5% aller Arbeiter und Angestellten besitzen eine formale Berufsausbildung. Für das ökonomische Wachstum bleibt somit v. a. der Dienstleistungssektor verantwortlich, der über die Hälfte des BIP erwirtschaftet, aber nur ein Viertel der Bevölkerung beschäftigt.

Das indische Wirtschaftswunder basiert somit auf gut ausgebildeten Arbeitskräften im Dienstleistungsbereich, und davon hat gerade Südindien viele zu bieten. Im soziologischen Vorzeigestaat Kerala liegt die Analphabetenrate bei weniger als 3%, das Geschlechterverhältnis in der Bevölkerung weist entgegen dem sonstigen Trend in Indien sogar einen leichten Frauenüberschuss aus, und die Geburtenrate ist so niedrig wie in den USA. Bemerkenswert ist jedoch, dass der in Kerala wahrzunehmende Wohlstand von der gut ausgebildeten Bevölkerung im Ausland, vornehmlich in den Golfstaaten erwirtschaftet wird, denn: Wirtschaftlich bedeutsam ist in Kerala in erster Linie der Tourismus; die einzigen Exportgüter sind Kokosprodukte – und qualifizierte Arbeitskräfte!

Dementsprechend hat die indische Regierung die Ausgaben für Bildung und Schulen verdoppelt. Mit der Kampagne „Jeder Junge und jedes Mädchen soll in die Schule gehen" wird versucht, die Analphabetenrate drastisch zu verringern; kostenloses Mittagsessen in den Schulen soll auch den Ärmsten dafür Anreize bieten.

Durch noch besser qualifizierte Arbeitskräfte möchte Indien so seine wirtschaftliche Entwicklung dauerhaft voranbringen und auf lange Sicht vielleicht sogar einmal den chinesischen Drachen mit seiner dann alternden Bevölkerung überrunden.

Foto: Helmut Köllner

# STREIFZUG DURCH DIE INDISCHE GESCHICHTE

**2**

**Geschichte und Kultur**

Das klassische Südindien umfasst im tiefen Süden des Subkontinents die Bundesstaaten Tamil Nadu, das ehemals französische Unionsterritorium Puducherry (bis 2006 Pondycherry) und Kerala sowie nördlich davon Richtung Dekkan-Hochland die Bundesstaaten Karnataka, Andhra Pradesh und Telangana (am 2. Juni 2014 als 29. Bundesstaat Indiens gegründet, ehemals Teil Andhra Pradeshs, derzeit mit gemeinsamer Hauptstadt Hyderabad).

Die erweiterte Definition betrachtet das gesamte südliche Dreieck des Subkontinents, das sich in die Bucht von Begalen, den indischen Ozean und die arabische See erstreckt als Südindien. An der Westküste grenzt an Karnataka Indiens kleinster Bundesstaat, das ehemals portugiesische Goa. An Goa schließt der große Bundesstaat Maharashtra mit seiner Megacity Mumbai an, von West nach Ost Chhattisgarh (gemeinhin wegen seiner Ausdehnung ins nördliche Inland und Zugehörigkeit zum Staat Madhya Pradesh bis 2000 nicht mehr als südliches Indien betrachtet), und Odisha (bis 2011 Orissa). Zu Südindien zählen auch die Inselgruppen der Lakkadiven, Andamanen und Nikobaren.

Aufgrund seiner Lage war Südindien im Vergleich zu Nordindien weniger von Eroberern, die über den Hindukusch kamen, heimgesucht worden; so war der tiefe Süden nur 50 Jahre unter muslimischer Herrschaft, der Norden Indiens etwa 500 Jahre. Die legendären Diamantenminen von Golkonda gerieten jedoch unter die Kontrolle der muslimischen Dekkan-Sultanate und machten den Nizam von Hyderabad zum reichsten Menschen der Welt.

Der heutige Hinduismus Südindiens mit seinen Hauptgöttern, der patriachalischen Gesellschaftsvorstellung und dem Kastensystem ist durch die um 1500 v. Chr. aus dem Norden eingewanderten Arya (Indoarier) geprägt. Die alten drawidischen Völker im Süden waren zuvor teils matriarchalisch organisiert.

Weitere Einflüsse erreichten Südindien übers Meer. So bestanden bereits früh Handelskontakte zum römischen Reich, Spuren davon fanden sich in den Ruinen von Arikamedu nahe Puducherry an der Ostküste. Ebenso betraten die ersten Christen im Gefolge des Apostel Thomas Indien an der südlichen Ostküste, sowie später die Dänen und ihre Missionare aus dem deutschen Halle. Auch die Augsburger Fugger standen in Handelsbeziehungen mit Südindien. Jüdische und arabische Kaufläute trieben bereits früh Handel an der Westküste nahe Kochi, wo dann ab 1498 mit Vasco da Gama die Portugiesen ihr Glück versuchten und nach „Gewürzen und Christen" suchten, später gefolgt von Holländern und Briten.

Südindien besitzt daher seine ganz eigene Identität, und die Ethnien der drawidischen Sprachgruppen grenzen sich gegen das Hindustani-sprechende Mittel- und Nordindien ab. Gerade die Tamilen, die auf eine lange Hochkultur (siehe Kapitel Sangam-Epoche/ Sangam-Literatur) zurückblicken können und stolz darauf sind, fühlen sich von manchen Nordindern herabgesetzt, die ausgehend vom alten Sanskrit allein Nordindien als den Hort der Kultur sehen und Südindien als weniger entwickelt betrachten. Dabei befinden sich die bekannten Hitech-Metropolen Bangaluru (Bangalore) und Hyderabad im südlichen Indien. Die Lingua franca zur Kommunkation zwischen den unterschiedlichen Ethnie/Sprachen des Südens ist daher bewusst Englisch, die zweite Staatssprache Indiens – und nicht Hindi. Im tiefen Süden ist der Unterschied zu Nordindien besonders augenfällig, es gibt weniger gravierende Armut, einen größeren Durchschnittswohlstand in der Bevölkerung, und die

Links: Gotipua-Tänzer in Konarak.

43

Foto: Helmut Köllner

Sozialdaten bezüglich Analphabetentum und Mann-Frau-Verhältnis sind deutlich besser, obwohl die meisten Menschen auch hier auf dem Land leben, eingebettet in die Tradition, die heute noch von den gesellschaftlichen Normen des Kastensystems bestimmt wird. Was das Erscheinungsbild der Frauen anbelangt, gibt es Unterschiede, die nicht nur optisch auffallen: Tamilinnen stecken sich duftende Jasminblüten ins Haar, in Kerala tragen die Frauen ihr lockiges Haar gern offen und kneten Kokosöl für Glanz, Duft und Kühlung hinein.

In Südindien wurden über lange Jahre alte Traditionen bewahrt, was sich nicht nur in den malerischen Tempelritualen zeigt, sondern auch in der Vielfalt der klassischen Tänze von Bharat Natyam bis zu Kathakali oder der Mutter der meisten asiatischen Kampfkünste – Kalaripayattu. Zunehmende Popularität

Oben: Frauenfigur aus dem 10. Jh. (Chola-Zeit) im Nagesvara-Tempel, Kumbakonam. Rechts: Ein Brahmane in seinem Minitempel, Srirangam.

im Westen erlangten Yogatradtionen, die hier erhalten und modernisiert wurden, sowie die Gesundheitslehre und alternativen Heilmethoden des Ayurveda, die hier auch heute noch traditionell praktiziert werden.

### Geografie

Die Form Südindiens gleicht, wie gesagt, einem Dreieck. Südlich des Vindhya-Gebirges fließen zwei mächtige Flüsse – der Narmada, der westwärts in das Arabische Meer mündet, und die Mahanadi, die ostwärts fließt; ihre Fluten ergießen sich in Orissa in den Golf von Bengalen. Diese beiden Flüsse und das Vindhya-Gebirge werden als die geografische Nordgrenze Südindiens angesehen, das sich auch kulturell deutlich vom Norden abhebt.

Zwei weitere Gebirge sind an der Bildung des Dreiecks beteiligt: die West-Ghats, die nördlich von Mumbai beginnen und entlang der Westküste bis hinab zur Spitze des Subkontinents verlaufen, und die Ost-Ghats. Diese Bergkette erstreckt sich an der Ostküste von Orissa bis hinunter nach Madras, wo sie in südwestlicher Richtung abknickt und schließlich in den Nilgiri-Bergen mit den West-Ghats zusammenstößt. Das steilere westliche Küstengebirge erreicht im Norden eine Höhe von 700 m und ist in den kühlen Nilgiri-Bergen fast 3000 m hoch; nur wenige Bergpässe verbinden den schmalen Küstenstreifen mit dem südindischen Hinterland. Die Ost-Ghats hingegen sind relativ niedrig.

Zwischen den beiden Gebirgen liegt das Dekkan-Hochland (Dekkan ist vom Sanskritwort *dakshin* abgeleitet und bedeutet südlich). Die meisten der großen Flüsse Südindiens, wie Godavari, Krishna und Kaveri entspringen in den West-Ghats und fließen in östlicher Richtung über das Hochland, durch die Täler der Ost-Ghats hindurch, in den Golf von Bengalen. Die Südostküste heißt Koromandel (Cholamandala, „das Gebiet der Cholas"), die Südwestküste Malabar.

Der Südwest-Monsun bringt von Juni bis September starke Niederschläge in die West-Ghats, wo sich die Wolken in Kerala und an der Konkan-Küste abregnen. Die Gebiete östlich des Gebirges sind niederschlagsärmer.

Von Oktober bis Dezember zieht der Nordost-Monsun mit seinen Wirbelstürmen die Ostküste entlang, die in dieser Zeit ihre Hauptniederschläge erhält; dennoch ist die Koromandel-Küste im Vergleich zur Westküste regenärmer.

Die Temperaturen liegen je nach Höhe zwischen 20 °C und 30 °C, können allerdings im Landesinneren in der Trockenzeit, im Mai, auf 40 °C steigen.

Schon seit über 2000 Jahren ist die Südwestküste Indiens bekannt für ihre Gewürze, namentlich den Pfeffer, der einst kostbarer als Gold war. Dichte Wälder bedecken die Berge der West-Ghats; Kennzeichen der Malabar-Küste sind das Teak- und Rosenholz, das des Mysore-Hochlandes ist Sandelholz. Das Nilgiri-Gebirge eignet sich für Tee- und Kaffeeplantagen, während man auf dem fruchtbaren Boden des südlichen Dekkan-Hochlands, in Tamil Nadu und Kerala ausgedehnte Reisfelder findet. Außerdem wird in Südindien Zuckerrohr, Baumwolle und Tabak angebaut. Trotz allem ist der größte Teil des Hochlandes zu felsig, um landwirtschaftlich genutzt zu werden.

Foto: Julia Ziegelmaier

### Die Eisenzeit

Südindien ist seit dem Paläolithikum von Menschen besiedelt, überall konnten Steinwerkzeuge der damaligen Bevölkerung gefunden werden. Eine rasche Veränderung erfuhr Südindien ab etwa 1000 v. Chr., als Eisenwerkzeuge und -waffen in Umlauf kamen. Diese Phase fiel in etwa zusammen mit der Schlussphase der Harappa-Kultur in Nordindien, die ihre Blütezeit zwischen 3000 und 2000 v. Chr. erlebt hatte. Inwieweit die Menschen jener Indus-Kultur mit der indischen Urbevölkerung, den Drawidas, verwandt waren, ist unklar; auch die Schrift der Harappa-Kultur im Industal ist noch nicht entziffert.

Der Gebrauch eiserner Dreizacke, Speere und Schwerter und der Einsatz von Pferden brachte eine gewisse Überlegenheit im Kampf mit sich und erleichterte eine schnelle Besiedlung. Der Ursprung des Volkes jedoch, das in solch großer Zahl in den Süden strömte, ist noch immer nicht erforscht. Es gibt neben dem Gebrauch von Eisenwerkzeugen und Pferden einen weiteren Aspekt, in dem sich die Eisenzeitmenschen von ihren Vorgängern im Süden und ihren nordindischen Zeitgenossen unterschieden: Sie hinterließen der Nachwelt eine Unzahl an Megalithen, Großsteingräber, die in ihrer Form völlig unterschiedlich sein können. In einigen Gräbern lagen Skelette, während man in anderen Gedenkstätten Töpferwaren und andere Gegenstände fand.

Die Menschen, die sich dank der Eisenwerkzeuge in Südindien behaupten konnten, waren wahrscheinlich identisch mit den Drawidas, also der Urbevölkerung Nordindiens, von der man

Foto: Helmut Küllner

annimmt, dass sie aus dem Kaukasus stammt und sich über Belutschistan und den Punjab südwärts ausbreitete. Für diese These sprechen die erwähnten Megalithmonumente, die rote Außenwände und schwarze Innenwände hatten. Dieselbe Keramikart kennt die Archäologie auch aus dem Ägypten des dritten Jahrtausends v. Chr., weshalb auch über die Einwanderung der Eisenzeitmenschen nach Südindien über den Indischen Ozean spekuliert wird.

Untersuchungen der Skelette ergaben, dass damals bereits verschiedene Völker existierten; von den Proto-Australoiden, die lange Köpfe und breite Nasen hatten, stammen die heute noch lebenden Ethnien der Chencus, Malayali und Kurumbas ab. Andere in Indien vertretene Völker, seien es negroide, proto-mediterranoide oder armenoide, lassen verschiedene Einwanderungswellen vermuten.

### Die Indoarier in Südindien

Die geschichtlichen Quellen legen nahe, dass die Einbindung Südindiens in die indoarische Kultur weitgehend auf friedlichem Wege geschah. Einerseits expandierten die arischen Einwanderer ab 1500 v. Chr. von Nordindien immer weiter in die kaum besiedelten Gebiete Zentralindiens hinein, andererseits wurden Brahmanen und andere Spezialisten von aufstrebenden südindischen Stammesfürsten eingeladen, denen sie zivilisatorisches Wissen brachten über Religion, Gesellschaftsordnung, Ackerbau etc. Diese Ausbreitung war ein langsamer Prozess über Jahrhunderte, der in Verbindung mit den einheimischen Kulturen verschiedene Regionalkulturen hervorbrachte; Mythen in den alten Sanskrit- und Tamiltexten erzählen davon.

Oben: Einpflanzen von Schößlingen in den Reisfeldern von Gingee in Tamil Nadu.

Heute erscheint uns der Wandel, der damals stattfand, tiefgreifend; das liegt jedoch auch daran, dass alle Schriftquellen von Brahmanen stammen, die sich selbst als Kulturbringer sahen und die einheimische Komponente vernachlässigten. Auch die Schriftsprache, das Sanskrit, stammte aus dem Norden, genau wie alle religiösen Schriften, wie zum Beispiel die Veden, die die südindische Bevölkerung mit einer für sie völlig andersartigen Weltanschauung und einer neuen Götterwelt konfrontierten – mit Göttern wie Agni, Varuna, Rudra (Shiva) und Prajapati (Vishnu). Bald jedoch fand ein Anpassungsprozess an die einheimischen Bedingungen statt, viele der heute wichtigen Götter, wie z. B. Shiva, haben ihren Ursprung in der Stammeskultur, von wo sie als beim Volk beliebte Götter nach und nach auch in den schriftlichen Hochhinduismus Eingang fanden.

Die gesellschaftliche Aufspaltung in Kasten geht ebenfalls auf die Indoarier zurück: Die eingewanderten Brahmanen stellten sich getreu den Schriften an die Spitze und gestanden den einheimischen Fürsten und Kriegern den zweithöchsten, den Kshatriya-Status zu. Die meisten anderen Bewohner Südindiens mussten sich mit der Zuweisung zur untersten Stufe, der Shudra-Kaste, zufriedengeben. Diese Einteilung ist jedoch sehr schematisch. Heute gibt es Tausende von Kasten, die oft nur auf lokaler oder regionaler Ebene bestehen.

Neben den Veden brachten die Arier zwei weitere bedeutsame Schriften mit, zwei Epen: das *Mahabharata* und das *Ramayana*, die auch heute noch nicht aus dem indischen Geistesleben wegzudenken sind. Das Ramayana, das die Geschichte des Prinzen Rama, seine Verbannung aus dem Ayodhya-Reich und seinen Sieg über den Dämonen-Herrscher von Sri Lanka erzählt, stellt in poetisch verbrämter Form die Ausbreitung nordindischer Kultur nach Südindien dar. Der Einfluss der Indoarier in Indien war nachhaltig, doch wirkte

er sich im Süden anders als im Norden aus. In die Indus- und Ganges-Ebenen drangen immer wieder neue, seit dem 10. Jh. n. Chr. besonders muslimische Völkerschaften ein und beeinflussten hier die kulturelle und gesellschaftliche Entwicklung. Die Regionen südlich des Vindhya-Gebirges jedoch blieben relativ verschont, so dass die hinduistischen Regionalkulturen sich hier in Ruhe entwickeln konnten.

### Buddhismus und Jainismus

Zwei weitere Ereignisse in Nordindien hatten starken Einfluss auf den Süden. Ende des 6. Jh. v. Chr. hörten die Menschen der Ganges-Ebene die Worte des Prinzen Siddharta, der dann als Buddha, der Erleuchtete, bekanntwurde. Er forderte die Menschen auf, einen neuen Lebensweg zu beschreiten, um den ewigen Kreislauf von Tod und Wiedergeburt, die Ursache immerwährenden Leidens, zu durchbrechen. Seine Lehre richtete sich an jeden Einzelnen, ungeachtet seiner Kastenzugehörigkeit und unabhängig von den brahmanischen Priestern; sein eigener Lebensweg und die Weisheit, die aus seinen Lehren sprach, zog viele Menschen an. Damit seine Lehre weiter verbreitet werden konnte, gründete Buddha einen Mönchsorden, den Sangha.

Mahavira, der etwa um das Jahr 540 v. Chr. geboren wurde, war ein Zeitgenosse Buddhas und Gründer des Jainismus. Diese Glaubensrichtung ist strenger asketisch ausgerichtet, und das Fundament des Jainismus ist das Bekenntnis zur Gewaltlosigkeit. Ihre Anhänger glauben, dass nur Gewaltlosigkeit und einfachste Lebensweise die menschliche Seele reinigt; das ganze Streben der Jainas gilt der Reinigung der Seele, kraft derer der Mensch ewige Seligkeit erlangen wird. Da die Anhänger des Jainismus den Begriff der Gewaltlosigkeit (*ahimsa*) sehr weit auslegten, Bauern aber z. B. beim Pflügen Würmer töten, blieben ihnen neben dem Handel nur wenig andere Berufe, die sich mit ihrem Glauben vereinbaren ließen.

Es gibt Legenden, die die Ausbreitung des Buddhismus und Jainismus erklären: Wichtig für den Jainismus war die Südindienreise eines ihrer Mönche, Bhadrabahu, der von Chandragupta begleitet wurde, einem Herrscher der Maurya-Dynastie im 3. Jh. v. Chr. Sie gelangten nach Sravanabelgola in Karnataka, wo sie beide starben und das bis heute ein Zentrum des Jainismus ist. Dieser Glaube wirkte nachhaltig auf die Händler und Kaufleute ein, dank denen sich der Jainismus bis in die abgelegensten Regionen Südindiens, einschließlich Tamil Nadu, ausbreiten konnte. Viele Kaufleute gaben den jainistischen Glaubenszentren, die sich um die wichtigsten Städte des ursprünglichen Tamilen-Reiches konzentrierten, großzügige Spenden.

Auch die Lehre Buddhas fand in der Schicht der Händler und Kaufleute ihre größte Resonanz und erlebte im 3. Jh. v. Chr. während der Herrschaft Ashokas einen Aufschwung.

### Kaiser Ashokas Wandlung

Schon in den frühen Jahren seiner Herrschaft regierte Kaiser Ashoka über ganz Indien – abgesehen von einem Teil Tamil Nadus. Die Herrschaft über fast den gesamten Subkontinent war in der Geschichte Indiens einmalig und wurde erst 2000 Jahre später unter dem Mogulherrscher Aurangzeb wieder erreicht. Die blutrünstige Eroberung Kalingas (im heutigen Odisha) löste die entscheidende Wende in der Politik Ashokas aus, woraufhin sich das religiöse Empfinden der ganzen Gesellschaft änderte. Das Blutvergießen im Krieg um Kalinga hatte Ashoka nachdenklich gemacht; er beschloss, neue Gebiete nicht mehr durch Kriege, sondern nur kraft Überzeugung und mit Hilfe des Bud-

dhismus, zu dessen Anhängern er nun gehörte, zu gewinnen. Nachdrücklich wies er in seinen Verordnungen darauf hin, dass er keinen Krieg mehr führen werde. Die Boten, die seine Edikte im ganzen Land verbreiteten, propagierten zugleich die *dharma* Buddhas, die Lehre von einem Leben in Rechtschaffenheit und religiöser Toleranz.

253 v. Chr. berief Ashoka ein buddhistisches Konzil in seiner Hauptstadt Pataliputra (Patan) ein. Er entsandte Missionare in alle Himmelsrichtungen: nach Burma, Tibet, Nepal, China, Sri Lanka; sogar nach Syrien und Griechenland. Für den Aufstieg des Buddhismus zur Weltreligion legten diese Missionen den Grundstein.

Die Edikte Ashokas fand man in Stupas – diese Bauwerke dienten der Aufbewahrung von Reliquien – in Andhra und Karnataka. Er selbst baute einen großen Stupa in Kanchipuram bei Madras. Den Verordnungen kann man entnehmen, dass Südindien, das von den Cholas, Pandyas, Kerala putras und Satya putras regiert wurde, Ashoka wohlgesonnen gegenüberstand. Freilich konnte der Buddismus in den Gebieten, die nicht Ashokas Herrschaft unterstanden, nicht eine so große Bedeutung erlangen wie in dem von ihm regierten Großteil des Landes; deshalb findet man südlich von Kanchipuram nur wenig frühbuddhistische Kunst.

Als Ashoka starb, hatte der Buddhismus enormen Einfluss erlangt. In Dhauli im Bundesstaat Orissa fand man elf Edikte Ashokas, von denen eines die entscheidende Erklärung des Herrschers enthält: „Devanamapriya (Ashoka), den Eroberer von Kalinga, plagt das schlechte Gewissen. Er fragt sich, ob die Eroberung Kalingas tatsächlich ein Gewinn war angesichts des Mordens, des Blutvergießens und der Vertreibung der Menschen. Das betrübt Devanamapriya und er bedauert, was geschehen ist. Der Verlust von Hunderten, ja Tausenden von Menschen, die während des Krieges um Kalinga getötet oder verschleppt

---

Rechts: Stille umgibt diesen schlafenden Buddha in den Ajanta-Höhlen.

Foto: Aditya Arya

worden sind, schmerzt ihn. In Zukunft wird er selbst den Menschen gegenüber, die ihm nicht wohlgesonnen sind, Toleranz üben. Er hofft inbrünstig, dass sich keine Menschen mehr verletzen und dass sich jeder selbst beherrschen kann, dass man sich gegenseitig achtet und glücklich miteinander lebt. Für ihn, Devanamapriya, zählt ein rechtschaffenes Leben als höchstes Gut."

Neben der Verbreitung des Buddhismus ist Ashoka auch für die Einführung der Brahmi-Schrift verantwortlich; nach der piktografischen Schrift der Indus-Kultur war dies die zweite Schrift auf dem Subkontinent. Sie wurde schließlich in ganz Indien geschrieben und bildet die Basis für alle noch verwendeten indischen Schriften, einschließlich Tamil und Malayalam.

## Die Satavahana-Dynastie

Nur kurze Zeit nach der Herrschaft Ashokas, der der Maurya-Dynastie angehörte, erklärte das Geschlecht der Satavahanas seine Unabhängigkeit. Sie regierten über Maharashtra, Madhya Pradesh, Karnataka, Andhra und die Grenzgebiete von Kalinga vom 2. Jh. v. Chr. bis zum 2. Jh. n. Chr. Unter ihnen kam es zu einer Blütezeit der Kunst, der Literatur und der Philosophie. Die Satavahana-Könige waren Anhänger des Hinduismus, dessen Glaubensquellen die Veden sind, und sie führten Opferrituale ein, unter anderem das *Asvamedha*, das Pferdeopfer. Ihre Weltanschauung war jedoch sehr offen, und dem Buddhismus gegenüber waren sie tolerant eingestellt. Sie ließen z. T. ihre Ehefrauen Stiftungen an buddhistische Klöster durchführen, sicher nicht ganz ohne politische Absicht. Ihre erste Hauptstadt dieser Dynastie war Paithan (Prathishtanapura) in Maharashtra, sie wurde jedoch bald nach Dhanyakataka (Amaravati) in Andhra Pradesh verlegt. Am Hof sprach man aus dem Sanskrit abgeleitete Prakritdialekte, die später zu einem vornehmen Ausdrucksmittel der Literatur – genannt Maharashtri – wurden. Die neu eingeführte Brahmi-Schrift gab den Satavahanas und ihren Händ-

Foto: Julia Ziegelmaier

lern die Möglichkeit, königliche Erlasse zu dokumentieren. Was vorher nur dem königlichen Geschlecht vorbehalten war, wurde nun für alle verfügbar, und die vielen Schriftstücke dokumentieren noch heute die Weltanschauung dieser Menschen.

Die Satavahanas förderten den Handel mit der westlichen Welt, namentlich dem römischen Reich, mit dem sie auch um die Kunstfertigkeit in der Münzprägung wetteiferten. Auf die Vorderseite aller Münzen kam das Porträt eines Herrschers und auf die Rückseite das Reichsemblem, im Falle Indiens ein Pferd oder ein Elefant.

### Blüte der buddhistischen Kunst

Als Nachhall des Alexander-Feldzugs zum Indus (326 v. Chr.) und des späteren griechisch-baktrischen Königreichs inspirierte das alte Griechenland die buddhistische Kunst Nordindiens: In der synkretistischen Region Gandhara (in der Gegend des heutigen Peschawar/Pakistan) wurden im 1. Jh. n. Chr. unter den Kuschanen, die Zentralasien und Nordindien und somit die Seidenstraße beherrschten, die ersten Darstellungen des Buddha in menschlicher Gestalt auf Münzen und als Statuen geschaffen – zuvor waren nur buddhistische Zeichen wie Stupa, Dharmachakra oder Bodhi-Baum üblich. Diese Skulpturen wurden zu Vorbildern aller späteren Darstellungen des Buddha; wallende Robe mit Faltenwurf, mediterran gelocktes Haar und dem Apollo ähnlicher mitleidiger Gesichtsausdruck stehen für den graeco-buddhistischen Stil.

Später kam der Gandhara-Stil auch nach Südindien, wo bereits die römische Bildhauerei die buddhistische beeinflusst hatte. Bei der Betrachtung der Skulpturen fällt auf, dass offenbar der römische Kleidungsstil die Mode an den indischen Höfen beeinflusst hatte.

Während der Herrschaft der Satavahanas erreichte die buddistische Kunst ihren Höhepunkt in Maharashtra. Es

Oben: Die Höhlen von Ajanta bergen Schätze buddhistischer Kunst und Architektur.

wurden zahlreiche buddhistische Klöster (*viharas*) und Gebetshallen (*chaityas*) in den Bergen von Maharashtra gegründet, unter anderem in Ajanta, Kanheri, Bhaja und Kondane. Die buddhistischen Mönche, für die die ersten Höhlen geschaffen wurden, gehörten der Hinayana-Glaubensrichtung an. Sie stellten Buddha zunächst nur in Form von Symbolen dar, erst in den späteren Höhlenklöstern und Gebetshallen wurde Buddha in seiner menschlichen Gestalt abgebildet. Nie wurden die Arbeiten an diesen Glaubenstätten ganz fertiggestellt, immer wieder wurden Änderungen vorgenommen, und so baute man insgesamt über 800 Jahre daran. An ihnen können wir heute die buddhistische Architektur, Bildhauerei und Malerei verschiedener Epochen studieren. Die wohl berühmtesten Malereien sind die in den Höhlen von Ajanta, die in zwei verschiedene Epochen fallen. Die Malereien der ersten Epoche sind in den ersten zwei Jahrhunderten v. Chr. unter der Schirmherrschaft der Satavahanas entstanden, während die späteren, aus dem 5. und 6. Jh. n. Chr, auf die Vakatakas zurückgehen.

Der große Stupa von Dhanyakataka (Andhra Pradesh) wurde als Mahachaitya bekannt. Während die buddhistischen Stupas in ganz Indien eine ähnliche Struktur haben, heben sich die Stupas in Andhra Pradesh von diesen durch ein auffälliges Merkmal ab: An den fünf Haupteingängen errichtete man je eine Säule, *ayaka*-Säulen genannt. Sie symbolisieren die fünf Lebensstationen von Buddha: seine Geburt, seine Zeit des Suchens und der Entsagung, seine Erleuchtung, seine erste Predigt und seinen Eintritt ins Nirwana.

Der typische Stupa ist kuppelförmig, der kreisrunde Grundriss soll an das Rad des rechtschaffenen Lebens, das sinnbildlich für Buddha steht, erinnern. Der Stupa beherbergt entweder ein Relikt Buddhas, einen von ihm benutzten Gegenstand oder eine kleine Gedenkschrift. Die Relikte werden neben goldenen Blättern, wertvollen Edelsteinen oder buddhistischen Emblemen in kristallenen Schatullen aufbewahrt, diese wiederum in steinernen Kästen. An den Seitenwänden weisen Gravuren auf die Art des Inhalts und den Stifter hin.

Der eigentliche Stupa besteht aus Ziegelsteinen; seine Außenseite ist mit Steinplatten verkleidet und von einem hölzernen oder steinernen Zaun umfriedet, auf dessen Innenseite reliefartig Szenen aus dem Leben des Buddha oder aus buddhistischen Legenden dargestellt werden. Die meisten der geschnitzten Friese tragen Stifterinschriften, die einen tiefen Einblick in die zeitgenössische Gesellschaft geben. Der Stupabau erlebte seine Blütezeit unter den Satavahanas in Amaravati.

Zahlreiche buddhistische Stupas und Skulpturen entstanden in den ersten drei Jahrhunderten n. Chr., als in Andhra Pradesh der Buddhismus vorherrschte. Die Klöster wurden zu religiösen Zentren, die Gelehrte aus ganz Indien, China, dem Nahen Osten und Sri Lanka anlockten. Dort wurde buddhistische Philosophie gelehrt, die Beschaffenheit der Wirklichkeit und das Entkommen aus einem als leidvoll empfundenen Dasein. Obwohl der Buddhismus allmählich zurückging und später ganz verschwand, beeinflusst sein Erbe auch weiterhin die Menschen in Andhra Pradesh.

Die literarischen und philosophischen Schriften, die uns erhalten geblieben sind, offenbaren die Epoche der Satavahana-Dynastie als eine schöpferische Periode. Wenigstens vier Schriften müssen erwähnt werden.

Als erstes zu nennen sind die *Sattasai* von Hala, der seine 700 Verse im 2. Jh. v. Chr. schrieb, meisterhafte Gedichte über die Liebe und andere weltliche Themen, die das einfache Leben der Landbevölkerung aufgreifen, ohne dabei den Reiz des Stadtlebens zu vernachlässigen. Die Sattasai, die in Maharashtri-Prakrit geschrieben sind, stellen ein hervorragendes Beispiel für die Literatur des alten Indien dar.

Die zweite Sammlung von Geschichten bildet das sogenannte *Panchatantra*, das in Sanskrit geschrieben ist, ursprünglich als eine Art „Knigge" für die Fürsten gedacht. Die fesselnd geschriebenen Erzählungen und Märchen, aufgezeichnet von Hof-Dichtern, schildern das Leben der damaligen Zeit. Diese literarische Sammlung wurde noch vor 570 n. Chr. ins Pahlavi übersetzt, später ins Syrische und Arabische. In Indien tauchten im Lauf der Jahrhunderte diese Erzählungen immer wieder in gekürzter Form auf.

Auf wiederum nur einen Autor geht das dritte Beispiel, die *Brhad Katha*, zurück, die der Dichter Gunadhya in Paisaci Prakrit geschrieben hat. Er wurde in Paithan, der Hauptstadt der Satavahanas, geboren, und man sagt, er sei ein Günstling der Satavahanas gewesen. Angeregt wurde er durch das Ramayana, durch buddhistische Legenden und durch Seefahrer- und Abenteuergeschichten aus fernen Ländern. Leider ist der Originaltext verschollen, doch sind uns Abschriften erhalten geblieben. Das vierte Beispiel ist eine philosophische Abhandlung des buddhistischen Denkers Nagarjuna. Diese vier literarischen Werke sind wertvolle Zeugnisse einer besonders schöpferischen Epoche des Dekkan-Hochlands.

Die Regierungszeit der Satavahanas war auch in jeder anderen künstlerischen Hinsicht fruchtbar. Besonders die Bildhauerei erlebte eine Blütezeit, namentlich in Amaravati, wo der bedeutendste Stupa vergrößert und neu gestaltet wurde. Die damalige Darstellung des menschlichen Körpers bleibt unübertroffen. Auf einzigartige Weise wussten die Künstler die fließenden Linien des Körpers herauszuarbeiten. Durch ihre Figurenkomposition und die Ausnutzung des Raumes erreichten sie eine realistische Darstellung, in der sich das Seelenleben und der Ge-

fühlszustand des Abgebildeten offen dem Betrachter zeigen – sei es in dem fröhlichen Treiben der Zwerge oder in der alles überragenden Buddhafigur. Die Skulpturen erinnern an Elfenbeinschnitzereien. Auch von den Eingängen der Stupas in Sanchi, die ebenfalls unter der Ägide der Satavahanas geschaffen wurden, kennt man diese Art von Steinmetzkunst.

### Die Sangam-Epoche

Das Zeitgeschehen in Südindien zwischen dem 2. Jh. v. Chr. und dem 2. Jh. n. Chr. wird, nach dem Entstehen der ältesten überlieferten Tamil-Dichtung (s. S. 54), Sangam-Epoche genannt.

Der südlichste Teil Indiens – das Land südlich des Thirupati-Gebirges (nördlich von Chennai) bis hin zur Westküste – wurde in dieser Zeit von drei Königshäusern regiert: den Cheras, den Cholas und den Pandyas.

Die Cholas regierten im Osten, die Cheras im Westen und die Pandya-Dynastien im südlichen Teil Tamils. Die Hauptstadt der Cheras lag nahe Karur im Trichur-Gebiet, doch ihre Herrschaft breitete sich durch die Palghat-Schlucht in den West-Ghats bis zur Westküste aus. Nach dem 7. Jh. n. Chr. beschränkte sich ihr Einfluss hauptsächlich auf die Westküste, wo eine eigenständige Regionalkultur entstand. Während der Sangam-Epoche pflegten die Cheras enge Beziehungen zu den Satavahanas des Dekkan-Hochlandes.

Die Hauptstadt der Cholas hieß Uraiyur, heute ein Vorort Trichurs. Der bekannteste Herrscher der frühen Chola-Dynastie war Karikala, der das Königreich bis nach Kanchipuram erweiterte. Mit den Herrscherhäusern in den Nachbarstaaten betrieb er eine geschickte Heiratspolitik – spätere Nachkommen dieser Häuser brüsteten sich als Abkömmlinge Karikalas. Er war ein Anhänger des Hinduismus und dessen Opferrituale. Eine der Glanzleistungen Karikalas war der Bau eines Deiches

Rechts: Kämpfende Krieger, Detail eines Tempelfrieses im Hoysala-Stil.

Foto: Bernhard Walter Kaempf

entlang des Flusses Kaveri, der einer kontrollierten Bewässerung der angrenzenden Felder diente. Die dadurch erhöhten landwirtschaftlichen Erträge bzw. Gewinne füllten wiederum die königlichen Schatzkammern. Der Haupthandelshafen des Chola-Königreiches lag an der Mündung des Kaveri: Kaveripumpattinam, das auch Poompuhar genannt wurde.

### Die Pandya-Dynastie

Die Pandya-Herrscher regierten mehr als 1500 Jahre lang die Südspitze Indiens; ihre Herrschaft begann wenige Jahrhunderte v. Chr. und währte bis zum 13. Jh. – in der Geschichte Indiens eine einmalige Tatsache.

Die Hauptstadt der Pandya war Madurai. An der Mündung der Tamraparni lag Korkai, der bedeutendste Hafen des Reiches, der sogar im Mahabharata erwähnt wird. Bekannt wurde er durch seine kostbaren Perlen. Gleich den anderen Dynastien des Tamil waren auch die Pandyas Anhänger des Hinduismus,

und einer ihrer Könige praktizierte so viele Opferrituale, dass er den Ehrentitel Palyagasala bekam.

Wie bereits angesprochen, fiel der Buddhismus südlich des Dekkan-Hochlandes auf weniger fruchtbaren Boden, der Jainismus hingegen konnte an den fürstlichen Höfen Fuß fassen. In den Urkunden werden jainistische Mönche erwähnt, die im Umland der Hauptstädte in Steinhütten lebten. Sie erhielten immer wieder Schenkungen von den Pandyas, die selbst Hindus waren. Da die strengen Werte der Jainas ihren Anhängern eine nur beschränkte Berufswahl ließen, wurden sie häufig Kaufleute, die mit Gold, Metall, Getreide oder Baumwolle handelten.

Aufgabe des Königs war es, das Reich nach außen hin zu schützen und innerhalb der Grenzen für ein harmonisches Zusammenleben zu sorgen. Aber eigene politische Vorstellungen konnte er nur selten in die Tat umsetzen, denn die Landespolitik machten Minister und Ratgeber, indem sie den König geschickt beeinflussten. Diese Ratgeber, zu denen hervorragende Poeten gehörten, waren häufig angesehener als der König selbst.

Jede Stadt, jedes Dorf, jeder Tempel und jeder Palast wurde zunächst von Architekten entworfen und dann von Facharbeitern, die die detaillierten Angaben auf den ausgearbeiteten Plänen verstanden, ausgeführt. Jede einzelne Siedlung hatte ihre öffentlichen Plätze, auf denen sich die Bevölkerung zum Müßiggang traf und wo die Probleme der Politik und des Alltags besprochen werden konnten. Die Gesellschaftsordnung war streng hierarchisch: Jede soziale Schicht und Zunft lebte in ihrem eigenen Viertel. Der Handel florierte, und der Kaufmannsstand war wohlhabend. Die Menschen waren sich darüber im klaren, dass der Wohlstand unmittelbar von der Landwirtschaft und damit natürlich von der Arbeit der Bauern abhängig war. Dementsprechend wurde das Bauerntum gewürdigt und die Landwirtschaft effizient organisiert. Staatliche Finanzverwalter trieben Steuern und Zölle ein. Für Bewässerungsstaubecken waren Wächter verantwortlich, die den einwandfreien Zustand der Dämme überwachten; Hochwasserzeiten waren Krisenzeiten. Im Heer wurden Elefanten, Pferde sowie Streitwagen eingesetzt, und der König persönlich führte das Heer in die Schlacht.

Die Tempel wurden den hinduistischen Göttern geweiht; tagtäglich wurden ihnen Opfer gebracht, und ihre Statuen wurden nachmittags in einer Prozession durch die Straßen getragen. Bevor eine neue Siedlung angelegt wurde, musste der Tempel errichtet sein.

### Die Sangam-Literatur

Der Alltag dieser Gesellschaft wurde lebensnah in einer Schriftensammlung festgehalten, die man unter der Bezeichnung Sangam-Literatur kennt. Sie beinhaltet insgesamt 2239 längere und kürzere Gedichte, verfasst von Dichtern und Dichterinnen, von denen einige sogar Könige waren. Die Themen der meisten Verse sind weltlicher Natur und beschreiben Heldentaten, Eroberungen und Wohltaten der Könige und Adligen, deren tatsächliche Existenz man heute anhand anderer Urkunden nachweisen kann. Die faszinierenden Verse, nachweisbar vom 2. Jh. v. Chr. bis zum 2. Jh. n. Chr. geschrieben, geben ein lebendiges Bild der damaligen Gesellschaft wider. Eine Gruppe von tamilischen Dichtern, der sogenannte Tamil Sangam, lebte am Hofe der Pandyas, wo sie gemeinsam beurteilten, ob die Gedichte den klassischen Regeln entsprachen. Dies war eine Bedingung für jeden Poeten, um anerkannt zu werden.

Man kennt drei Sangam-Dichterschulen, wobei die Gedichte der ersten beiden verloren gegangen sind, die Sammlung der dritten jedoch existiert noch heute. Die Sangam-Literatur, entstanden vom 3. Jh. v. Chr. bis zum 3. Jh. n. Chr., bildet einen Meilenstein der indischen Kultur, so dass man von der Sangam-Epoche spricht.

Unter den Sprachen Indiens hat neben dem Sanskrit auch das Tamil eine eigenständige Literatur geschaffen, die mittlerweile auf eine zweitausendjährige Geschichte zurückblicken kann, von der allerdings vieles verloren gegangen ist. Das Thema zahlreicher Verse ist die Liebe, wobei die Handlung in die jeweilige Landschaft eingebunden wurde. Die Literaturwissenschaft unterscheidet zwei Kategorien von Sangam-Gedichten: Auf der einen Seite stehen die *Puram*, eine Sammlung von Heldengedichten, und auf der anderen Seite die *Aham*, in der die Gefühle der Helden und Heldinnen Mittelpunkt der Dichtung sind. Eine frühere Klassifizierung hatte die Verse nach der jeweiligen Landschaft, in der die Handlung spielte, unterschieden: Man unterteilte in die Dichtung der Berge, der Wälder, der

Rechts: Thiruvaluvar, Verfassers der „tamilischen Bibel" Kural (bei Kanyakumari).

Foto: Alamy (mauritius images)

fruchtbaren Ebenen, der Küste und der Wüsten. Der Hintergrund jeder Liebesgeschichte der Aham-Dichtung wechselt und kann von jeder der fünf Landschaften gebildet werden. Die Handlung selbst aber bleibt in ihren Grundzügen dieselbe. Es ändern sich nur die Fauna und Flora, das Brauchtum, und eine andere regionale Sozialordnung modifiziert das Geschehen.

Das Tamil wurde durch den Weisen Agastya, der vor langer Zeit in den Süden kam, verbessert. Eine Grammatik aus den vorchristlichen Jahrhunderten, die *Tolkappiam*, ist erhalten geblieben. Sie geht auf das Tamil in drei Aspekten ein: auf die Silben, die Wörter und ihre Semantik.

Nennenswert ist vor allem das Werk *Thirukkural* des tamilischen Heiligen, Poeten und Philosophen Thiruvalluvar, der 31 v. Chr. geboren wurde. In über 3300 Versen greift der Autor die Politik, das Verhalten der Menschen und die Liebe als Themen auf. Das Thirukkural stellt gewissermaßen eine Sammlung zeitloser Verhaltensregeln dar, die die

Menschen Südindiens in den nächsten 2000 Jahren nachhaltig beeinflussen sollte.

### Kontakt mit den Römern

Ein wichtiger Kontakt mit einer Gesellschaft außerhalb des Subkontinents war der mit dem römischen Imperium in den ersten zwei Jahrhunderten n. Chr. Die Römer selbst nannte man „Yavanas" nach den Ioniern, die damals in Ägypten siedelten.

Seit Beginn des christlichen Zeitalters kamen Schiffe nach Barygaza (Broach) in Gujarat, um von dort die Westküste südwärts bis zum Königreich der Chera entlangzusegeln. Danach umschifften sie Kap Komorin, kamen durch Colchi und gelangten schließlich an die Küste der Chola-Dynastie mit ihrem Hafen Poompuhar. Viele der römischen Münzen und Kunstgegenstände in Indien wurden im Süden, einschließlich dem Hochland von Dekkan, gefunden.

In mindestens drei Schriften der europäischen Antike, u. a. bei Plinius, wird

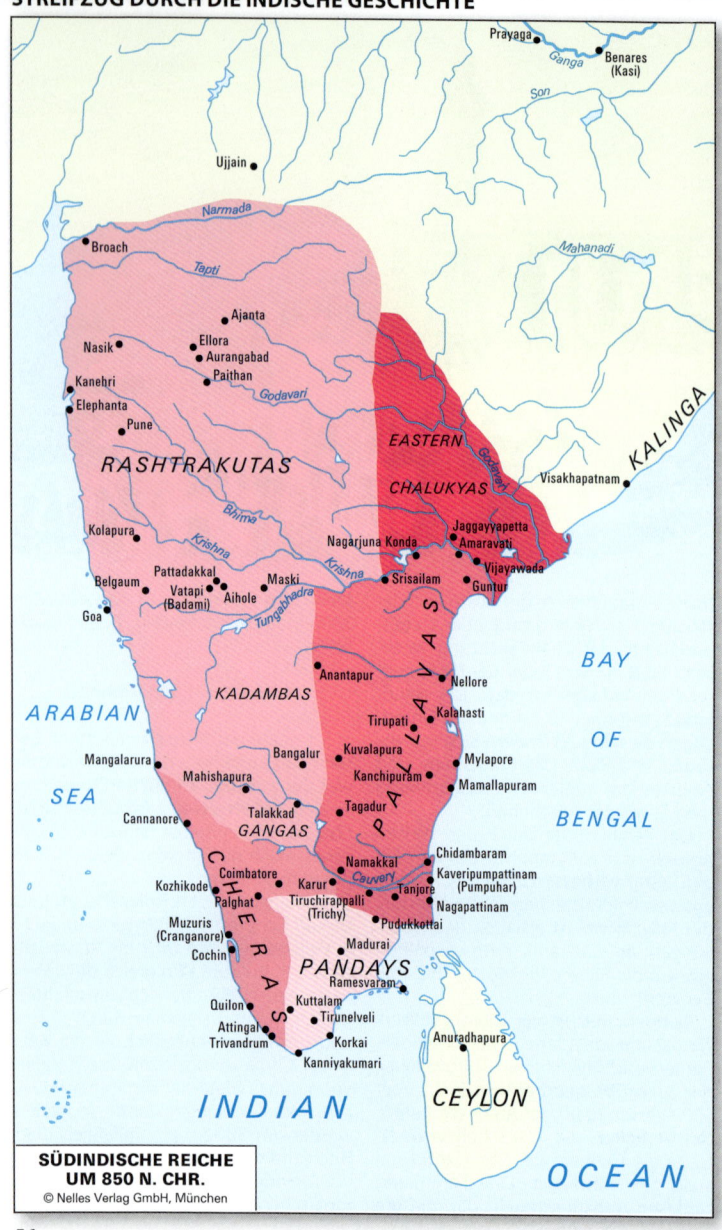

Prayaga
Benares (Kasi)
Ganga
Son

Ujjain

Narmada

Broach
Tapti

Mahanadi

Ajanta
Ellora
Aurangabad
Nasik
Paithan
Kanehri
Godavari
Elephanta
Pune

EASTERN

*RASHTRAKUTAS*

CHALUKYAS
Godavari
Visakhapatnam

KALINGA

Bhima

Kolapura
Krishna

Belgaum
Pattadakkal
Vatapi
(Badami)
Aihole
Maski
Nagarjuna Konda
Jaggayyapetta
Amaravati
Srisailam
Vijayawada
Guntur

Goa
Tungabhadra
Krishna

Anantapur
Nellore

*KADAMBAS*

BAY

Tirupati
Kalahasti

ARABIAN

Mangalarura
Bangalur
Kuvalapura
Mylapore

OF

Mahishapura
Kanchipuram
Mamallapuram

SEA

Cannanore
Talakkad
Tagadur

*GANGAS*

BENGAL

Namakkal
Chidambaram
Kozhikode
Coimbatore
Karur
Cauveri
Kaveripumpattinam
(Pumpuhar)
Palghat
Tiruchirappalli
(Trichy)
Tanjore
Muzuris
(Cranganore)
Pudukkottai
Nagapattinam
Cochin
Madurai

*C H E R A S*

*P A L L A V A S*

Rameswaram

*PANDAYS*

Quilon
Kuttalam
Attingal
Tirunelveli
Trivandrum
Korkai

Anuradhapura

Kanniyakumari

*CEYLON*

*I N D I A N*

*O C E A N*

**SÜDINDISCHE REICHE
UM 850 N. CHR.**
© Nelles Verlag GmbH, München

56

von römischen Schiffen gesprochen, die Waren nach Indien transportierten und von dort mit Pfeffer, Halbedelsteinen oder anderen Waren wiederkehrten. Dort heißt es auch, dass in Rom der Devisenabfluss wegen des Bedarfs an Luxusgütern zeitweilig bedrohliche Ausmaße annahm. Auch in der indischen Literatur finden sich Hinweise auf die „Yavanas". Römische Waren und Münzen hat man auch in Tigara (Ter) in Maharashtra gefunden, nahe der Hauptstadt der Satavahanas.

In Tamil Nadu fand man an den Standorten der alten Haupt- und Hafenstädte römische Silber- und Goldmünzen. Der berühmte Archäologe Sir Mortimer Wheeler grub in Arikamedu, in der Nähe von Pondycherry (heute Puducherry), eine römische Siedlung aus, wo auch mediterrane Töpferwaren, Weingefäße und andere Gebrauchsgegenstände ans Tageslicht kamen. In Rameswaram fanden die Archäologen Töpferwaren, die vor 2000 Jahren in Tunesien, während der römischen Herrschaft dort, hergestellt worden waren. Die Sangam-Dichtung berichtet von römischen Söldnern, die den tamilischen Königen als Leibwache dienten und Städte wie Madurai bewachten. Die meisten Römer blieben jedoch nur so lange, bis das jeweilige Handelsgeschäft mit den südindischen Kaufleuten abgeschlossen war.

Es existierte also schon damals eine See-Land-Seeverbindung zwischen dem Abendland und Südindien. Dank der Monsunwinde, die die Segler geschickt zu nutzen wussten, schaffte man die Überfahrt vom Roten Meer nach Muziris in etwa 40 Tagen. Unbestreitbar beeinflussten die Yavanas, die Römer, stark die damalige tamilische Kunst, von der jedoch kaum ein Kunstwerk erhalten geblieben ist.

### Südindische Monarchien entstehen

In den drei Jahrhunderten, die der Epoche der Satavahanas und der Sangams folgten, veränderte sich die politische und kulturelle Landschaft Südindiens. In Maharashtra errichteten die Vakatakas, die eng mit der Gupta-Dynastie des Nordens verbunden waren, ihre Herrschaft. Als Anhänger des Buddhismus förderten sie die Anlegung weiterer Höhlenklöster und Gebetshallen, von denen die schönsten in Ajanta entstanden sind. Von den Chalukyas stammen die Höhlentempel von Elephanta, in denen die ehrfurchtgebietende Skulptur, die Shiva in seiner dreifachen Gestalt darstellt, und zahlreiche riesige Reliefs, die Mythen veranschaulichen, als herausragende Leistung jener Epoche zu bewundern sind. Doch bahnte sich bereits ein Wandel an. Die vorher maßvoll gearbeiteten Skulpturen der Bildhauerei werden kraftvoller, bewegter und versuchen Größe und Erhabenheit auszudrücken.

Zu dieser Zeit tauchten in Karnataka zwei bis dahin unbekannte Herrschergeschlechter auf: Im nordöstlichen Gebiet regierten die Kadambas und in der Region Mysore-Bangalore die Gangas. Der Gründer der erstgenannten Dynastie war Brahmane und wollte als gläubiger Hindu nach Kanchipuram pilgern, um dort aus dem Veda zu lernen. Als er jedoch die Grenze passieren wollte, bekam er handfesten Ärger mit den Grenzsoldaten und beschloss daraufhin, sein eigenes Königreich zu gründen.

Die Kadambas verloren ihren Einfluss im 6. Jahrhundert durch den Aufstieg der Chalukyas. Die Gangas vermochten sich durch geschickte Heiratspolitik mit ihnen übergeordneten Mächten 800 Jahre lang zu halten. Ihr Machtgebiet reichte von den Ufern des Ganges bis nach Kaveri.

In Andhra Pradesh standen die Ikshvakus von Vijayapuri ganz in der Tradition ihrer Vorgänger. Sie förderten den Bau von Tempeln, die den hinduistischen Gottheiten gewidmet wurden. Diese Epoche war gekennzeichnet durch vedische Opferrituale, hinduistische Tempelanlagen und buddhistische

**2**

**Geschichte und Kultur**

Stupas mit ihren reliefartigen Verzierungen. Als dann der Buddhismus im Dekkan allmählich seinen Einfluss verlor, wurde die Kunst etwas schwerfälliger.

### Tamilische Epen

Die historische Entwicklung Tamil Nadus nach der Sangam-Epoche ist noch nicht in allen Einzelheiten erforscht. Ein vages Bild ermöglichen zwei großartige Epen jener Zeit: das *Silappadhikaram* und das *Manimekhalai*.

Das Silappadhikaram ist ein episches Gedicht, das von Ilangaodigal, einem Prinzen der Chera, geschrieben wurde und in den Königreichen der Chola, Pandya und Chera spielt. Es schildert das Leben der untadeligen Kannagi, der Ehefrau eines Kaufmanns, der sich in eine Tänzerin verliebt hatte. Nach der Romanze mit der Tänzerin kehrt der Kaufmann zu seiner Frau zurück und fällt durch seinen Wohlstand im Reich der Pandyas auf. Da wird er zu Unrecht des Diebstahls eines Fußkettchens der Königin angeklagt und zur Strafe geköpft. Seine Ehefrau sinnt auf Rache, brennt die Stadt Madurai nieder und erreicht das Reich der Chera, wo sie Selbstmord begeht, um ihrem Gatten in den Himmel zu folgen. Der Chera-Herrscher Sunguttuvan, der von dieser Geschichte hörte, widmete der untadeligen Kannagi einen Tempel. Die Silappadhikaram ist Dichtung in Vollendung, menschliche Gefühle werden in ihrer ganzen Erhabenheit gezeigt. Dieses Epos bildet eine Fundgrube, will man sich ein Bild der damaligen Gesellschaft machen. Der Autor erzählt vom Leben der Kaufleute, Bauern, Jäger, Könige und deren Beamten, Priestern und Weisen, kurzum über das der Menschen aller gesellschaftlichen Schichten. Er berichtet über Politik und Religion, ohne Partei zu ergreifen, und über den Glauben, ohne jede Bigotterie. Den-

noch greift er seiner Zeit voraus, indem er in frommen Hymnen die hinduistische Götterwelt preist: Die folgenden Jahrhunderte sollten von tiefer Religiosität erfasst werden. Darüber hinaus macht er detaillierte Angaben über die Errichtung von Tempeln, er spricht von den kulturellen Leistungen seiner Zeitgenossen, namentlich im Bereich der Musik und des Tanzes, die eine bedeutende Rolle gespielt haben.

Im Handlungsmittelpunkt des Manimekhalai-Epos, das mehr buddhistischer Natur ist, steht die buddhistische Nonne Manime Khalai, Tochter der Tänzerin aus der vorigen Geschichte. Insofern stellt dieses Epos eine Huldigung an das Silappadhikaram dar, doch im Gegensatz zu diesem ergreift das Manimakhalai Partei für den Buddhismus, der seinerzeit in Tamil Nadu erstarkte.

Neben diesen beiden Epen wurden noch weitere buddhistische, in Prakrit geschriebene Texte verfasst, in deren Mittelpunkt das Leben Buddhas steht. Geistiges Zentrum des Buddhismus war die Hafenstadt Kaveripumpattinam. Hier entstanden die *Jataka*-Erzählungen, hier fand man die *chaitya*- und die *vihara*-Erzählungen, wobei die ersteren eindeutig vom Einfluss des Fernen Ostens geprägt wurden.

Ein wichtiges politisches und kulturelles Ereignis am Ende des 3. Jh. n. Chr. war die Entstehung des Königreiches Pallava mit der Hauptstadt Kanchi. Das Herrschaftsgebiet umfasste in etwa Tamil Nadu und die südlichen Gebiete von Andhra Pradesh und Karnataka.

### Eine neue Epoche beginnt – Geisteshaltung und Spiritualität

Von 600 bis 900 n. Chr. erlebte Südindien eine neue Religiosität und sowohl einen geistigen wie auch künstlerischen Aufschwung mit sehr unterschiedlichen Schwerpunkten in den einzelnen Regionen. In Tamil Nadu wuchs mehr die neue Religiosität und Intellektualität, während sich die Kunst überall im

Rechts: Bettelmönche vor dem Eingang der Kanheri-Höhlen bei Mumbai.

Foto: Bernhard Walter Kaempf

Süden veränderte. Bemerkenswert ist die Tatsache, dass die religiöse und intellektuelle Erneuerung grundsätzlich vom einfachen Volk ausging, nur der Wandel in der Kunst erklärte sich aus der Förderung durch die Königshäuser. Bereits zu Beginn des 6. Jh. existierten in Tamil Nadu Hunderte von Tempeln, die zur Hauptsache den Göttern Shiva und Vishnu geweiht wurden. Über 300 Tempelschulen der Shivaiten und 108 der Vishnuiten waren mit Beginn des 7. Jh. aktiv.

Es änderte sich auch die Gottesvorstellung; in einer Gottheit sah man nun ein personifiziertes, allmächtiges Wesen, das all seine Gnade jenen schenkte, die ihr Leben nach seinen Geboten ausrichteten. Die sogenannte Bhakti-Bewegung entstand, eine Bewegung von tiefer Frömmigkeit. Zu den Anhängern dieser Glaubensrichtungen gehörten Asketen und Wanderprediger, Männer wie Frauen aller Schichten, die von den Gläubigen verehrt wurden. Nandan und Thiruppanalvar, nur um zwei solcher wandernder Mystiker zu nennen, wur-

den von den hinduistischen Königen und den Menschen aller Schichten angebetet und gleichsam vergöttert.

In der Bhakti-Bewegung wurde die emotionale Beziehung zu einer persönlichen Gottheit betont, das einem Liebesverhältnis gleichkommen konnte und durch die ständige Beschäftigung mit Gott aufrechterhalten wurde. Da die höchsten Gebote der Bhakti-Bewegung emotional betonte Demut vor und Liebe zu einem Gott waren, stand sie dem Buddhismus und Jainismus konträr gegenüber. Daraufhin verlor der Buddhismus noch mehr von seinem ohnehin schwachen Einfluss in Tamil Nadu.

Beim Jainismus lagen die Verhältnisse anders, denn seine Anhänger lebten in der gut situierten Geschäftswelt oder an den Fürstenhöfen, ja viele Könige waren Jainas. Ausnahmen bestätigen die Regel, so wurden Mahendra (590-630 n. Chr.) und der Pandya-König Arikesari später Anhänger der Bhakti-Schule und konvertierten zum Hinduismus. Wie stark auch immer die Bhakti-Bewegung sein mochte, den Einfluss des Jainismus

Foto: Shalini Saran

des Hinduismus eine sehr erotische Komponente. Zwar akzeptierten beide Schulen die zwei Arten der Religiosität, doch wurden sie unterschiedlich gewichtet. Die Vishnuiten betonten den Weg der Liebe, während die Shivaiten ein Leben in Demut vor Gott führten.

Von der Liebe sprechen die Hymnen der vishnuitischen Heiligen, der Alwaren. Von den zwölf Heiligen sind insgesamt 4000 Verse aufgezeichnet worden, bekannt als die „Viertausend Hymnen". Diese Hymnen dienten den Gläubigen als Gedächtnisstütze und wurden beim Gottesdienst, sei es daheim oder im Tempel, rezitiert. Das unterschiedliche Verständnis des Weges der Liebe spiegelt sich in den ausgefeilten Versen ihrer einzelnen Autoren wieder. Periyalvar beispielsweise sah seinen Gott als Kind einer frommen Frau, und seine Lobgesänge sind von geradezu mütterlicher Inbrunst; die beiden Inkarnationen Vishnus als Rama und Krishna kommen dieser Anschauung sehr entgegen, denn sie sind zwei sehr menschliche Gestalten, die auch Fehler machen. Nammalvar, der die meisten Verse niedergeschrieben hat, betonte die weiblichen Gefühle der Liebe gegenüber als das Sehnen der menschlichen Seele. Andal, eine weibliche Heilige, träumte in ihren Versen von einer Heirat mit ihrer Gottheit, also von einer Vereinigung eines menschlichen Wesens mit Gott. Ihre bewegten Verse werden heute noch wie vedische Hymnen bei einer vaishnavitischen Heirat gesungen.

Die Shivaiten verehren die Lieder vier ihrer bedeutendsten Heiligen. Die insgesamt 7000 Verse von Appar, Sambandar und Sundarar werden unter dem Sammelbegriff *Tevaram*-Hymnen zusammengefasst. Die Sammlung der Verse Manikkavacakars, eines Ministers des Pandya-Königs in Madurai, heißt *Thiruvacakam*. Seine Verse werden heute noch gesungen, eingebunden in traditionelle Musik, die als *pans* bekannt ist. Appar, der Sohn eines Bauern, glaubte, dass die unbedingte Liebe zu

vermochte sie nur zu schwächen, nicht aber gänzlich aus Tamil Nadu zu verdrängen.

## Hinduismus: Vishnuismus und Shivaismus

Die Shivaiten und die Vishnuiten huldigten jeweils einem anderen hinduistischen Gott als dem höchsten aller Götter: die Shivaiten Shiva und die Vishnuiten Vishnu. Es existierten zwei Arten der Verehrung, einmal durch das Ausüben von Ritualen, zum zweiten durch die liebende Hingabe, die keine feste Form kannte. Beide Möglichkeiten der Huldigung wurden von der Bhakti-Bewegung anerkannt. Die Vishnuiten verglichen die Seele des Menschen, egal welchen Geschlechts, mit einer Frau, die sich mit Gott zu vereinen trachtete – Gott wurde als Liebhaber personifiziert. So erhielt die metaphysische Ideenwelt

Oben: Relief-Figur aus dem 8. Jh., Pattadakal.
Rechts: Der Chalukya Papanatha-Tempel in Pattadakal (Karnataka) aus dem 7. Jh.

Foto: Shalini Saran

seiner Gottheit zu einem furchtlosen Leben führen würde. Seinem Glauben nach lebte und gehorchte er nur seinen eigenen Gesetzen, ohne sich je der Obrigkeit zu beugen.

Die Bhakti-Bewegung führte in der indischen Kultur zu einer einmaligen Veränderung. Sie beschränkte sich keineswegs nur auf Südindien, doch war ihr Einfluss hier viel offensichtlicher: Südindien wurde ein Land der Tempelanlagen und -städte.

Für einen neuen geistigen Aufschwung sorgte der Mönch und Philosoph Sankara, der in der Tradition des Veda stand. Er interpretierte die Upanischaden, den Schlussteil der vier Veden, neu. Da er in diesem Schriftstück die Weisheit eines übergeordneten Gottes manifestiert sah, konnte seiner Meinung nach die Erlösung vom irdischen Dasein nur im Kennen der Weisheit liegen. Er glaubte, dass sich hinter den vielfältigen Erscheinungsformen des Lebens und den unzähligen Seelen ein höheres, allen Daseinsformen übergeordnetes Wesen verbirgt: *Brahman*. Alle Erscheinungen auf dieser Welt stellen lediglich Projektionen des Brahman dar. Die Seele des Individuums, *Atman*, und die Seele des Universums, Brahman, sind eins nur im Augenblick der Wahrheit. Die Existenz dieser Welt ist eine Illusion, eine Scheinwelt (*maya*), deren Wesen wir aufgrund unserer ungenügenden Wahrnehmungsfähigkeit nicht erkennen können.

Sankara stellte die in Kasten unterteilte Gesellschaftsordnung Indiens nie in Frage, da sie ohnehin nur ein Teil der Scheinwelt war. Im Grunde genommen sei jeder einzelne oder seine Seele, Atman, eins mit der Allseele Brahman, nur, so glaubte Sankara, erkennen das die wenigsten. Sankara hielt die altvedischen Rituale für brauchbare Mittel, um den Geist zu disziplinieren. Wollte man das Einssein mit Brahman erkennen, musste man die Upanischaden, die Bhagavadgita und die *Brahmasutras* kennen – und verstehen, wie er sie verstand. Neben seinen Kommentaren zu den wichtigsten Teilen der Veden, stammen aus seiner Feder verschiedene

Lobeshymnen und kleinere philosophische Abhandlungen. Trotz seines hohen Intellekts versuchte Sankara, auch den einfachen Menschen seine Erkenntnis begreiflich zu machen. Er reiste durch Indien, immer auf der Suche nach einer Zuhörerschaft. Keine religiöse oder philosophische Schule Indiens ist ohne seinen Einfluss denkbar. Sankara war eine der bedeutendsten Persönlichkeiten der indischen Geschichte.

## Sakrale Architektur

Das dritte wichtige Ereignis dieser Epoche war der Machtgewinn der Könige. Die Kaufleute verloren ihre einflussreiche Stellung, wovon im allgemeinen Offiziere und das Militär profitierten. Die Monarchen förderten die Kunst und die Monumental-Architektur. Im Süden eroberte die Pallava-Dynastie weite Territorien und errichtete hier ihre starke Herrschaft; weiter südlich regierten weiterhin unangefochten die Pandyas in Madurai. Am Ende des 6. Jh. errichteten die Chalukyas ihren Hauptsitz in Vatapi (Badami) und regierten über Maharashtra, Karnataka, Andhra und Gebietsabschnitte von Kalinga. Der bedeutendste Herrscher dieser Dynastie war Pulakesin II. (609-642 n. Chr.), der Vengi in Andhra eroberte und dort seinen Bruder als Statthalter einsetzte – damit legte er das Fundament für das spätere Ost-Chalukya-Reich. Da die Pallavas und die Chalukyas ständig miteinander im Krieg lagen, schwächten sie sich mit der Zeit gegenseitig so sehr, dass sie schließlich untergingen und andere Dynastien an ihre Stelle traten: Die Rashtrakutas lösten im 8. Jh. die Chalukyas ab, und ein Jahrhundert später konnten sich auch die Pallavas nicht mehr an der Macht halten.

Mochten die Königshäuser untereinander auch noch so zerstritten sein, eines hatten sie doch gemeinsam – sie unterstützten das Herausmeißeln von Höhlentempeln und den Bau von Tempelanlagen. Die schönsten Höhlen der Chalukya-Herrscher liegen in Badami und Aihole. Ihre Nachfolger, die Rashtrakutas, konzentrierten sich auf Ellora; sie förderten die sakrale Architektur unabhängig vom jeweiligen Glauben. Die Pallavas bauten schlicht, ihre Höhlen findet man im ganzen Land; die berühmtesten Tempel befinden sich in Mamallapuram, deren Bau- und Steinmetzkunst einen ihnen gebührenden Platz in der Weltkunstgeschichte eingenommen haben. Die Pandyas errichteten zwar die meisten Tempelanlagen, vernachlässigten dafür aber die Bildhauerei, die nach dieser Epoche kaum noch Bedeutung erlangte.

Die hinduistischen, buddhistischen und jainistischen Klosterhöhlen bei Ellora, der Hauptstadt der Rashtrakutas, sind weltberühmt. Obwohl einige auf ein früheres Datum zurückgehen, werden die meisten von ihnen der Rashtrakuta-Epoche zugeschrieben. Die dicht beieinander liegenden Höhlen wurden von Buddhisten, Hindus und Jainas geschaffen. Es ist jedoch nicht sicher, ob diese je zur selben Zeit bewohnt waren. Schätze sakraler Baukunst sind die buddhistischen Vishvakarma-Höhlen, der hinduistische Kailash-Tempel und die jainistische Indrasabha-Anlage. Der Kailash-Tempel wurde von Rashtrakuta Krishna geschaffen und steht eindeutig unter drawidischem Einfluss. Viele Kunsthistoriker vergleichen die Bildhauerei von Ellora mit der Bildhauerei der Chalukyas – vornehmlich mit der von Pattadakal.

Obwohl man auf der einen Seite, angesichts der unterschiedlichen Stilrichtungen, eine gewisse künstlerische Freiheit annehmen muss, so war man dennoch an einen aufgezeichneten Kodex, *Agamas*, gebunden, in dem Vorschriften für den Tempelbau und die Rituale festgehalten waren. Aus

---

Rechts: Die Göttin Durga bezwingt einen büffelköpfigen Dämon – ein Prunkstück der Pallava-Bildhauerkunst in der Mahishasuramardini-Höhle, Mamallapuram.

Foto: Bernhard Walter Kaempf

vier Teilen bestehend, behandelten die
Agamas die Riten, die Festlichkeiten in
den Tempeln, das Yoga und das Jnana,
d.h. das metaphysische Konzept der
Riten. Einige Teile des Kodex sind uns
erhalten geblieben, anhand derer man
sich im Vergleich mit zeitgenössischen
Bauwerken deutlich vor Augen führen
kann, bis zu welchem Grad man sich
an die Vorschriften halten musste oder
hielt. Die Agamas enthielten zwar strik-
te Vorschriften, durch die es zu einer
gewissen Vereinheitlichung kam, doch
ließen sie auch ausreichend Spielraum
für Variationen, den die Baumeister geschickt auszunutzen wussten.

### Blütezeit der Kunst:
### Tanz und Drama

Die Agamas enthielten nicht nur
Vorschriften für die Tempelarchitektur,
sondern förderten auch die Schulung
von Musikern und Tänzern, die die Rituale innerhalb der Tempelanlagen
ausführen sollten. So tanzten während
der täglichen Rituale und Festlichkeiten

ausgewählte Tänzerinnen, denen noch
andere Aufgaben zufielen wie etwa
das Flechten von Blumengirlanden. Es
gab verschiedene Tanzformen, die im
wesentlichen alle auf eine Abhandlung
des Brahmanen Bharata zurückgingen.
Diese traditionellen Tänze beeinflussten und inspirierten neue Arten der
Dichtung; das Drama, eine Spielart des
traditionellen Tanzes, wurde in den
Tempelanlagen aufgeführt. Selbst einige Herrscher waren große Komponisten
und Choreografen. Ein hervorragendes
Beispiel ist der Pallava-Herrscher Ma-
hendravarman, der in der Baukunst, der
Malerei, der Musik, dem Tanz und der Literatur genauso zu Hause war wie in der
Philosophie. Unter seinen Werken befinden sich zwei Tanzdramen, in denen
er sich über die Verfehlungen der Bettelmönche lustig macht. So verspotte-
te er einen Mönch, einen Betrunkenen
und einen Wüstling, die in den Straßen
von Kanchipuram herumlärmten. In
ihrer Mitte befand sich auch eine be-
trunkene Frau und ein buddhistischer
*bikshu* (Bettelmönch), der die Frau lüs-

tern betrachtete. Diese Possen aus der Feder eines Monarchen sind einzigartige Zeugnisse der indischen Literaturgeschichte, ja der Geschichte des Dramas schlechthin, wenn man bedenkt, dass sie seit über 1300 Jahren in den Tempeln von Kerala aufgeführt werden.

### Der Niedergang des Buddhismus

Obwohl der Kaiser von China im 8. Jh. n. Chr. die Erlaubnis erhalten hatte, in Tamil Nadu einen buddhistischen *chaitya* für die chinesischen Reisenden zu errichten, kann das nicht darüber hinwegtäuschen, dass der Buddhismus in Indien zunehmend an Bedeutung verlor. Lediglich in Orissa konnte er sich, seit dem 3. Jh. v. Chr., der Zeit Ashokas, bis zum Ende des 16. Jh. halten. Zeugnisse dieser Tatsache sind die über ganz Odisha verteilten buddhistischen Skulpturen. Ein Zentrum des Mahayana-Buddhismus, mit Arya Avalokitesvara als der Gottheit, entstand im 6. Jh. nahe Jayarampur. Mitte des 7. Jh. lebten bereits Tausende von Mönchen in über 100 Klöstern. Der chinesische Pilger Hsüan Tsang berichtete in dieser Zeit von regen Aktivitäten der Buddhisten in den Bergklöstern von Pushpagiri, genauso wie in Lalitgiri oder Udayagiri im Distrikt Cuttakk. Außerdem beschreibt er noch Stupas aus der Zeit Kaiser Ashokas. Ein Herrscher der Bhaumakara-Dynastie übersandte dem chinesischen Kaiser Te-Tsong (795 n. Chr.) ein buddhistisches Manuskript mit seiner Unterschrift. Die Bhaumakara-Herrscher sind bekannt dafür, etliche Klöster und auch Anbetungsstätten mit buddhistischen Statuen gebaut zu haben.

Vom 6. bis zum 10. Jh. n. Chr. war Ratnagiri im Distrikt Cuttack ein Zentrum des Buddhismus. Auf einer Hügelkuppe blühte das mönchische Leben in einem Kloster, dem so genannten Ratnagiri Mahavihara. Eine große Anzahl ausgegrabener Skulpturen und Inschriften

bezeugt, dass die hier lebenden Gelehrten aus den entlegensten Regionen Mönche anzogen, die den buddhistischen Glauben bis weit ins 16. Jh. hinein wach hielten. Neben dem Hauptstupa fand man einige Klöster und acht Ziegelsteintempel im für Orissa typischen Stil, Manjushri und anderen buddhistischen Gottheiten geweiht. Daneben entdeckte man noch wunderschöne Bronzefiguren, die Buddha, Lokeshvara und Maitreya darstellen.

Odisha war auch das traditionelle Zentrum des Mahayana-Buddhismus; verschiedene Bauten, die das bezeugen, findet man im ganzen Land verteilt. Erwähnenswert ist die große, einst florierende, Bronzegießerei, in Achyutrajpur im Distrikt Puri. Unter rund 100 Bronzestandbildern von höchster bildhauerischer Qualität (9. bis 11. Jh. n. Chr.) befinden sich allein 75 Skulpturen aus der Vajrayana-Schule, die den Buddha und buddhistische Gottheiten, wie z. B. Tara, Vajrasattva und andere darstellen. Nach dem 17. Jahrhundert verschwand der Buddhismus jedoch selbst in Odisha.

Mit dem Niedergang des Buddhismus fiel dem Monarchen eine neue, einflussreichere Rolle zu. Die sittlichen Werte, nach denen sich die Menschen im öffentlichen wie im privaten Bereich zu richten hatten – der König war hiervon nicht befreit –, waren in den *Dharmasastras* niedergeschrieben, einem von indischen Weisen geschriebenen Gesetzestext. Der König war nur der Ausführende, nicht der Urheber dieser Gesetze. Die königlichen Schatzkammern wurden durch verschiedene Steuern aufgefüllt; besteuert wurden unter anderem landwirtschaftliche Erzeugnisse und Handelsgüter. Obwohl verschiedene Herrscher das Land regierten und unterschiedliche Dialekte gesprochen wurden, ähnelte sich das Alltagsleben kraft der bindenden Gesetze der Dharmasastras im ganzen Land.

---

Rechts: Bharata-Natyam-Tänzerinnen in Kerala.

Foto: Robert Höbel

### Das goldene Zeitalter der Cholas: Organisation, Verwaltung, Kunst

Die 400 Jahre vom 9. bis zum 13. Jh. n. Chr. werden zu Recht als die „große Epoche" in der südindischen Geschichte bezeichnet. In dieser Zeit blühten Kunst und Literatur, politisch war sie die große Zeit der Regionalreiche. Tausende von wunderbaren Tempeln höchster architektonischer Qualität wurden errichtet; vor allem im 11. Jh., in dem unter anderem die großartigen Tempel von Tanjore und Gangaikondacholapuram in Tamil Nadu, der Lingaraj-Tempel in Bhubaneswar und der Jagannath-Tempel von Puri gebaut wurden. Errichtet wurden diese Tempel von hochspezialisierten Bauhütten, die im Dienst der Könige standen. Der Umstand, dass in allen Staaten zeitgleich solche riesigen Tempel gebaut wurden, weist darauf hin, dass die Könige das politische Potential solcher religiösen Zentren erkannt hatten.

Auf der politischen Bühne erschienen die Cholas von Tanjore erstmals Mitte des 9. Jh. n. Chr. Bald erweiterten sie ihr Königreich und regierten auch über den Süden Karnatakas; die Gebiete bis hoch zum Tungabhadra-Fluss wurden von ihnen erobert und blieben fast 200 Jahre unter ihrer Herrschaft. Zur selben Zeit verschwand die Rashtrakuta-Dynastie zugunsten der Chalukya, die die Macht im nördlichen Karnataka (Hauptstadt Kalyani), übernahmen. Der Fluss Tungabhadra bildete die natürliche Grenze zwischen ihrem und dem Reich der Cholas, sie bekriegten sich ständig, fast bis zum Jahr 1200 v. Chr. Das Heer der Cholas konnte dank seiner straffen Organisation an allen Fronten Erfolge verzeichnen. Überdies waren sie ausgezeichnete Navigatoren und beherrschten auch die Meere mit einer kampfstarken Flotte. Die militärischen Erfolge gehen in erster Linie auf den größten Herrscher der Chola-Dynastie zurück, auf Rajaraja I., der von 985 bis 1014 n. Chr. regierte. Neben Sri Lanka eroberten die Cholas mit Hilfe ihrer Flotte auch das Königreich Srivijaya, zu dem Länder wie Malaysia, Singapur und die Inseln Sumatra und Java gehörten.

Die Cholas errangen auf ihrem Weg nach Norden Sieg um Sieg, bis sie dort ankamen, wo heute Kolkata liegt. Sie besaßen zwar den Ehrgeiz, Eroberungen in ganz Indien zu machen, langfristig verwalten konnten sie die weit entfernten Gebiete jedoch nicht. Sie begnügten sich mit Symbolen: Das siegreiche Heer brachte das heilige Wasser des Ganges mit nach Hause. Die Besiegten mussten es auf ihren Köpfen tragen. Als Zeichen ihres Triumphes bauten sie eine neue Hauptstadt, Gangaikondacholapuram, von wo aus sie fortan zweieinhalb Jahrhunderte lang regierten. Ihre Herrschaft dauerte bis 1280 n. Chr.

Die Randgebiete des riesigen Reiches wurden nach dem Sieg an die ursprünglichen Herrscher zurückgegeben, das zentralere Gebiet von Gouverneuren oder Beamten verwaltet. Das besondere am Cholareich war, dass es auf reiche und zivilisatorisch hochstehende dörfliche Zentren aufbauen konnte, die schon seit Jahrhunderten in den fruchtbaren Flusstälern existierten. Die dort ansässigen Eliten ließen sich allerdings ungern etwas vorschreiben; so gibt es viele Quellen, die von den zähen Verhandlungen der Beamten des Königs und diesen über die Zahlung von Steuern, Landrechte etc. berichten. Dass sich die Bevölkerung selbst in einer Art Dorfdemokratie verwaltete, begründete wohl die Stabilität der Chola-Herrschaft. Ebenso gut waren die Zünfte organisiert. Auch Bildung wurde mit großer Aufmerksamkeit gefördert sowie der Bau von Krankenhäusern.

Die Cholas gründeten zahlreiche brahmanische Siedlungen, *caturvedi mangalams* genannt. Die Brahmanen konnten dort anstelle des Königs Steuern einnehmen und hatten einen beschwichtigenden und zivilisierenden Einfluss auf die umliegende Bevölkerung. Alle Siedlungen waren in verschiedene Bezirke unterteilt, die Reprä-

sentanten in den Dorfrat entsandten; dieser war dann für die administrativen Belange des Dorfes verantwortlich (er hieß *variyam*), sei es die Frage der Besteuerung oder die der Tempelverwaltung. Die Chola-Herrscher gründeten Handelszentren, *nagaram* genannt, die sich weitestgehend selbst verwalteten. Diese Niederlassungen konzentrierten sich auf den Handel und kommerzielles Wachstum. Der Bewässerung der Felder schenkte man ebenfalls viel Beachtung; erst die unzähligen Bewässerungsgräben, die das gesamte Land durchzogen, erlaubten mehrere Ernten pro Jahr und die Bewirtschaftung auch weniger fruchtbarer Böden. Darüber hinaus wurde die Urbarmachung des Brachlandes durch die Steuerpolitik gefördert; die Steuern wurden nach der Fruchtbarkeit des Bodens und der Erträge bemessen. Wasserreservoirs und Stauseen wurden angelegt – auch dies eine wichtige Aufgabe des dörflichen Verwaltungsapparates. Regelmäßig kontrollierten königliche Offiziere die Buchführung der Steuerbeamten. Unzählige Inschriften, die man heute noch auf den Tempelwänden eingraviert findet, sprechen von der alltäglichen Verwaltungsarbeit, die den Staat am Laufen hielt.

Ein jüdischer Reisender namens Benjamin (1170 n. Chr.) äußerte sich über den Handel unter den Cholas folgendermaßen: *„In Sachen Handel ist das Land durchaus vertrauenswürdig. Jedes Schiff, das in einem Hafen anlegt, wird von drei Sekretären des Königs sofort registriert, falls nötig repariert und seine Ankunft dem König mitgeteilt. Er garantiert den Händlern die Sicherheit ihrer Waren, die sie ohne Bewachung auf den offenen Feldern lagern können."*

Neben den Tempelanlagen befanden sich Ausbildungsstätten mit Büchereien und Manuskriptsammlungen sowie Krankenhäusern. Doch diese Einrichtungen waren nicht die eigentlichen Leistungen der Chola-Herrscher, sondern der Tempelbau. Tausende von Tempeln wurden errichtet oder restau-

Rechts: An den Hoysala-Tempeln finden sich häufig Reliefs mit Tierfiguren.

riert, jeder Tempel hatte seine eigene Musiker- und Tänzerinnengruppe. Lieder für die Gottheiten waren Bestandteil der täglichen Anbetung; dank ihrer Bedeutung für den religiösen Alltag konnten sich einige alte Musikschulen bis heute erhalten.

Die Cholas taten sich außerdem als Förderer der Bildhauerei hervor, namentlich von Tausenden von Bronzeskulpturen, die während der Tempelfeste in Prozessionen mitgeführt wurden. Diese Bronzeskulpturen – besonders die der frühen Chola-Epoche – werden von Kunsthistorikern wegen ihrer außergewöhnlichen Schönheit und Anmut gerühmt. Während dieser Periode wurden außerdem die Tanzformen nach dem Vorbild von Siva als *Nataraja* zur Perfektion gebracht.

Händler und Boten der Cholas reisten auf dem Seeweg nach China, wo sie Kolonien gründeten. Aufzeichnungen in Tamil, aus denen hervorgeht, dass viele buddhistische Mönche aus China das Chola-Reich bereisten, fand man im gesamten Fernen Osten.

In der Küstenregion von Andhra regierten die Chalukyas; ihre künstlerischen, geistigen und administrativen Leistungen wären jedoch ohne die Cholas nicht denkbar; sogar die Ganga-Dynastie, die in Kalinga herrschte, konnte sich ihrem immensen Einfluss nicht entziehen und begann auch, erhabene Tempel zu bauen. Die großartigen Anlagen von Konarak und andere Tempel bezeugen dies. Im nordwestlichen Dekkan-Hochland führten die Chalukyas von Kalyani einen langen Krieg gegen das Reich der Cholas; auf künstlerischem und anderen Gebieten standen sie jedoch in regem Austausch.

### Eine neue Macht – die Hoysalas

Gegen Ende des 12. Jh. tauchte in Karnataka eine neue politische Macht auf, das Herrschergeschlecht der Hoysalas, der Erbauer der Belur- und Halebid-Tempel. Ursprünglich waren sie Lehnsmänner der Chalukyas von Kalyani, und an ihrer Seite kämpften sie auch gegen die Cholas. Als ihre Macht aber wuchs, machten sie sich unabhängig und wandten im 13. Jahrhundert ihre Aufmerksamkeit in Richtung Süden.

Da ihr Herrschaftsgebiet bis nach Tiruchirappally (Trichy) reichte, brachten sie die Sprache der Kannada und ihre Kultur bis ins tamilische Land. Die Hoysalas gründeten in der Nähe von Tiruchirappally eine zweite Hauptstadt. Ramanuja, ein Vaishnava-Heiliger musste vor den Cholas fliehen und fand Asyl bei den Hoysalas. Dennoch kamen sich die beiden Herrscherhäuser mit der Zeit politisch und kulturell näher. Die Hoysalas regierten ab etwa 1100 n. Chr. ungefähr zweihundert Jahre lang.

Als die Pallavas in Tamil Nadu politisch mächtiger wurden, drängten sie die Chera-Herrscher zur Westküste ab, wo sie in den Bergen Schutz fanden. Entlang der Westküste breiteten sie sich in südlicher Richtung aus. Bis zum 9. Jh. war Kerala, von Mangalore bis nach Travancore ganz im Süden, in drei Hoheitsgebiete aufgeteilt. Das mittlere Königreich wurde von den Kulasekharas regiert, die nach und nach große Macht erlangten und versuchten, die Gebiete zu vereinen. Doch historische Fakten belegen die Existenz von verschiedenen Fürstentümern.

Arabische und chinesische Händler erreichten zu dieser Zeit die Malabar-Küste. Mit ihnen kamen jüdische und christliche Kaufleute. Im 10. und 11. Jh. eroberten die Chola-Monarchen Kerala und beendeten die Herrschaft der Kulasekharas; das Land wurde abermals in drei Fürstentümer aufgeteilt.

## Der Islam auf dem Dekkan-Hochland

In den nächsten vierhundert Jahren (1300 bis 1700 n. Chr.) waren der Dekkan und das Land der Tamilen wie niemals zuvor fremden Einflüssen ausgesetzt. In Nordindien begann die Vorherrschaft der Muslime bereits 1206, als in Delhi das erste Sultanat gegründet wurde. Ein neuer Abschnitt in der Geschichte Indiens begann, der sechseinhalb Jahrhunderte dauern sollte.

Ursprünglich waren die Sultanate auf Nordindien beschränkt, doch trachteten die islamischen Herrscher danach, über den gesamten Subkontinent zu regieren. Der Versuch der Unterwerfung ganz Indiens begann unter Alauddin Khilji, der 1307 und 1311 Eroberungszüge auf das Dekkan-Hochland unternehmen ließ. Mysore, Warangal und Devagiri wurden vom Heer der Muslime überrollt. Obwohl sie keine Territorien annektierten, forderten sie von den besiegten Reichen Tribut und die Anerkennung der Oberhoheit des Sultans. Das muslimische Heer marschierte weiter nach Süden, eroberte Madurai und kehrte schließlich mit einer Beute von 600 Elefanten, 20 000 Pferden und einer riesigen Menge Gold, Edelsteinen und Perlen nach Delhi zurück.

Alauddin Khilji war der erste islamische Herrscher, der die Grenzen des Reiches über den Fluss Narmada ausdehnen konnte. Bis zu diesem Zeitpunkt hatte die Bevölkerung des Dekkan-Hochlandes nur friedlichen Kontakt mit den Muslime gehabt, nun zeigten diese ein anderes Gesicht. Die ersten Araber erreichten im 8. Jh. die Küste von Kerala, hauptsächlich Kaufleute und Händler, deren Interessen nicht politischer Natur waren. Die Situation änderte sich mit den Einfällen der Heere Khiljis im frühen 14. Jh. Die auf dem Hochland existierenden Königreiche schlossen sich zusammen, um Alauddin Khilji vereint abwehren zu können; es sollte eine fremde Macht zurückgeschlagen, nicht aber der Islam als Religion aus Indien verbannt werden.

Auf diese Weise entstanden zwei Reiche: auf der einen Seite das islamische Königreich Bahmani, auf der anderen Seite das hinduistische Königreich Vijayanagar. Bahmani wurde 1347 gegründet, und zwar von einem afghanischen

Rechts: Der Charminar in Hyderabad – ein Monument des Vordringens islamischer Oberherrschaft im Südindien des 16. Jh.

68

Foto: Talishere (iStockphoto)

Beamten namens Hasan Gangu, der von sich behauptete, vom Perserkönig Bahman Shah abzustammen; das neu gegründete Reich benannte er nach ihm. Sich selbst setzte er als Sultan ein und nannte sich Alauddin Bahman Shah. Dieses Sultanat konnte sich 200 Jahre lang halten, erstaunlich lange, wenn man bedenkt, dass von den 18 Sultanen zwei abgesetzt und geblendet wurden, zwei sich zu Tode tranken und fünf einem Attentat zum Opfer fielen. Damit nicht genug, herrschte unter den Adligen ständig Streit.

Vergleichsweise friedlich ging es nur während der Regentschaft Mahmud Gawans zu, der sich immerhin zwei militärische Erfolge zu Gute halten konnte. Er eroberte Goa, welches als strategisch wichtige Handelsstadt ein ständiger Zankapfel zwischen ihm und den Herrschern von Vijayanagar war. Ein weiterer Feldzug führte ihn nach Kanchipuram, wo, obwohl die Einwohner den Shiva-Tempel vehement verteidigten, sich das islamische Heer als unschlagbar erwies.

Das Chaos und die Intrigen am Hof nach dem Tod Mahmud Gawans im Jahr 1481 führten schließlich zum Untergang des Bahmani-Reiches, 1538 wurde es in fünf kleinere Königreiche aufgeteilt: Bidar, Berar, Bijapur, Golkonda und Ahmadnagar. Ein ähnliches Schicksal hatte auch die nordindischen Sultanate ereilt. Nikitin, ein russischer Kaufmann, der zwischen 1470 und 1474 im Bahmani-Reich lebte, erzählt: *„Das Land ist überfüllt von Menschen; die Landbevölkerung ist arm, während der Adel in Saus und Braus lebt. Er ist es gewohnt, auf silbernen Betten herumgetragen zu werden, begleitet von 20 Schlachtrössern in goldenem Tuch und gefolgt von 300 Mann zu Pferd und 500 Mann zu Fuß; dahinter weitere Reiter, Fackelträger und Musikanten."*

Die Sultane von Bahmani ließen andererseits Dämme, Kanäle, Krankenhäuser bauen; auch waren sie bekannt als Förderer eindrucksvoller Bauwerke. Einige der großartigsten Bauten, die wir heute noch bewundern, wurden unter ihrer Herrschaft errichtet. Großartig, obwohl sie in völligem Gegensatz zum verspielten klassischen Stil Indiens

69

stehen. Die stärksten Einflüsse auf die islamische Architektur kamen aus Übersee. Städte wie Bijapur, Golkonda und Bidar entstanden nicht in Anlehnung an blühende Zentren des Hinduismus, es wurde kein bereits bearbeitetes Baumaterial benutzt, wie es im Norden geschehen war. Der Transport von Baumaterial über das Arabische Meer hatte Hochkonjunktur und ermunterte Handwerker aus dem Vorderen Orient, in die Dienste der Sultane zu treten, die ihrerseits nicht auf indische Handwerker zurückgreifen mussten.

Das hervorragendste Beispiel für islamische Architektur auf dem Dekkan ist die Jami-Masjid-Moschee in Gulbarga, die einzige Moschee Indiens mit einem überdachten Innenhof; das Dach wird von 63 Kuppeln gebildet. Andere bemerkenswerte Beispiele sind das Chand Minar in Daulatabad und die Schule von Mahmud Gawan in Bidar, wo sich das Grab Ahmad Shahs befindet; Mohammad Adil Shahs letzte Ruhestätte liegt in Bijapur. Mit den islamischen Mogul-Herrschern veränderte sich auch das Stadtbild, neue architektonische Elemente wie Minarette, Bögen, Kuppeln und reiche Ornamentik zeigten sich fortan auf dem Dekkan-Hochland.

### Das legendäre Königreich Vijayanagar

Ein anderes mächtiges Reich entstand um 1350 entlang des Flusses Tungabhadra. Gegründet wurde es von zwei Fürsten namens Harihar und Bukka, die als Vasallen der Hoysalas aufgestiegen waren und schließlich deren Thron usurpierten. Sie bemächtigten sich dieses Reiches und wollten nun ganz Südindien einnehmen. Mit Hilfe des Weisen Vidyaranya, der für dieses Reich eine wichtige Rolle spielte, gelang ihnen ihr Vorhaben: um 1336 krönte sich Harihar zum König von Hastinavati, das später in Vijayanagar, Stadt des Sie-

ges, umbenannt wurde. Nach und nach verleibten sie sich die südlichen Provinzen Karnataka, Andhra, Tamil Nadu und einen Teil Keralas ein.

Dieser Staat war der erste, der bewusst einen Krieg der „Hindus gegen die Muslime" führte. Man betonte die hinduistische Kultur und ließ alte Bräuche wieder aufleben. Das Reich existierte bis ins 17. Jh. Vijayanagar ist es zu verdanken, dass herrliche Tempel in großer Anzahl entstanden und der Hinduglaube seine Vitalität und Kontinuität bewahren konnte. Die Literatur in Telugu, der Sprache von Andhra Pradesh, und die Kunst erlebten eine neue Blütezeit; die Herrscher selbst waren große Dichter. Die Ruinenstadt Vijayanagar legt heute noch großartiges Zeugnis über die außergewöhnlichen Leistungen dieser Zeit ab. Über 26 km$^2$ erstreckt sich die Anlage, an der über 200 Jahre gebaut wurde.

Einige Jahre nach der Gründung des Reiches war es bereits in Kriege mit dem Bahmani-Sultan verstrickt. Zankapfel war ein fruchtbares Gebiet, bekannt als Raichur Doab und zwischen den Flüssen Krishna und Tungabhadra gelegen. Die politisch bedeutsamste Zeit Vijayanagars begann 1509, als Krishnadevaraya zum König gekrönt wurde. Während dieser Zeit zerfiel das Bahmani-Reich; ehrgeizige Adlige teilten die Macht untereinander auf – geschickt gelenkt von Krishnadevaraya, der zudem auch militärischen Druck auf das Land ausübte. Unter diesem König wurde auch die Hauptstadt Vijayanagar am stärksten ausgebaut.

Der Reichtum des Vijayanagar-Reiches war legendär. König Krishnadevaraya, der auch Dichter war, schrieb in seinem Telugu-Poem Amuktamalyada: *„Ein König sollte die Häfen seines Landes stets verbessern, um den Handel anzuspornen. Er will ja, dass Pferde, Elefanten, wertvolle Steine, Sandelholz, Perlen und andere Artikel ins Land importiert werden. Er muss dafür Sorge tragen, dass Händler, die es durch einen Sturm, durch*

Rechts: Hinduistische Pilgerinnen in Tamil Nadu.

Foto: Julia Ziegelmaier

*Krankheit oder Erschöpfung an Land verschlagen hat, in einer ihrer Herkunft angemessenen Weise versorgt werden … Binde die fremden Händler, die Pferde und Elefanten importieren, an dich, indem du sie täglich besuchst, ihnen täglich Geschenke machst und ihnen einen kleinen Profit erlaubst. Dann werden die verkauften Güter niemals bei den Feinden auftauchen …"* Seinem eigenem Rat folgend, empfing er auch die Portugiesen, als Vasco da Gama 1498 Calicut, an der Malabar- Küste, erreichte; für diese wurde er der wichtigste Handelspartner.

Schiffe, die die Häfen von Vijayanagar verließen, steuerten Persien, Afrika, China und Ceylon an, beladen mit Reis, Zucker, Kokosnüssen, Sandelholz, Zimt, Pfeffer, Ingwer, Teakholz und Farbstoffen. Menschen verschiedenster Nationen lebten in Hampi, und auch die Landbevölkerung profitierte vom neuen Wohlstand, der durch Dienstleistungen und ein humanes Steuersystem garantiert war. Die Könige regierten über 400 Jahre lang; ab dem 16. Jh. wurde das Land von Gouverneuren verwaltet, den so genannten Nayaks, die ihre Regierungssitze in Gingee, Tanjore und Madurai hatten. Ende des 16. Jh. waren die Nayaks jedoch heillos untereinander zerstritten, und sie versäumten es, die Zentralregierung angemessen zu unterstützen.

Die Vijayanagar-Herrscher brachten Telugu-Traditionen, Literatur und Kunst nach Tamil Nadu. Diese wurden auch unter den Nayaks in Tanjore und Madurai gefördert. Einige Künstlerfamilien aus Telugu Bhagavatas siedelten in die Tanjore-Region um, wo sie jährlich Tanzdramen aufführten – eine Tradition, die sich bis in unsere Tage halten konnte und als Bhagavata Mela bekannt ist.

Die Telugu-Herrscher ihrerseits waren auch am tamilischen Brauchtum interessiert; so verkehrten etliche tamilische Künstlerfamilien am Hofe. Tempelanlagen, die tamilischen Weisen oder Heiligen, wie etwa der vaishnavitischen Heiligen Andal oder dem vaishnavitischen Lehrer Ramanuja gewidmet waren, entstanden im ganzen Land.

In den letzten Jahrzehnten des 16. Jh.

71

führten die fünf aus dem Bahmani-Reich entstandenen muslimischen Sultanate ständig Krieg gegeneinander. Diese Fehden wurden von den hinduistischen Vijayanagar-Herrschern geschürt, um Kriege vom eigenen Land fernzuhalten, doch diese Strategie fruchtete auf Dauer nicht. Im Jahr 1565 verbündeten sich die Herrscher der fünf Reiche und überfielen Vijayanagar. Ein knappes halbes Jahr nach der entscheidenden Schlacht von Talikota verwüsteten die Feinde Hampi „mit Feuer und Schwertern, mit Brecheisen und Äxten … und das Tag für Tag". Ein Zeitgenosse notierte, dass „vielleicht niemals zuvor in der Weltgeschichte eine derartige Zerstörung und Verwüstung einer so prachtvollen Stadt stattgefunden hat." Das hinduistische Vijayanagar-Reich existierte zwar noch bis zum 17. Jahrhundert, doch gingen weite Teile des Landes an die muslimischen Sultanate Bijapur und Golkonda verloren.

### Europäische Händler

Im Jahr 1526 hatte der islamische Herrscher Babur das später fast den gesamten Subkontinent umfassende Reich der islamischen Mogule im heutigen Delhi gegründet. Sein Enkelsohn Akbar, der sich stark für die Vereinigung der islamischen und hinduistischen Kultur einsetzte, versuchte auch als erster, nach Zentralindien vorzustoßen. Gleichzeitig fanden neue Kontakte mit Europa und dem Osten statt.

In Europa sehr gefragte Waren wie z. B. Gewürze erreichten das Abendland auf umständlichen Wegen. Die Araber beherrschten den Handel mit dem Osten: Sie brachten Waren von China und Südostasien nach Indien, wo sie teils gegen indische Artikel getauscht wurden. Diese „Schätze des Ostens" gelangten mit arabischen Schiffen über den Indischen Ozean zum Persischen Golf und dann über Land an die östliche Mittelmeerküste. Die Eroberungen der Türken im Vorderen Orient 1453 zwangen die Europäer, neue Handelsrouten zu erschließen, zudem waren sie es leid, sich von arabischen Zwischenhändlern die Preise diktieren zu lassen – gesucht wurde ein Seeweg nach Indien.

Das große Zeitalter der Entdeckungen begann mit portugiesischen Seefahrern. 1487 erreichte Bartholomäus Dias die Südspitze Afrikas, zehn Jahre später folgte Vasco da Gama seiner Route, er aber umrundete das Kap der Guten Hoffnung und segelte, zum Befremden der Araber, die Ostküste Afrikas entlang. Mit Hilfe eines kundigen Arabers gelang ihm die Überquerung des Indischen Ozeans, und so konnte er im Jahr 1498 in Calicut an der Küste Keralas an Land gehen.

Aber der Fürst (Zamorin) von Calicut war auf Seiten der Araber und verhielt sich ablehnend. Vasco da Gama fand jedoch einen anderen Freund an der Südwestküste Indiens, den Raja von Cochin. In den nächsten 100 Jahren kam es zwar immer wieder zu kriegerischen Auseinandersetzungen, vor allem mit dem Admiral des Zamorin, Kinjali Marrakan, dennoch gelang es den Portugiesen, sich an der Küste festzusetzen. Im Jahr 1500 schrieb Almeida, der erste portugiesische Vizekönig Indiens, nach Lissabon: „… und vernachlässigen Sie nicht die Seestreitkräfte, da sich sonst das Schicksal gegen uns wenden wird... Solange Seine Majestät das Meer beherrscht, wird Indien zu halten sein …" Seine Worte sollten sich bewahrheiten.

### Rivalisierende Handelsgesellschaften

1509 wurde Alfonso de Albuquerque portugiesischer Vizekönig in Indien, und ihm gelang es binnen weniger Jahre, portugiesische Bollwerke in Goa, Diu, Daman, Salsette (Bombay), Bassein (40 km nördl. v. Bombay), San Thomé (Madras) und am Hooghly zu errichten und so zugleich den Seeweg zu den Gewürzinseln „Ostindiens", den Molukken, zu sichern.

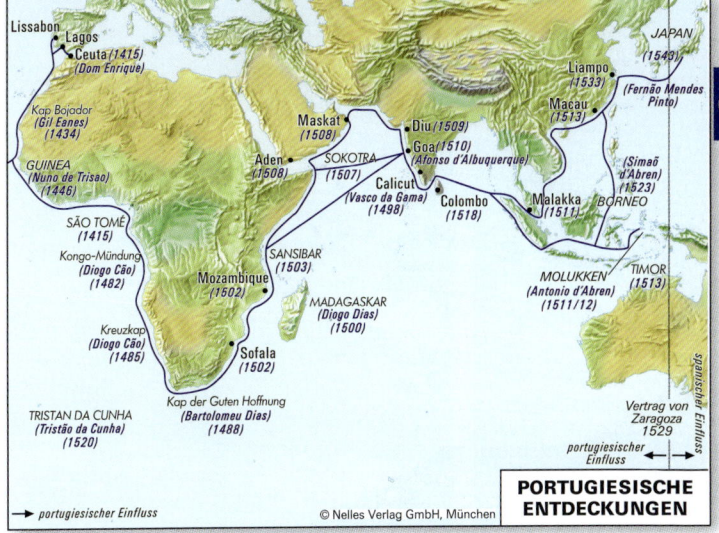

PORTUGIESISCHE
ENTDECKUNGEN

© Nelles Verlag GmbH, München

→ portugiesischer Einfluss

**Geschichte und Kultur**

Im 16. Jh. besaßen die Portugiesen eine Seemacht, die unangefochten von Hormuz im Indischen Ozean bis Macao vor der Küste Chinas herrschte. Erst gegen Ende des Jahrhunderts wurde diese Macht schwächer, einmal aufgrund der politischen Ereignisse in Portugal, zum anderen wegen des übergroßen Eifers, Indien zu missionieren. Zwar hatten bereits im 1. Jh. n. Chr. syrische Missionare Erfolg in Malabar gehabt, doch hielten die zum Christentum konvertierten Inder häufig zugleich an ihren alten Traditionen fest. Und so stieß die rigorose und kompromisslose Christianisierung durch die katholischen Portugiesen auf viel Widerstand in der Hindu-Bevölkerung, und die Muslime an der Westküste erwiesen sich als völlig konvertierungsresistent. Die Portugiesen verloren dabei mehr und mehr an Macht und mussten sich auf wenige Bastionen zurückziehen. Ihnen blieben schließlich nur Diu, Daman und Goa; dennoch ist ihr Einfluss noch heute deutlich spürbar.

Es sprach sich schnell herum, dass der Handel mit Fernost und Indien loh-nend sei. In rascher Folge wurden in Europa rivalisierende Handelsgesellschaften gegründet; eine davon war die holländische „Ostindische Kompanie". Sie schloss mit dem Zamorin von Calicut einen Vertrag. Bis 1660 hatten die Holländer die portugiesischen Festungen Cochin und Cranganore erobert und weitere Umschlagplätze in Nagapattinam und Pulicat (nördlich von Chennai) gegründet. Im Jahr 1740 jedoch mussten sie eine empfindliche Niederlage gegen Martandvarma, den Herrscher von Travancore, einstecken.

Das erste Schiff der Britisch-Ostindischen Handelsgesellschaft landete am 24. August 1608 an der indischen Küste, im Hafen von Surat, Gujarat. 15 Jahre später waren bereits die ersten englischen Manufakturen in Betrieb. 1639 pachtete Francis Day, ein Angestellter der Gesellschaft, etwas Land vom Raja von Vijayanagar; auf diesem Land wurde die Festung St. George erbaut, das heutige Zentrum von Madras. Bombay mit seinem natürlichen Hafen ersetzte Surat und wurde Hauptanlegeplatz für

Foto: Sjoie (iStockphoto)

die Britisch-Ostindische Handelsgesellschaft.

Die Dänisch-Ostindische Handelsgesellschaft traf 1620 mit dem Nayak von Tanjore ein Abkommen und etablierte sich in Tranquebar; ein Brief mit goldenen Lettern vom Tanjore-Nayak Ragunatha an Christian IV. vom Dänemark wird in Kopenhagen aufbewahrt. Als letzte Europäer erschienen die Franzosen 1664 und setzten sich in Pondicherry und Chandernagar (Bengalen) fest. Mehrere europäische Mächte buhlten um die Gunst der Mogul-Kaiser, während sie zugleich ihre Macht auszuweiten suchten – die schärfsten Rivalen wurden die Franzosen und die Briten.

Zu einer Zeit, als die Europäer zunehmend Einfluss in Südindien gewannen und Mogulkaiser Akbar (1556-1605) seine Herrschaft in Nordindien gefestigt hatte, warf er ein Auge auf die wichtigsten Reiche des Dekkan-Hochlandes: Bijapur, Golkonda und Ahmadnagar.

Wenn Diplomatie ihm nicht zum Ziel verhalf, griff er auf das Heer zurück, und innerhalb weniger Jahre konnte er so Berar und die Stadt Ahmadnagar unter seine Herrschaft bringen. Die Eroberung von ganz Ahmadnagar gelang indes erst seinem Enkel Shah Jahan 1633, dem Erbauer des Taj Mahal. Drei Jahre später verleibte er Golkonda und Bijapur dem Mogul-Reich ein. Nachdem er seinen Sohn Aurangzeb als Vizekönig auf dem Dekkan-Hochland eingesetzt hatte, kehrte er nach Nordindien zurück.

### Mogul Aurangzeb und die Marathen

Aurangzeb begnügte sich nicht mit dem Amt des Vizekönigs, setzte sich, als Shah Jahan erkrankte, in einem Bruderkrieg gegen seine drei Brüder durch und machte sich 1658 in Delhi zum Großmogul. Seinen Vater ließ er in Agra einsperren. In der Zwischenzeit jedoch hatte im Dekkan-Hochland Shivaji, ein Anführer des Volkes der Marathen, die Macht übernommen. Die Männer der

Oben: Portugies. Kirche von 1541 in Panjim/Goa.
Rechts: Die „Heiligen Drei Könige" kommen (Goa).

74

Foto: Julia Ziegelmaier

gut situierten Familien standen meist als Offiziere oder *jagidars* im Dienst der Sultane des Dekkan. Die Marathen sprachen Marathi und Hindi, waren Hindus und stark beeinflusst von den Bhakti-Heiligen Maharashtras: Eknath, Tukaram und Dyaneshwar. In ihr Siedlungsgebiet reichten die Ketten des Satpura-, des Vindhya- und Sahyadri-Gebirges; geografisch eine günstige Lage für einen souveränen Staat. Was ihnen fehlte, war ein politischer Führer; diese Rolle übernahm Shivaji. Unter seiner Führung wurden die Marathen zur stärksten Macht auf dem Dekkan-Hochland, und er selbst wurde bereits zu Lebzeiten eine Legende.

Shivaji wurde 1630 als Sohn einer angesehenen Hindu-Familie geboren; der Vater war Befehlshaber unter dem Sultan von Bijapur, seine Mutter die Tochter eines Adligen. Während sein Vater für den Sultan kämpfte, streifte Shivaji durch die Bergwälder und lernte die raue Seite des Lebens kennen. Aufgrund seiner Erziehung schätzte er Unabhängigkeit über alles; willensstark

entwickelte er eigene politische und administrative Konzepte, die er, als die Herrschaft der Mogule abgeschüttelt war, schließlich auch anwandte.

Nach dem Tod seines Vaters 1657 schulte Shivaji seine Männer im Guerillakampf. Mit diesen gut ausgebildeten Soldaten griff er den Feind an und nahm die in den Bergen gelegenen Festungen ein. Lange Zeit gelang es ihm, den Mogul-Heeren immer wieder auszuweichen, während diese ständig in Bewegung waren. Damit freilich zog er den Zorn Aurangzebs auf sich. Ein starkes Heer wurde unter der Führung von Raja Jai Singh nach Maharashtra gesandt, und Shivaji musste die meisten der eroberten Festungen wieder aufgeben. Er geriet dabei selbst in Gefangenschaft, doch gelang ihm die Flucht, und verkleidet erreichte er den Dekkan.

Im Jahr 1670 eroberte er die Festungen, die er verloren hatte, wieder zurück, 1674 wurde er zum König der Marathen gekrönt.

Britisch-Ostindischen Handelsgesellschaft1682, nach dem Tod Shivajis

75

Foto: Shalini Saran

Premierministern, den Peshwas, die die Überlegenheit der Marathen für mehr als ein Jahrhundert sicherten. Die Peshwas wurden zu den eigentlichen Herrschern des Marathenstaates. Nach und nach etablierten sie sich in ganz Nord- und Nordwestindien und ließen nur die symbolischen Zentren der Mogulmacht unbehelligt. Ihr größter Gegner wurde der Nizam von Hyderabad, der zunächst noch als Premierminister des Mogulreiches fungierte und später seinen eigenen Staat gründete.

### Beginn der Kolonialherrschaft

Während Aurangzebs betont islamischer Herrschaft war die Kluft zwischen Hindus und Muslimen wieder größer geworden. Die Verwaltung des Mogulreichs wurde am Ende der Aufstände von Marathen und Sikhs kaum mehr Herr. Zentralindien war fast unpassierbar, der Staat nach 26 Jahren Dekkan-Feldzug fast bankrott und alle Kunsttätigkeit eingestellt. Die Bauern bewaffneten sich und setzten sich gegen die Steuereintreiber zur Wehr.

Zwar hatte Aurangzeb die Grenzen des Mogul-Reichs weit nach Südindien ausdehnen können, doch zerfiel es schon wenige Jahre nach seinem Tod im Jahr 1707. Das Dekkan-Hochland wurde praktisch unabhängig, die eigentlichen Herrscher waren die Peshwas, die Verwaltungsbeamten. Auf der politischen Bühne Indiens erschienen neben den Marathen neue Mächte – die Briten, die Franzosen und Hyder Ali, der Herrscher von Mysore.

Zwischen Großbritannien und Frankreich gab es in Europa schon lange starke Rivalität; in Indien stießen ihre Handelsinteressen aufeinander. So kam es an der Südostküste mit ihren wichtigen Handelsplätzen Pondicherry und Madras zu drei Kriegen zwischen den beiden verfeindeten europäischen Staaten. Während der erste der drei Kriege auf indischem Boden politisch ohne Folgen blieb, hatte man doch auf

(1680), kehrte Mogulkaiser Aurangzeb auf das Dekkan-Hochland zurück, wo er bis zu seinem Tod 1707 blieb – er war entschlossen, Bijapur, Golkonda und das Land der Marathen zu erobern, dies hielt ihn auf dem Dekkan-Hochland. Im Falle Bijapurs und Golkondas war er erfolgreich. Zwar richtete er 1689 den Sohn Shivajis hin und warf den Enkel bis 1707 in den Kerker, aber er konnte nie ganz über die Marathen triumphieren. Denn die Marathen mit ihrer Guerilla-Taktik stellten sich nie in offener Schlacht den – von einem riesigen Tross begleiteten – Heeren des Moguls, sondern zermürbten diese durch ihre „Nadelstich-Taktik" allmählich.

Den Marathen kam die Geschichte zu Hilfe: Nach dem Tod von Kaiser Aurangzeb brachen im Mogulreich anhaltende Thronkämpfe aus. Der Expansionswillen der Marathen wurde erneut geschürt, besonders unter den fähigen

Oben: Ein Maratha-Krieger des 18. Jh. mit Kurzschwert und Lanze. Rechts: Festlich geschmückte Braut in Südindien.

beiden indischen Seiten die Überlegenheit der europäischen Truppen erkannt; die indischen Herrscher waren de facto nur Zuschauer geblieben. Als später Erbfolgekriege in Hyderabad und Karnataka ausbrachen, sahen die Franzosen eine Chance, in der Politik Indiens Fuß zu fassen. Sie standen auf der Seite Hyderabads, erhielten dafür etwas Land und den Titel „Oberherr von Südindien". Die Briten standen auf der Gegenseite in Karnataka (zu jener Zeit im Südosten gelegen), und die von ihnen unterstützte Partei siegte dank einer List. Am Ende konnten die Briten die Franzosen bezwingen und ließen ihnen nur Pondicherry, allerdings unter der Bedingung, dort keine Festung zu bauen.

Die entscheidende Kolonialschlacht fand 1757 bei Plassey im reichen Bengalen statt: General Clive besiegte dort mit 800 Briten 50 000 Soldaten des Nabobs.

Die Marathen wurden von dem Afghanen Ahmad Shah Abdali 1761 in Panipat (Nordindien) angegriffen und ihre Herrschaft dort geschwächt. Der Mogul-Herrscher Shah Alam II. (1759-1806) wurde zum heimatlosen Wanderer, die Bundesgenossenschaft der Marathen zerbrach in fünf Staaten. Die Briten nutzten das Machtvakuum und entwickelten nun imperialistischen Ehrgeiz.

Foto: Robert Hübel

### Hyder Ali und Tipu Sultan bekämpfen die Briten

Der britische Gouverneur von Bombay war zwar noch in den Erbfolgekrieg der Marathen verstrickt, doch musste sein Gegner noch an einer anderen Front kämpfen: gegen Hyder Ali, den Herrscher von Mysore. Dieser Araber war unter dem dortigen Hindukönig General gewesen und ergriff dann selbst die Macht. Hyder Ali hatte militärisches Talent und großen Ehrgeiz. Unter ihm gedieh Mysore als Staat.

Im Jahr 1776 überfiel Hyder Ali das unabhängige Malabar, wo die Briten eine Handelsniederlassung besaßen. Ein paar Jahre später griffen die Marathen Hyder Ali in Mysore an, ohne dass die Briten ihm zu Hilfe kamen, wozu sie sich in einem Friedensvertrag verpflichtet hatten. Hyder Ali verbündete sich daraufhin mit den Marathen und dem Nizam von Hyderabad. Gemeinsam zogen sie durch Karnataka und eroberten Arcot; weitere Kriege folgten. Als Hyder Ali starb, übernahm sein Sohn Tipu Sultan die Herrschaft. Zwar wurde 1784 Frieden geschlossen, doch blieb Tipu Sultan ein Todfeind der Engländer. Zwei Jahre später stoppte er den Gewürzexport von der Malabar-Küste und schädigte damit den britischen Handel mit China. Die Antwort der Briten hieß Krieg. Diesmal verbündeten sie sich gegen Tipu mit dem Nizam und den Marathen, die beide nicht die Gefahr erkannten, an der Seite einer ausländischen Macht zu kämpfen. Tipu wurde zwar geschlagen, doch der britische General-Gouverneur Cornwallis sollte nicht recht behalten, als er sagte: „Ohne unseren Freunden zu viel Macht eingeräumt zu haben, konnten wir unseren Feind vernichten." Denn Tipu schmie-

Foto: Kamal Sahai

erkannt, die die Engländer für den indischen Subkontinent darstellten.

Die britische Vorherrschaft reichte inzwischen von der Malabar- bis zur Koromandel-Küste. Die Peshwas wurden entthront und durch einen Nachfolger Shivajis ersetzt, der nur noch eine Marionette der Engländer war. Sie hatten ihre Ländereien mit den verschiedensten Mitteln – wie etwa der Annexion von Fürstenstaaten, dessen Herrscher inkompetent war oder ohne Erben starb – zu vergrößern gewusst, und im Jahr 1818 waren sie die eigentlichen Herrscher Indiens. All das hatte mit dem kleinen Stück Land begonnen, das ein gewisser Mr. Day im Jahr 1639 erworben hatte.

### Das Ende der Mogulherrschaft: The British Raj

Um das Jahr 1818 zeichnete sich die Vorherrschaft der Britischen Ostindien-Handelsgesellschaft in Indien deutlich ab: Von Bombay und Madras aus kontrollierten die Briten, die von Handelsherren nun auch zu Verwaltern geworden waren, die gesamte Küste des Subkontinents. Zwar standen weiterhin große Gebiete unter der nominellen Herrschaft indischer Potentaten; diese waren aber außenpolitisch entmachtet.

Die Ostindienkompanie hatte von der englischen Krone das Recht bekommen, Truppen auszuheben und beschäftigte sich nun v. a. mit der Einnahme von Grundsteuern. Dies fügte Indien einen ungeheuren wirtschaftlichen Schaden zu, denn diese Gewinne wurden nach England geschafft, und für die Entwicklung des Landes wurde zunächst fast nichts getan.

1857-58 meuterten schließlich die indischen Kolonialsoldaten *(sepoy)* gegen ihre britischen Vorgesetzten – zwar sehr opferreich, aber letzendlich doch erfolglos. Der Sepoy-Krieg wurde auf beiden Seiten mit äußerster Grausamkeit geführt, Zivilisten auf beiden Seiten wurden erbarmungslos massakriert.

dete neue Kriegspläne. So schickte er Abgesandte nach Afghanistan, Arabien und die Türkei, um Verbündete gegen die Briten zu gewinnen. Er hielt es für ehrenvoller „zu sterben wie ein Soldat als wie einer der Untreuen zu leben, wie all die in den Ruhestand gesetzten Rajas und Nawabs." Doch die Marathen und der Nizam verbündeten sich wieder mit den Engländern und schlugen Tipu im Jahr 1799. Er starb den Heldentod, seine Truppen standen bis zur letzten Minute an seiner Seite. Die meisten seiner Ländereien wurden dann von den Briten annektiert, der Rest wurde dem wiedereingesetzten hinduistischen Maharaja überantwortet, der nun völlig abhängig von ihnen war.

Tipu Sultan war einer der bemerkenswertesten Herrscher der indischen Geschichte, mit großem taktischem Geschick. Und er hatte früh die Gefahr

Oben: Die Widderkanone von Mogul Aurangzeb im Daulatabad-Fort (um 1700). Rechts: Briten verhaften 1857 beim Sepoy-Aufstand den greisen letzten Mogul Bahadur Shah II. im Humayun-Grab in Delhi.

Foto: Duncan P Walker (iStockphoto)

ARREST OF THE KING OF DELHI.

Die Rechte der Britischen Ostindienkompanie gingen daraufhin an die Krone über; 1858 wurde das Mogul-Reich formell aufgehoben und ein britischer Vizekönig eingesetzt. Damit begann das Zeitalter des *British Raj* in der Kronkolonie Britisch-Indien, mit Königin Viktoria als Kaiserin von Indien.

Während das Empire nun seine Blütezeit erlebte, befand sich Indien in einem Gärungsprozess, westliche Ideen wurden kritisch begutachtet. Die Briten brachten westliche Kultur sowie neoklassizistische, anglo-indische und indosarazenische Architektur ins Land. Bereiche wie Ausbildung und Verwaltung erlebten eine Anglisierung; das inspirierte jedoch auch den indischen Nationalismus: 1885 wurde die Indische Nationale Kongresspartei gegründet, die der britische Vizekönig drei Jahre später als „mikroskopisch kleine Minderheit" bezeichnete – eine Minderheit, die sich zunächst nur aus einer elitären Schicht von Indern zusammensetzte, deren Mitglieder englische Schulbildung genossen und dabei die Demokratie kennengelernt hatten – eine im Orient unbekannte Regierungsform. Erst unter Mahatma Gandhi, Jahrzehnte später, erfasste die Nationalbewegung die breiten Massen. 1936 war die Kongresspartei „die größte Organisation der einfachen Menschen, der Dorfbewohner, für Hunderttausende von Bauern und Viehzüchtern und für ein paar wenige Industrie- und Landarbeiter."

Neben dieser politischen Bewegung gegen die koloniale Fremdherrschaft fanden zugleich soziale Umwälzungen statt, die mit Reformbewegungen des Hinduismus verbunden waren. So formierten sich Bewegungen, die dem Kastensystem kritisch gegenüberstanden und Dienst an Armen und Unterdrückten leisteten. Ein anderer, großer Teil der Bevölkerung nahm zwar weiterhin die traditionelle Gesellschaftsform als Bezugsrahmen, definierte sich aber innerhalb des Kastensystems neu: manche *jatis* (berufsgebundene Kasten) gaben sich einen höheren Status, indem sie Eigenarten höherer Kasten adaptierten („Brahmanisierung").

Foto: Helmut Köllner

Die traditionell ausgestoßenen Ezhavas von Kerala wurden von den Ideen Sri Narayana Guru (1854-1928) angeregt, die Vorherrschaft der Brahmanen, wie sie seit Jahrhunderten in der indischen Gesellschaft existierte, laut in Frage zu stellen. Sie forderten die Inder auf, für einen freien Zugang in die Tempel zu kämpfen und ihre eigene Kaste aufzuwerten. Narayana Guru, Dr. Palpu (der erste Ezhava mit Hochschulabschluss) und N. Kumaran Asan (der große Malayali-Dichter), gründeten nach gemeinsamen Anstrengungen das Dharma Paripalana Yogam; in den 1920er Jahren schloss sich diese Organisation Gandhis Befreiungsbewegung an. Die Ezhavas wurden später die Wortführer der kommunistischen Bewegung in Kerala.

Ähnliche, im sozialen Bereich motivierte Bewegungen konnte man in Tamil Nadu und Maharashtra ausmachen; in Tamil Nadu wurde den Unberührbaren und den Beschäftigen in der Land-

wirtschaft der Status von Kaufleuten zugestanden, worauf sie sich *nadars* nannten (früher hießen sie *shanans*). Ihre Forderung nach freiem Zugang zu den Tempeln löste in Tirunelveli 1899 Unruhen aus. Die Pallis aus dem nördlichen Tamil Nadu verfolgten ähnliche Ziele und nannten sich nun Vanniya Kula Kshatriya; damit ahmten sie nun die Bräuche der höheren Kasten nach.

In Maharashtra, wo die gesellschaftlichen Schranken zwischen den Kasten am weitesten niedergerissen worden waren, erhoben die Mahars ihre Stimme gegen die Diskriminierung der unteren Kasten und setzten sich für mehr Möglichkeiten bei der Berufswahl ein. Sie bildeten später das Rückgrat der Bewegung, die sich für die Unberührbaren einsetzte. Angeführt wurde sie von Dr. Ambedkar, der später zum Buddhismus konvertierte wie viele seiner Anhänger, und eine Schlüsselrolle bei der Formulierung der indischen Verfassung spielte. Die Literatur, die unter dem Einfluss dieser Bewegung in Marathi geschrieben wurde, erreichte selbst die kleins-

Oben: Indische Schüler in Andhra Pradesh, wo überwiegend das drawidische Telugu gesprochen wird.

ten Dörfer auf dem Land; ihre politische Botschaft vermittelte auch das traditionelle Volkstheater, *tamasha*, das heute noch in Maharashtra aufgeführt wird.

## Die tamilischen Brahmanen

Die Vorherrschaft der Brahmanen in fast allen Bereichen des Lebens war ein unversiegbarer Quell der Empörung der niederen Kasten, die forderten, sich der „heuchlerischen Brahmanen und ihrer opportunistischen Schriften" zu entledigen. Über Jahrhunderte hinweg lernten jedoch die tamilischen Brahmanen die alten Schriften auswendig und entwickelten so ein ausgezeichnetes Gedächtnis. Sie gaben immer wieder neue geistige Anstöße und hielten zugleich an den alten Traditionen fest. So ist es nicht verwunderlich, einen orthodoxen tamilischen Brahmanen zu treffen, der in einer gewissen Verzückung seine Religion ausübt und zugleich ein führender Naturwissenschaftler ist. So entstammen dieser Brahmanen-Schicht herausragende Denker: Srinivasa Ramanujam (1887-1920) war ein exzellenter Mathematiker. C. V. Raman Pillai (1888-1970) erhielt 1930 den Nobelpreis für Physik für die Entdeckung des nach ihm benannten Raman-Effekts. 1983 erhielt Subramanyan Chandrasekhar (1910-1995) den Nobelpreis für Physik. Dr. S. Radhakrishnan, ein mit viel Ehren überhäufter Philosoph, wurde in den 1960er Jahren Präsident der Republik Indien.

Die Privilegien, die die Brahmanen genießen, gehen auf Kosten der unteren Kasten. Die Briten, die eine Politik des „Teile und Herrsche" verfolgten, schürten den Hass gegen die Brahmanen, woraus sich eine Art drawidischer oder tamilischer Separatismus entwickelte. Im Jahr 1886 gab der Gouverneur von Madras vor einer Versammlung folgendes von sich: „Ihr seid reinrassige Drawiden. Ich wünsche mir, dass sich das prä-arische Element in euch noch mehr durchsetzt. Ihr habt mit Sanskrit weniger zu tun als wir Engländer …"

## Christen in Indien

Das Christentum hat hier eine erstaunlich lange Tradition: Der Überlieferung nach soll der Apostel Thomas im 1. Jh. den christlichen Glauben nach Südindien gebracht haben; in Chennai in Tamil Nadu verehrt man sein Grab. Historisch belegt gibt es Christen seit dem 4. Jh. in Indien – wohl durch aus Syrien eingewanderte Judenchristen. Das war jedoch in Europa kaum bekannt: Die ersten Kolonisatoren wunderten sich, als sie im 15. Jh. christliche Kirchen in Südwestindien vorfanden. In der Folgezeit gab es Missionswellen aus den katholischen Ländern Portugal, Spanien und Frankreich, von englischen Anglikanern und niederländischen Protestanten. Heute ist die Katholische Kirche mit 17 Mio. Gläubigen die größte in Indien; 10 Mio. davon folgen dem lateinischen Ritus; 6 Mio. gehören zur Syro-Malabarischen Kirche, die mit Rom uniert ist und zu den Thomaschristen zählt, sie feiern die Liturgie nach ostsyrischem Ritus. Deren Name rührt von der Malabarküste im Südwesten her, wo sie heimisch sind. Zur Syro-Malankarischen Kirche, die ebenfalls mit Rom uniert ist, gehören 1 Mio. Christen; sie folgen dem Antiochenischen Ritus. Auch viele protestantische und evangelikale Kirchen sind vertreten. Mission ist heute verboten. Christen sind dank sehr guter christlicher Schulen oft hoch gebildet, im Unterhaus deshalb überrepräsentiert und zunehmend den Anfeindungen radikaler Hindus ausgesetzt.

## Die Sprachen Südindiens

Tamil, Malayalam, Kannada und Telugu, die aus dem drawidischen Stamm hervorgegangenen Sprachen, bildeten später die Grundlage für die Bildung der Unionsstaaten Tamil Nadu, Kerala, Karnataka und Andhra Pradesh. Sie unterscheiden sich in ihrer Struktur und Ausdrucksform von den indo-europäischen Sprachen des Nordens. Obwohl

Experten diese zwei Sprachgruppen unterscheiden, hat eine wechselseitige Beeinflussung zu jeder Zeit stattgefunden. In der Gruppe der dravidischen Sprachen kann man auf eine 2000-jährige Literaturgeschichte zurückblicken; die ältesten klassischen Literaturstücke wurden in Tamil geschrieben. Kannada und Telugu wurden etwa im 3./4. Jh. n. Chr. zu klassischen Sprachen.

Malayalam war ursprünglich eine Form des Tamil und entwickelte sich erst um das 9. Jh. zu einer eigenständigen Sprache. Überall, abgesehen von Regionen im äußersten Süden, war Prakrit die offizielle Amtssprache, die für königliche Urkunden, Dokumente und Inschriften verwendet wurde. Im südlichen Tamil-Reich benutzte man eine Mischung aus Tamil und Prakrit. Aber ab dem 4. bis zum 16. Jh. setzte sich am Hof und in der Verwaltung in Südindien einschließlich des Tamil-Reiches das Sanskrit durch. Etwa ab dem 9. Jh. wurden Dokumente auch zweisprachig abgefasst. Dies hatte zur Folge, dass einerseits regionale Sprachbesonderheiten in die klassischen Sprachen einflossen und andererseits die kulturelle Einheit des Südens gewahrt blieb.

Für den Staat Tamil Nadu hatte die Gründung der „Gerechtigkeitsbewegung" im Jahr 1915 in Madras unter C. N. Mudaliar, T. M. Nair und P. Tyagaraja Chatty, die sich gegen die Vorherrschaft der Brahmanen richtete, große politische Bedeutung. Eine radikalere Bewegung gegen das Kastenwesen entstand unter E.V. Ramaswamy Naicker. In Mysore machten sich die Vokkaligas und Lingayats für die antibrahmanische Bewegung stark, die bereits 1917 gebildet worden war.

Im Staat Travancore lernten dank der Aktivitäten der Missionare 36 Prozent der Bevölkerung, besonders die Ezhavas, lesen und schreiben (Kerala war schon seit jeher Vorreiter im Bildungswesen Indiens). Viele Bewohner dieses Staates sind Christen und Muslime. Bekannte Gruppen hinduistischen Glaubens waren die Ezhavas, die Nairs und die Namboodris. Letztere waren orthodoxe Brahmanen der höchsten Kaste, die glaubten, bereits der Anblick eines Unberührbaren würde sie beschmutzen. Interessanterweise stammt E. M. S. Namboodripad, ein führendes Mitglied der Kommunistischen Partei Indiens, aus dieser Schicht.

Die Nairs identifizierten sich stark mit dem Unionsstaat, als Soldaten waren sie immer an vorderster Front zur Verteidigung Keralas zur Stelle. Um die Jahrhundertwende sahen sie sich plötzlich von drei Seiten angefeindet: von den nicht-malayalischen Brahmanen, die ihre Macht im Staate Travancore verteidigten, von wohlhabenden syrischen Christen, die große Plantagen besaßen (bis heute), und von den immer mächtiger werdenden Ezhavas.

Da sich die schon längst verkrustete Gesellschaftsstruktur der Nair nur langsam Veränderungen anpassen konnte, brachen die althergebrachten Strukturen unter dem Unmut der Bevölkerung auf. Er äußerte sich in zunehmendem Zorn gegen die Briten, in Patriotismus und Radikalismus. Soziale Reformen waren die Folge. Der erste moderne Roman, *Indulekka* (1889), in Malayalam von Chander Menon geschrieben, griff die sozialen Probleme der Nair auf, während C. V. Raman Pillai in *Martanda Varma* (1891) die militärischen Leistungen der Nair verherrlichte. Die Nair Service Society, gegründet im Jahr 1941, versuchte, Sozialreformen mit den Bestrebungen der Kasten zu verbinden. Im selben Jahr erschien die erste Karl-Marx-Biografie in Malayalam von Ramakrishnan Pillai.

In den ersten Jahrzehnten des 20. Jh. tauchte in Südindien eine kraftvolle Dialektliteratur auf. Es kam zu neuen kulturellen Entwicklungen, die eng mit den verschiedenen Dialekten verbunden waren. In Kerala wurden die Ideen

Rechts: Mahatma Gandhi wird als „Vater", Nehru als „Architekt" der Nation verehrt.

Foto: traveler1116 (iStockphoto)

Gandhis durch die Verse Vallathols verbreitet. In Andhra wurde der Wunsch nach einem stärkeren Gebrauch des Telugu laut, der schließlich in der Forderung nach einem eigenen „linguistischen" Staat gipfelte. In Städten Tamil Nadus wie Madras, Madurai oder anderen entstanden sogenannte Tamil Sangams, in denen das drawidische Erbe wiederbelebt werden sollte.

### Gewaltloser Sieg? Mahatma Gandhi

Die schwierige Aufgabe, den Nationalismus der Mittelschicht mit dem aufgestauten Hass der ungebildeten Armen zu koordinieren und zielgerichtet einzusetzen, löste einer der größten Söhne Indiens: Mahatma Gandhi. Zu Recht wird er als „Vater der indischen Nation" bezeichnet und verehrt.

Bereits in Südafrika, wo er 15 Jahre lebte, hatte er gegen die Erniedrigung der indischen Minderheit durch die weiße Bevölkerung gekämpft und dabei eine neue Form des Widerstandes entwickelt, dessen Prinzip die Gewalt-

losigkeit war (*satyagraha*, Macht der Wahrheit). Aber auch ständige gewaltlose Massendemonstrationen zeigen Macht und stellen eine Bedrohung dar. Auf diese Weise übertrug Gandhi den moralischen Rigorismus des indischen Denkens auf das Feld der Politik und vereinte so Arme und Reiche, die sich gemeinsam, aber gewaltlos gegen das Britische Empire auflehnten.

Mit seiner Politik des *satyagraha* gelang es Gandhi in der Zeit zwischen den Weltkriegen, ungeheure Menschenmassen zu mobilisieren. Gandhis Bewegung führte schließlich 1947 zur indischen Unabhängigkeit. Dank dieses historischen Erfolges nimmt Mahatma Gandhi bis heute im Herzen aller Inder nach wie vor einen zentralen Platz ein.

Das heutige Indien lässt sich nicht verstehen, wenn man sich nicht den Freiheitskampf unter Gandhi vor Augen hält, der die damals bedeutendste Kolonialmacht der Welt aus dem Land vertrieb. Dieser Kampf gegen die britische Herrschaft sollte die indische Gesellschaft von Grund auf verändern.

Die Führer des Widerstandes schafften es, alle indischen Klassen und Religionsgemeinschaften für das gemeinsame Ziel der Unabhängigkeit zusammenzuschließen; miteinander protestierten Hindus, Muslime und Sikhs, die Reichen und die Armen, Industrielle, Händler, Handwerker und Bauern.

Doch war der Freiheitskampf nicht nur politisch motiviert, denn aus der alten kolonialen und feudalen Gesellschaftform sollte ein moderner Nationalstaat entstehen; das neue Fundament sollte nicht mehr die Landwirtschaft sein, sondern die Industrie.

Gandhi versuchte bis zuletzt, zwischen dem Congress-Führer Nehru (der einer kaschmirischen Pandit/Brahmanen-Familie entstammte) und Muslimführer Jinnah zu vermitteln, um Indiens Teilung und die vorhersehbare, daraus resultierende mörderische Vertreibung von Millionen auf beiden Seiten zu verhindern – vergeblich. 1948 tötete ein Hindufanatiker Gandhi.

### Indien nach der Unabhängigkeit

Nach der Unabhängigkeit am 15.8. 1947 und der Teilung in das laizistische Indien sowie das muslimische Pakistan im Osten und Westen schufen die Gründer der Republik Indien eine an die britische und amerikanische angelehnte Verfassung und kombinierten sie mit halbsozialistischer Planwirtschaft nach Sowjet-Vorbild.

Die Kongresspartei, die aus der Unabhängigkeitsbewegung hervorgegangen war, wurde zur alles dominierenden politischen Kraft im Staat. Premierminister Nehru regierte bis zu seinem Tod 1964 unumstritten. In den sechziger Jahren führten jedoch mehrere Dürren und die allmählich deutlicher werdenden Schwächen der Planwirtschaft zu einer wirtschaftlichen Stagnation. 1966 wurde Indira, die mit einem par-

sischen Politiker (zufällig namens Gandhi) verheiratete Tochter Nehrus, zur Premierministerin gewählt. Eine der erfolgreichsten politischen Maßnahmen wurde damals eingeleitet, die „Grüne Revolution", die die landwirtschaftliche Produktion enorm steigerte und bis heute die Grundversorgung der Bevölkerung garantiert.

Indira Gandhis Regierungszeit war auch durch Konflikte gekennzeichnet. Der erste Krieg mit dem neuen Nachbarn Pakistan war 1965 ausgebrochen und Anfang 1966 unter sowjetischer Vermittlung eingestellt worden. Pakistan war erst 1947 aufgrund separatistischer Bestrebungen der muslimischen Minderheit Indiens entstanden. Bei der Massenflucht und Vertreibung von Hindus nach Indien und Muslimen nach Pakistan war es damals auf beiden Seiten zu Massakern gekommen; seitdem ist das Verhältnis zwischen den beiden Ländern gespannt. Seit 1947 entlädt sich diese Spannung hauptsächlich im Streit um die Grenzregion Kaschmir, in der eine muslimische Mehrheit lebt, die aber – auf Wunsch von Kaschmirs Hindu-Raja – nach der Unabhängigkeit Indien zugeschlagen worden war.

Darüber hinaus unterstützte Indien 1971 im zweiten Krieg gegen Pakistan die Unabhängigkeitsbestrebungen Ostpakistans, des späteren Bangladesch, und führte 1974 die ersten indischen Atomversuche nahe der pakistanischen Grenze durch. Beides war nicht dazu angetan, die Beziehungen zu verbessern. Im selben Zeitraum erlitt auch die Wirtschaft wieder schwere Rückschläge. Die Opposition begann lautstark, Indira Gandhis Rücktritt zu fordern. Diese regierte daraufhin mit Hilfe des Notstandsgesetzes fast zwei Jahre lang mehr oder weniger diktatorisch. Als 1977 dann endlich wieder Wahlen durchgeführt wurden, konnte sie keine Mehrheit erringen, kehrte 1980 jedoch triumphal in ihr Amt zurück.

Indiras fataler Fehler war der Versuch, die Unabhängigkeitsbestrebungen der

Rechts: Vom Boom der IT-Branche profitieren nicht Alle.

Foto: Rainer Hackenberg

Sikh-Separatisten im Bundesstaats Punjab – nordwestlich von Delhi – brutal unterdrücken zu wollen. Denn als dabei der Haupttempel der Sikh-Gemeinschaft zerstört wurde, schworen auch die gemäßigten Sikhs Rache, und 1984 wurde Indira Gandhi deshalb von ihrer eigenen Sikh-Leibwache getötet.

Ihr Sohn Rajiv Gandhi hatte bei der Wahl im gleichen Jahr großen Erfolg und leitete eine wirtschaftliche Liberalisierung ein. Im Umgang mit den Minderheiten bewies jedoch auch er keine glückliche Hand. Der Konflikt im Punjab verschärfte sich wie nie zuvor, die Situation in Kaschmir geriet außer Kontrolle und führte zu Grenzgefechten mit Pakistan. Während des Wahlkampfes 1991 wurde Rajiv Gandhi von einer *Tamil-Tigers*-Aktivistin aus Sri Lanka durch ein Selbstmordattentat umgebracht, da er die singhalesische Regierung Sri Lankas bei deren Kampf gegen tamilische Separatisten auf der Insel militärisch unterstützt hatte. Wieder konnte die Kongresspartei eine Sympathiewahl für sich verbuchen. Der neue Premier Narasimha Rao förderte 1991-96 noch mehr die Liberalisierung der indischen Wirtschaft und ermöglichte so den ökonomischen Boom, der bis heute anhält.

### Die Hindunationalisten erstarken

Seit den 1980ern begannen sich in Indien rechte politische Kräfte zu formen, mit der hindunationalistischen Partei BJP als Sprachrohr. Diese vertritt einen politisierten Hinduismus und ist gegen die große muslimische Minderheit in Indien gerichtet. Obwohl sie sich nicht immer auf dem Boden der Rechtsstaatlichkeit bewegt, wie ihre Rolle bei der Zerstörung der Moschee in Ayodhya 1992 gezeigt hat, gewann sie immer mehr Anhänger, stellte seit Anfang der 1990er mehrere Landesregierungen und 1998 sogar die Zentralregierung.

Gleich nach Regierungsantritt demonstrierte BJP-Premier Atul Vajpayee das neue Selbstverständnis Indiens im Mai 1998 durch eine Wiederaufnahme der seit 1974 ausgesetzten Atomversuche. Pakistan reagierte mit einem eige-

Foto: Julia Ziegelmaier

nen Atombombentest und offenbarte so die Existenz seiner mit chinesischer Hilfe entwickelten „islamischen Bombe". Die gegenseitige nukleare Bedrohung Pakistans und Indiens führte zunächst zu einer Entspannungsphase. Doch diese positive Entwicklung endete 1999 mit der Besetzung strategisch wichtiger Berge durch pakistanische Truppen und dem Kargil-Krieg, der mit einem Rückzug der Pakistanis endete.

Selbstmordattentate islamischer Terroristen auf das Länderparlament von Kaschmir und das Parlament von Delhi führten 2002 zum Aufmarsch von 1 Mio. Soldaten an der Grenze (LOC) zwischen Indien und Pakistan und zu erneuter Kriegsgefahr. Indien forderte von Pakistan, jegliche Unterstützung radikalislamischer Gruppierungen zu beenden.

In Indien wird ein großer Teil der Innenpolitik in den Bundesstaaten gemacht – die föderalistische Struktur der Republik garantiert ihnen viel Autonomie. So werden in den südindischen Staaten Andhra Pradesh, Tamil Nadu, Kerala und Karnataka die Regierungen meist von Regionalparteien gebildet, die sich das Wohlergehen ihres eigenen Staates auf die Fahnen geschrieben haben. Dies ist für den Süden günstig: Die Bundesstaaten Kerala und Tamil Nadu haben in vielen Bereichen die besten Sozialdaten Indiens, Karnataka mit seinem High-Tech-Zentrum Bangalore ist ein Motor der boomenden IT-Branche, ebenso Hyderabad, Hauptstadt des 2014 aus Andhra Pradesh hervorgegangenen 29. Bundesstaats Telangana.

Am 26. November 2008 erschütterte ein Anschlag der islamischen pakistanischen Terrororganisation Lashkar e-Taiba (in Kooperation mit dem pakistanischen Geheimdienst ISI) Mumbai (Bombay). Bilder des brennenden altehrwürdigen Taj-Mahal-Hotels gingen um die Welt. Die Bewohner Mumbais hielten nach dem Schock jedoch zusammen. Es gab keine anti-muslimischen Ausschrei-

Oben: Eine Familie aus der aufstrebenden Mittelschicht besucht Mamallapuram. Rechts: Matrimandir bei Pondicherry, eine moderne, internationale Meditationsstätte.

Foto: awesomeski (iStockphoto)

tungen, und auch das Wahlergebnis 2009 fiel besonnen aus. Hindu-nationalistische Kräfte konnten die Lage nicht für sich instrumentalisieren; Manmohan Singh ging mit der Kongresspartei als Wahlsieger hervor. Nach dem Abflauen des Wirtschaftswachtums und einem Rekordtief der Rupie wuchs jedoch der Druck auf die Kongresspartei, auch Korruptionsvorwürfe wurden laut. Die Kongresspartei schien „zu lange" Regierungspartei zu sein, Manmohan Singh wirkte betagt, und Rahul Gandhi, Sohn Sonja und Rajiv Gandhis, das junge Gesicht der Kongresspartei, konnte sich gegen den neuen Mann an der Spitze der BJP (Bharatiya Janata Party), Narendra Modi, nicht profilieren.

Narendra Modi zog mit gigantischer PR in den Wahlkampf, und trotz der hindunationalen Ausrichtung seiner Partei sprach er nun auch Muslime als „Brüder und Schwestern" an. Als Ex-Ministerpräsident Gujarats ließ sich der neoliberale Modi als Retter der Wirtschaft und Hoffnung für ganz Indien feiern. Die Sozialdaten Gujarats hinkten jedoch denen der südlichen Bundesstaaten und teils sogar dem Landesdurchschnitt hinterher. In einer Wahl mit hoher Beteiligung erreichte Modi 2014 sensationell die absolute Mehrheit. Modi, der nicht der traditionellen Führungselite, sondern der unteren Mittelklasse entstammt, gilt als „Macher", strebt die Modernisierung Indiens an, wirbt um ausländisches Investment und ruft Straßensauberkeitskampagnen ins Leben. Er wird jedoch dafür kritisiert, zu seiner Zeit als Ministerpräsident Gujarats 2002 die brutalen Ausschreitungen radikaler Hindus gegen Muslime (Gujarat-Riots) „geduldet" zu haben, sich nicht klar von den Hindufundamentalisten zu distanzieren und Wahlversprechen nicht zu halten.

Im Jahr 2022 monierten Kritiker, dass sich unter Modis hindu-nationalistischer Regierung Indien immer mehr zu einer illiberalen Demokratie entwickle, in der Wahlen zwar weiterhin stattfänden, der freie Diskurs jedoch eingeschränkt sei, dass sich das Land unter Modi immer stärker autokratisiere und Hindus bevorzugt würden.

Volkmann Emilio

Kailashnath-Felstempel, Ellora

Foto: Holger Mette (iStockphoto)

# WOLKENKRATZER UND HÖHLENTEMPEL

**MUMBAI (BOMBAY)
MAHARASHTRA**

## ★★MUMBAI (BOMBAY)

★★**Mumbai** ❶ (**Bombay**), ist das „Hollywood Asiens" – in *Bollywood* entstehen Filme in Rekordzeit – und zugleich das „Manhattan Indiens": eine hochdynamische Welthandels- und Finanzmetropole auf einer Halbinsel im Meer. Die portugiesischen Seeleute hatten die Stelle, als sie 1508 den gut geschützten Naturhafen entdeckten, *Bom Bahia* („Schöne Bucht") benannt. Die Briten nützten „Bombay" dann als *Gateway of India* (Tor nach Indien). Heute dient die boomende Stadt dem Bundesstaat Maharashtra als Kapitale.

Mumbai – 1996 so nach der Hindu-Göttin *Mumbadevi* umbenannt – ist mit 15 Mio. Einwohnern (28 Mio. in der Metropolregion) eine der größten Städte der Welt und das ökonomische Schwergewicht Indiens. Täglich kommen Tausende Arbeitsuchende hier an, viele leben am Rand des Existenzminimums. Die Stadt leidet unter Luft- und Wasserverschmutzung, Mangel an Wohnraum, Armut, Prostitution, Bodenspekulation und Bandenkriminalität, religiösem Fanatismus und harten Kontrasten zwischen Arm und Reich.

Mumbai ruht nie. Das Gedränge ist zwar hektisch, aber nicht bedrohlich. Die Menschen arbeiten hart, aber sie vergnügen sich auch, und so florieren nicht nur Shoppingzentren, sondern auch Nachtleben und Kulturszene.

Mumbai ist Indiens reichste und am schnellsten wachsende Stadt. Selbst seine Vorstädte, wie Thane oder das moderne Navi Mumbai, sind Millionenstädte. Es besitzt den wichtigsten Hafen am Arabischen Meer. Zwei Fünftel von Indiens Handel gehen von hier aus. Aus Mumbai kommt ein Drittel der Steuereinnahmen Indiens. Es kam im 19. Jh. durch Baumwollhandel und -verarbeitung zu Wohlstand; heute wird die IT-Branche, Medien, Edelsteinbearbeitung, Gesundheits- und Ingenieurwesen immer wichtiger. Hier befinden sich die führenden Banken, die beiden wichtigsten Börsen Indiens (*Bombay Stock Exchange* und *NSE*), die Sitze von Konzernen wie *Tata* und die Elite-Universität *IITB*. Wohl auch wegen dieser Flagship-Funktion war Mumbai schon öfter Schauplatz von Bombenattentaten, so in den Jahren 1993, 2003, 2008 und 2011.

### Geschichte

Ursprünglich lebten Fischer vom Stamm der Koli auf den heute mit der Hauptinsel *Salsette* zusammengewachsenen Eilanden. Schon früh war

Links: Ein prächtiger Kolonialbahnhof – Mumbais Chhatrapati Shivaji Terminus..

» **Karte S. 104-105, Stadtplan S. 95, Info S. 101**

die Gegend wirtschaftlich und religiös bedeutend: Nahe alter Handelsstraßen entstanden hier vor 2000 Jahren die buddhistischen Höhlen von Kanheri; vor 1500 Jahren die Hindu-Höhlentempel auf der Insel Elephanta. Seit dem 14. Jh. waren die sieben Inseln von Bombay Teil des Sultanats von Gujarat. 1535 trat Sultan Bahadur Shah, Herrscher von Gujarat, die Inseln an die Portugiesen ab, die sie an religiöse Orden oder Einzelpersonen vergaben.

1661 war Bombay ein Teil der Mitgift der Prinzessin Katharina von Braganza, als sie König Charles II. von England heiratete. Da dieser keine Verwendung für die Inseln hatte, verpachtete er sie 1668 an die Britisch-Ostindische Handelsgesellschaft für die damals königliche Summe von 10 Pfund Gold pro Jahr. Nach 1783 machte sie dieses Gebiet zu ihrem Haupthandelsstützpunkt.

Mit der Eröffnung des Suezkanals 1869 begann der Wirtschaftsboom Bombays dank des Baumwollhandels. Die Hafenstadt wuchs schnell, und die Landpreise explodierten, so dass immer mehr Land zwischen den sieben Inseln aufgeschüttet wurde. In den 1940er Jahren entstand durch Landgewinnung der Küstenstreifen Marine Drive entlang der Backbay, um 1970 die Gebiete Nariman Point und Cuffe Parade.

## Bevölkerung

Mumbais Wachstum seit der Unabhängigkeit 1947 (1,5 Mio. Einw,) ist atemberaubend, sogar schon alarmierend. Lebten um 1900 ungefähr 800 000 Menschen in der Stadt, so sind es heute im gesamten verstädterten Gebiet (inkl. Thane und Vorstädte) bereits über 22 Mio., davon ca. 5,5 Mio. in über 1000 Slums. Der Zustrom der Arbeitssuchenden reißt nie ab; die Armut auf dem Land und die Aussicht auf sozialen Aufstieg hat Tausende in die Megastadt

verschlagen – fast eine halbe Million Menschen lebt auf der Straße!

Mumbai ist der größte ethnische Schmelztiegel Indiens und für seine kosmopolitische Lebensart berühmt – auch wenn hindunationalistische Marathenparteien ihre Hauptstadt am liebsten für sich alleine hätten – vor allem die *Shiv Sena*, die die Umbenennung von Bombay in Mumbai erwirkt hat.

Von den zahlreichen Minoritäten trugen besonders Parsen, Goaner und Gujaratis zum Aufstieg der Stadt bei, ebenso Jainas (4 %) und Sikhs (0,5%). Und sogar Armenier und Chinesen haben die Stadtgeschichte mitgestaltet. Nach der Teilung Indiens 1947 gab es einen größeren Zustrom von Hindus aus dem fortan pakistanischen Sind („Sindhis" genannt). Heute leben zudem über 2 Millionen Muslime innerhalb der Stadtgrenzen.

Die **Parsen** (0,5 % der Stadtbevölkerung, zugewandert aus Gujarat) stammen ursprünglich aus Persien. Im 8. Jh. flohen sie von dort, weil die Muslime sie wegen ihres Glaubens, dem Zoroastrismus, verfolgten. Die Geschichte der Parsen in Indien, einer gebildeten, wirtschaftlich höchst erfolgreichen Minderheit, ist eng mit Bombay/Mumbai verwoben; es heißt, parsische Schiffsbauer hätten mehr zum Wachstum der Stadt beigetragen als englische Kaufleute. Aus dieser stark schrumpfenden Mumbaier Gemeinde mit nur noch 50 000 Angehörigen stammen viele Angehörige der Wirtschafts- und Kulturelite, so auch die Familie Tata und der Stardirigent Zubin Mehta.

Die goanischen **Christen** (ca. 4 %) in Mumbai stammen teils von den Portugiesen ab, die im 16. Jh. auf die Insel kamen, oder sind reine Inder, bekehrt durch katholische Missionare. Katholiken leiten heute einige der besten Bildungseinrichtungen der Stadt.

Die **Muslime** (ca. 18 %) in Mumbai verteilen sich auf verschiedene Sekten und sind in allen sozialen Schichten der Megastadt zu Hause. Muslimisches

Rechts: In Filmcity entstehen die schnulzigen Bollywood-Filme.

Foto: Martin Thomas

Flair ist besonders in der Mohammed Ali Road spürbar. Gerade die Muslime der Oberschicht sind für ihre liberale und fortschrittliche Weltsicht bekannt – Salman Rushdie ist hier aufgewachsen, und am Marine Drive ist das moderne Krankenhaus der Bohra-Muslime unübersehbar. In den Slums von Mumbai starben in den Jahren 1992/93 Tausende Muslime, als Anhänger der hindunationalistischen Shiv Sena dort blutige Verfolgungen (*riots*) anzettelten. In den folgenden Jahren erschütterten immer wieder islamistische Bombenanschläge die Metropole.

Knapp die Hälfte aller **Juden** Indiens sind in Mumbai ansässig (ca. 2300). Die ersten Juden kamen bereits vor 2000 Jahren. Während des 2. Weltkriegs fanden jüdische Flüchtlinge aus Osteuropa hier eine neue Heimat.

Die **Hindus** (68 %) in Mumbai sind überwiegend Maharashtrianer; der öfter Unruhe stiftende, interethnische und interreligiöse Spannungen verschärfende Hindu-Nationalismus wurzelt hier.

## Kultur

Mumbais kulturelles Leben spiegelt die Vielfalt seiner Bevölkerung wider: Es gibt kaum eine zweite Stadt in Indien, die ein so umfangreiches Kultur- und Unterhaltungsprogramm bietet.

Mumbai besitzt eine der produktivsten Filmindustrien der Welt; jährlich werden in **Film City** („Bollywood") rund 800 Filme gedreht – rund um die Uhr. Die nostalgischen Bollywoodfilme haben auch die westliche Kino-, DVD- und Fernsehwelt erobert. Topstars wie Shah Rukh Khan, der die indische Version von „Wer wird Millionär" moderierte, sein großer Vorgänger Amitabh Bacchan oder Hrithik Roshan sind auch in Europa keine Unbekannten; ebenso Stars wie Ex-Miss-World Aishwarya Rai oder Preity Zinta.

Spätestens seit Danny Boyles 8-fach oskargekröntem „Slumdog Millionaire" (nach der Romanadaption von Vihas Swarup) ist das Genre des Bollywoodfilms und das Thema Megacity Mumbai im westlichen Kino angekommen. Mit

» **Stadtplan S. 95, Info S. 101**

Foto: Basphoto (Dreamstime)

etwas Glück trifft man die Bollywood-Stars und -Starletts in den teuren angesagten Clubs, oder man wartet im Travellertreff **Leopold Cafe** (in der SBS Road) darauf, dass man von einem Casting-Agenten als ausländischer Statist angeworben wird.

Vor allem bewundert man die Stars auf der Kinoleinwand: Beliebt sind das **Eros** in ansprechendem Art-Déco-Stil (Khambatta Building, Churchgate) oder das wunderschöne **Liberty** von 1947 (Liberty Building, 41/42 Marine Lines 2203-1196 Churchgate Station). In Colaba, nicht weit vom Café Leopold, war das **Regal Cinema** das erste Kino Indiens mit Klimaanlage; es hat trotz Modernisierung seinen Art-Déco-Charme behalten und zeigt meist englischsprachige westliche Filme (gegenüber SP Mukherji Chowk, Colaba). Wer es moderner mag: **Inox** ist ein Multiplexkino mit allem Komfort, den alten Kinos nachempfunden, und zeigt hindi- und englischsprachige Filme (CRZ Mall, Express Towers, Nariman Point).

Eine kulturelle Hochburg ist das **National Center for the Performing Arts** am Nariman Point, in dem sich mehrere Theater und Tanztheater befinden. Erwähnenswert ist auch das **Nehru Centre Auditorium** (Dr. Annia Besant Rd.) sowie die **Sophia Bhaba Hall** im prächtigen Campus des Sophia College.

Die Kunstmessen **Artexpo India** und **Indra Art Festival** finden jährlich in Mumbai statt; bekannte Künstler der Stadt sind z. B. *Shilpa Gupta* oder die *Bombay Boys*. Kultur bietet auch das **Max Müller Bhavan**, das deutsche Goethe-Institut.

### Kulinarisches

In Mumbai geht man oft und gern essen. Niemand hat Zeit, sich ein Lunchpaket zu machen, am Nachmittag wird deshalb das Geschäftszentrum **Fort** zu einem riesigen Schnellimbiss. Schnellimbisse, die *vada pav* (würzige Kartoffelpuffer-Burger) servieren, oder

Oben: Das Gateway of India von 1911 – als die Stadt noch Bombay hieß.

» Stadtplan S. 95, Info S. 101

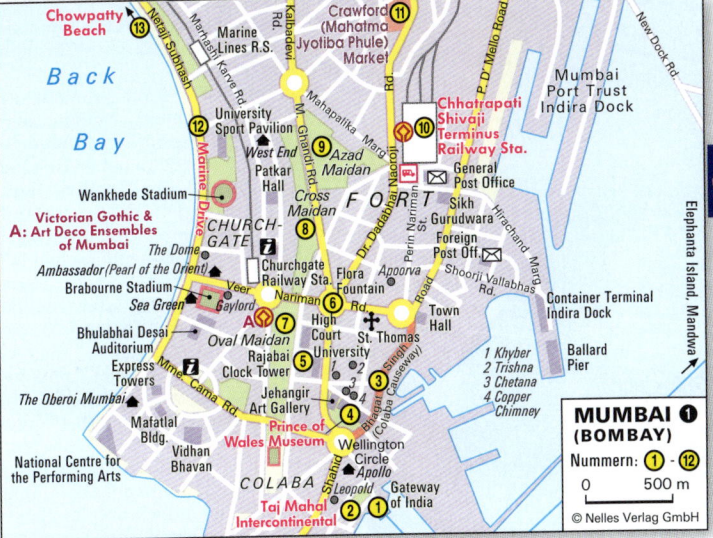

*Chowpatty Beach* **13**

*Back Bay*

Marine Lines R.S.

Crawford (Mahatma Jyotiba Phule) Market **11**

Mumbai Port Trust Indira Dock

New Dock Rd.

University Sport Pavilion **12**

**Chhatrapati Shivaji Terminus Railway Sta.** **10**

General Post Office

West End Patkar Hall **9** Azad Maidan

**F O R T**

Wankhede Stadium

Cross Maidan

Sikh Gurudwara

Foreign Post Off.

**Victorian Gothic & A: Art Deco Ensembles of Mumbai**

*The Dome*

**CHURCH-GATE** **7**

Churchgate Railway Sta.

Flora Fountain

Apoorva

Container Terminal Indira Dock

*Ambassador (Pearl of the Orient)*

Brabourne Stadium

*Sea Green*

*Veer Gaylord* **6**

Nariman **8**

High Court University **2**

St. Thomas

Town Hall

Ballard Pier

Bhulabhai Desai Auditorium

*Oval Maidan*

Rajabai Clock Tower **5**

1 Khyber
2 Trishna
3 Chetana
4 Copper Chimney

Express Towers

*The Oberoi Mumbai*

Jehangir Art Gallery

**3**

Mafatlal Bldg.

Vidhan Bhavan

**Prince of Wales Museum** **4**

Wellington Circle

Apollo

National Centre for the Performing Arts

**C O L A B A**

Leopold

Gateway of India

**Taj Mahal Intercontinental** **2** **1**

**MUMBAI** ❶ **(BOMBAY)**

Nummern: ① - ⑫

0 ———— 500 m

© Nelles Verlag GmbH

Straßenverkäufer, die alles von *samosas* bis *pav bhaji* (Brot mit würziger Tomatenpaste) verkaufen, waren hier schon beliebt, bevor Burger-, Sandwich- und Pizzaketten ihre Filialen eröffneten. Die traditionellen Parsi-Restaurants mit ihrer Fleisch- und Fischküche, die vegetarischen *udipi*-Restaurants sowie Lokale aller indischen Regionalküchen machen das Essengehen zur Entdeckungsreise – probieren Sie das Puffreisgericht *bhelpuri* am Chowpatty-Strand oder *kulfi* (Eiskrem mit Kardamomgeschmack) in der **Parsi-Dairy** (Princess Street).

### Sehenswürdigkeiten

#### In den Vierteln Colaba und Fort

Eine Rundfahrt durch Mumbai könnte am **Gateway of India** ① im Viertel Colaba beginnen. Dieser Triumphbogen wurde 1924 auf dem **Apollo-Pier** erbaut, um an die Ankunft von König George V. und Königin Mary im Jahr 1911 zu erinnern. Heute ist dieses ansprechende Tor aus gelbem Basalt das

Wahrzeichen der Stadt und bietet einen schönen Blick auf den Hafen und das Meer. Hier legen die **Fähren** nach Elephanta (s. S. 100) und zum **Museumsschiff Vikrant** (einem Flugzeugträger aus den 1940ern) ab, und hier starten auch die **Hafenrundfahrtboote**.

Gegenüber liegt das imposante ★**Taj Mahal Hotel** ② mit seinem Anbau, einem modernen Hochhaus-Luxushotel. Der alte Teil stammt von 1903, als der Parse Jamshedji Tata hier das luxuriöseste Hotel Indiens erbaute, nachdem ihm die Briten den Zutritt ins beste Haus der Stadt verwehrt hatten. Es bietet einen herrlichen Blick aufs Meer und den Gateway of India. Traurige Berühmtheit erlangte das Taj 2008, als pakistanische Terroristen es ebenso wie das Oberoi Hotel, ein Frauenkrankenhaus und den Bahnhof unter Beschuss nahmen und sich hier verschanzten.

Ein paar Schritte nordwestlich zweigt am Wellington Circle der **Colaba Causeway** ③ (Shahid Bhagat Singh Road) nach Süden ab, ein Einkaufsparadies nicht nur für Inder, sondern auch für die

≫ **Stadtplan S. 95, Info S. 101**

# MUMBAI (BOMBAY)

Foto: Martyn Unsworth (Dreamstime)

Traveller-Szene, die das Colaba-Viertel bevorzugt und das beliebte **Leopold Cafe** (nahe Wellington C.) bevölkert.

Nördlich des Wellington Circle, im Viertel Kala Ghoda, gelangt man zum ★★**Prince of Wales Museum** ④ (*Chhatrapati Shivaji Maharaj Vastu Sangrahalaya*); 1909-15 im indosarazenischen Stil erbaut, erinnert es an den ersten Besuch des späteren Königs George V. in Indien 1905. Das Basalt- und Sandsteingebäude hat eine eindrucksvolle Kuppel; sein Architekt, George Wittet war auch für das Gateway of India und das *General Post Office* beim Victoria Terminus zuständig. Im Museum (1922) befindet sich u. a. eine exzellente Sammlung indischer ★**Steinmetzkunst**, ★**Miniaturen**, Kunst aus Nepal, Exponate zur Naturgeschichte und eine erlesene Porzellan- und Jadekollektion.

In der Nähe, im gleichen Park wie das Museum, zeigt die **Jehangir Art Gallery** interessante Ausstellungen moder-

*Oben: Zum Sonnenuntergang trifft man sich am Chowpatty Beach.*

ner indischer Kunst; sein **Café Samovar** zieht eine bunte Schar von Künstlern und Studenten an.

Spaziert man entlang der Mahatma Gandhi Road Richtung Norden sieht man links die neogotische **Universität**, überragt vom 80 m hohen **Rajabai Clock Tower** ⑤. Der **Bombay High Court** nebenan, den Statuen der Gerechtigkeit und der Gnade krönen, wurde 1878 ebenfalls im neogotischen Stil fertiggestellt. Hier ist das Herz der Stadt, während das sich östlich anschließende **Fort-Viertel** eher ein Zentrum für die geschäftlichen Aktivitäten ist. Seinen Namen hat es von den englischen Befestigungen, die vom späten 17. Jh. bis in die Mitte des 19. Jh. erbaut wurden. Die Gebäude aus der Kolonialzeit sind in einer interessanten Mischung aus neogotisch-viktorianischer und indomaurischer Stilrichtung errichtet; letztere spiegelt die Vorstellungen der Engländer von einer Synthese zwischen Orient und Okzident wider.

Eines der Wahrzeichen der Stadt ist **Flora Fountain** ⑥, zu Ehren von Sir Bartle Frere, Bombays britischem Gouverneur von 1862-1867, errichtet. Die Statue der Flora, der griechischen Blumengöttin, steht an der Kreuzung von fünf breiten Verkehrsstraßen. Der Platz rund um den Brunnen heißt inzwischen **Hutatma Chowk** (Märtyrerplatz).

Von der Kreuzung aus führt die Veer Nariman Road in westlicher Richtung zu den Erholungsgebieten der Stadt. Drei aneinandergrenzende Parks (*maidans*) erstrecken sich in nord-südlicher Richtung: **Oval Maidan** ⑦, vom Stadtteil Cooperage umrahmt, **Cross Maidan** ⑧ in Churchgate und der große Platz **Azad Maidan** ⑨, wo die Kricketmannschaften trainieren.

Der heute ★**Chhatrapati Shivaji Terminus** (CST) ⑩ genannte frühere *Victoria Terminus* (UNESCO-Welterbe) ist einer der drei Hauptbahnhöfe Mumbais. Dieses große verschnörkelte Gebäude mit neogotischen Wasserspeiern im viktorianischen Stil ist das prächtigste Bau-

 » Stadtplan S. 95, Info S. 101

**3**

**Mumbai (Bombay)**

MUMBAI UND UMGEBUNG
Nummern: ⑬ - ㉒

0        5        10 km

© Nelles Verlag GmbH, München

Foto: Julia Ziegelmaier

werk aus der Kolonialzeit, das mit Londons St. Pancras-Bahnhof konkurrieren kann. Das ehemalige Hauptquartier der *Great Indian Peninsular Railway Company* wurde nach Plänen des Architekten Frederick Stevens 1887 vollendet.

1871 entstand nördlich des Bahnhofs in normannisch-neogotischem Mischstil der **Crawford Market** ⑪ (**Mahatma Phule Market**), der die Stadt bis heute mit Obst, Gemüse und Fleisch versorgt. Die geräumigen Hallen dieses sehenswerten Basars sind höchst geschäftig. Den Haupteingang ziert ein **Fries** mit bäuerlichen Motiven, geschaffen von Rudyard Kiplings Vater Lockwood.

### ★ Chowpatty Beach und Malabar Hill

Die Bewohner Mumbais werden es nicht überdrüssig, ihre Prachtstraße ★**Marine Drive** ⑫ mit dem **Malabar Hill** im Hintergrund zu preisen. Wenn man diese **Promenade** entlanggeht,

kommt man zu Mumbais bekanntestem, viel besuchten Sandstrand ★**Chowpatty Beach** ⑬. Besonders abends trifft man sich hier und isst, mit Blick auf die Skyline von Mumbai, an Imbissbuden *bhelpuri* (Puffreis) oder *kulfi*. Zum Baden ist er allerdings nicht geeignet.

Oberhalb der Walkeshwar Road liegen nah beieinander die **Hanging Gardens** ⑭, die auf einem Wasserreservoir erbaut sind, und der **Kamala Nehru Park**; beides sind hervorragende Aussichtspunkte. Dieses Viertel namens **Malabar Hill** ist aus gutem Grund die exklusivste Wohngegend Mumbais.

Von den Hanging Gardens kann man im Norden, hinter Bäumen etwas versteckt, die für die Öffentlichkeit nicht zugänglichen **Towers of Silence** („Türme des Schweigens") der Parsen erkennen, wo sie früher entsprechend ihrer zarathustrischen Religionsregeln die Toten den Geiern überließen.

Etwa 500 m nördlich des Chowpatty Beach steht das **Museum Mani Bhavan** ⑮. Von dem Gebäude, in dem Mahatma

*Oben: Im Marktviertel von Mumbai. Rechts: Am Felstempel von Elephanta.*

Foto: Subha2jyoti (Dreamstime)

Gandhi 1917-1934 öfter wohnte, gingen wichtige Entscheidungen für den Unabhängigkeitskampf Indiens aus. Fotos und Dokumente (u. a. Briefe an Hitler und US-Präsident Roosevelt) dokumentieren das Leben Gandhis, dessen bescheiden eingerichtetes Zimmer man hier besichtigen kann.

### Sehenswertes außerhalb des Zentrums

Wenn man den Malabar-Hügel hinuntergeht und der Küstenlinie in Richtung Norden folgt, vorbei an **Breach Candy**, der besonders bei Mumbais Jet- Set-Teenagern beliebten **Strandpromenade**, gelangt man zum **Mahalakshmi-Tempel** ⑯, wo Tausende von frommen Hindus täglich beten.

Auf der nahen **Galopprennbahn**, die parallel zum Meer verläuft, finden sonntags (von November bis März) Rennen statt. Nicht weit entfernt, auf einem Felsen im Meer, liegt **Haji Ali's Tomb** mit Moschee aus dem frühen 19. Jh. Man gedenkt an dieser Stelle des islamischen Heiligen, der hier ertrunken ist. Ein felsiger, von Bettlern gesäumter Weg, den man bei Ebbe begehen kann, führt zur Moschee.

Das **Nehru Planetarium** ⑰ im Viertel Worli bietet eine beeindruckende Tonbildschau. Beliebtes Ausflugsziel sind die **Victoria Gardens** ⑱ (Veermata Jijbai Bhonsle Udyan) mit **Zoo** und dem **Victoria and Albert Museum** *(Dr. Bhan Daji Lad Museum)* Letzteres zeigt Exponate zur Stadtgeschichte wie alte Karten, ein Modell eines Tower of Silence, traditionelle Kleider und den Steinelefanten aus Elephanta.

An Mumbais zerklüfteter Küstenlinie gibt es noch weitere schöne Strände: ★**Juhu** ⑲ ist bei indischen Touristen und Bollywoodschauspielern gleichermaßen beliebt, Luxushotels, Villen, Imbissbuden und Straßenhändler reihen sich hier aneinander.

Etwas ruhiger sind die im Norden folgenden Strände **Madh**, **Marve**, **Manori** und der schöne Strand von **Gorai** (westlich von Borivli), die sich jedoch alle nicht zum Baden eignen.

» Stadtplan S. 97, Info S. 101

Foto: Julia Ziegelmaier

### ★★Elephanta

Voller Energie ist der Gott als Nataraja ("König der Tänzer") dargestellt, gegenüber zeigt er sich als "Herr der Yogis" in Meditation versunken. Weitere Reliefs zeigen, wie der Dämonenkönig Ravana Shivas Wohnsitz, den Berg Kailash, erschüttert; Shiva als Ardhanarishvara, der sowohl männlich als auch weiblich ist; oder die Herabkunft der Göttin Ganga in Shivas Haar. Alle Aspekte vereint schließlich die großartige, dreiköpfige Darstellung des Gottes als Maheshvara. Das Allerheiligste in der Mitte der Höhle birgt ein einfaches **Lingam**, das Symbol Shivas und seiner Schöpferkraft.

Zornig tötet er den Dämon der Dunkelheit Andhaka, gegenüber findet sich die freundliche Darstellung des Gottes als Kalyanisundara ("Schöner Bräutigam").

Beim ★**Elephanta-Festival** (Ende Februar) sind die Höhlen Schauplatz von sehenswerten Musik- und Tanzvorführungen. Treppenstufen führen zu den Höhlen, Träger mit Sänftenstühlen warten bereits.

Vom Gateway of India (s. S. 95) erreicht man in einer Stunde per Boot ★★**Elephanta** ⑳, ein Heiligtum, das zwischen dem 5. und 8. Jh. aus dem Fels gehauen wurde. Die Entstehungsgeschichte der Höhlen liegt im Dunkeln, da im 16. Jh. die Portugiesen die Insel plünderten und dabei Gedenktafeln, die Aufschluss über seine Geschichte hätten geben können, zerstörten. Die Portugiesen benannten das Eiland nach dem großen Steinelefanten, der diese Insel bewachte; ihr ursprünglicher Name war *Gharapuri* ("Ort der Höhlen"). Der Elefant steht heute in den Victoria Gardens (Mumbai).

Die **Höhlen** sind großartige Zeugnisse hinduistischen Kunstschaffens und seit 1987 UNESCO-Welterbe. Einzigartig sind die monumentalen **Reliefs**, die **Shiva** in all seinen nur scheinbar widersprüchlichen Aspekten zeigen:

### Sanjay Gandhi Nat. Park mit ★Kanheri-Höhlen

Nördlich des Flughafens liegt, umgeben von Hochhäusern, der **Sanjay Gandhi National Park** ㉑, in dem neben diversen Hirsch- und Affenarten **Leoparden** und sogar **Löwen** und **Tiger** leben; letztere bekommt man auf der **Lion&Tiger Safari** zu Gesicht. Zudem kann man im Park fast 2000 Jahre alte buddhistische Kunst entdecken: in den 109 in den Fels gemeißelten ★**Kanheri-Höhlen** – viele davon dienten einst als *vihara* (Klöster), einige sind mit **Steinreliefs** des Buddha oder des Bodhisattva Avalokiteshvara und **Stupas** verziert.

### Bassein

**Bassein** ㉒ (Vasai), an der Küste 70 km nördlich von Mumbai, wurde 1539 ein wichtiger portugiesischer Stützpunkt; sein einst mächtiges **Fort** ist heute jedoch nur noch eine Ruine.

Oben: Eine mehr als 1200 Jahre alte Shiva-Skulptur im Höhlentempel Elephanta.

**Mumbai (☎ 022)**

**India Tourism Office**, 123 Maharishi Karve Rd., Churchgate, Tel. 22207433. Schalter an den Flughäfen Santa Cruz und Chhatrapati Shivaji; beim Taj Mahal Hotel. **Maharashtra Tourism**, arrangiert Stadtrundfahrten, Madame Cama Rd., gegenüber LIC Bldg., Express Towers, 9. Etage, Nariman Pt., Tel. 22026713.

*FLUGHÄFEN:* **Santa Cruz Airport** (national), Tel. 26156600. **Chhatrapati Shivaji Airport**, (international), Tel. 26829000.

*EXKLUSIV:* **Gaylord**, gute indische Küche, prompter Service, Tische auch auf dem Boulevard, V.N. Road, Churchgate, Tel. 22821231.
**Khyber**, nordindische Spezialitäten in stilvollem Ambiente, Meeresfrüchte, 145 MG Rd., Kala Ghoda, Fort, Tel. 22632174. **Trishna**, belebtes In-Restaurant, indische Spezialitäten der Küstenregion, 7 Rope Walk Lane, hinter Kala Ghoda, Tel. 22672176.
**Pearl of the Orient**, Drehrestaurant mit schönem Ausblick, chinesische, japanische und Thaiküche, im Ambassador Hotel, V.N.Rd., Churchgate, Tel. 22041131.
Viele teurere Lokale finden sich nördlich des Prince of Wales Museum, so das alteingesessene **Chetana** (Gujarati- und Rajasthani-Küche), oder das neuere **Copper Chimney** (Mogul-Küche) in der K. Dubash Marg 18.
**Apoorva**, sehr gutes Fischrestaurant in gutbürgerlichem Ambiente, S. A. Brelvi Rd., Fort Area, Hornsman Corde, Tel. 22870335.
**The Dome**, sehr schönes Restaurant und Bar auf gehobenem Niveau, toller Blick, Dachterrasse des Interconti Hotel, 135 Marine Drive 1, Tel. 39879999.
*MITTEL-EINFACH:* **Leopold Café & Bar**, internat. Küche, Bier, sehr populär bei Travellern, Colaba, SBS Road, Tel. 22020131.
**Bagdagi**, sehr gute, preiswerte indische Küche, Tullock Rd., hinter dem Taj Hotel.
**Wall Street**, gute Meeresfrüchte, Küche der Küstenregion, 68 Haman St., hinter d. Börse.
**Kamat Restaurant**, indische Küche, authentisch und gut, obere Etage mit AC, Colaba Causeway.

**Pizza by the Bay**, Restaurant und Bar (Cocktails, Bier, Wein, sogar Aperol Spritz!), Livemusik, Soona Mahal, 143 Marine Drive, Churchgate, Tel. 22843646, www.pizzabythebay.in.
**Cafe Mandegar**, beliebte Bierbar, die Wände sind bemalt mit überdimensionalen Cartoons von Mario Miranda, dem bekannten indischen Kartoonisten, Nähe Regal Cinema, SBS Road, Tel. 22020591.

**Prince of Wales Museum** (Chhatrapati Shivaji Maharaj Vastu Sanghralaya), tägl. außer Mo 10.15-17.45 Uhr, Eintritt 300 Rs, Mahatma Gandhi Rd., Fort, Tel. 22844519.
**Jehangir Art Gallery**, eine Mietgalerie im Museumskomplex mit wechselnden Verkaufsausstellungen moderner indischer Kunst, Eintritt frei, gleich hinter dem Prince of Wales Museum, 11-19 Uhr. In der Nähe: **Museum Gallery**, ebenfalls Wechselausstellungen moderner Kunst; K. Dubash Marg, Kalaghoda, Tel. 22844484.
**Victoria and Albert Museum** (Bhau Daji Lad Museum), 10.30-16.30 Uhr, außer Mi, 91/A Dr. B. R. Ambedkar Rd., Byculla, Tel. 23757943.
**Mani Bhavan Museum**, 9-18 Uhr, 19 Laburnum Rd., Tel. 23805864.
**National Center for the Performing Arts**, 11-19 Uhr, Nariman Point.
**Sakshi Gallery**, Synergy Art Foundation Ltd., Tanna House, 11A Nathalal Parekh Marg, Colaba, Tel. 2266103424, www.sakshigallery.com.

*EINKAUFSZENTREN:* Das größte, **Crossroads**, steht in der Pandit MM Road.
An der Shahid Bhagat Singh Rd. (Colaba Causeway) gibt es zahllose Geschäfte: **Crawford Market** für Schnäppchenjäger, **Chor Bazaar** („Diebesmarkt") für eher zweifelhafte Antiquitäten.

Als beste Krankenhäuser gelten das **Breach Candy Hospital**, 60, B. Desai Rd., Tel. 23633651; und das **P.D. Hinduja Hospital,** Veer Savarkar Marg, Mahim, Tel. 24449199, www.hindujahospital.com.

## MAHARASHTRA

Indiens drittgrößter Staat erstreckt sich von der Westküste als Dreieck über die fruchtbare Dekkan-Halbinsel 800 km weit nach Zentralindien hinein. **Maharashtra** (112 Mio. Einw.) ist einer der fortschrittlichsten Staaten, mit Mumbai als dynamischer Hauptstadt. Viele Traditionen überdauerten die Britenherrschaft; in der Landes- und Amtssprache *Marathi* blieb das literarische Erbe bewahrt. Im Lauf der Geschichte wurden buddhistische Könige von hinduistischen wie den Chalukyas, Rashtrakutas und Yadavas abgelöst. Im 14. Jh. kamen muslimische Eroberer und gründeten zentralindische Sultanate, die im 17. Jh. unter die Hoheit der Mogulkaiser gerieten. Die **Marathen** gewannen Ende des 17. Jh. an Macht und wurden Gegner der letzten Moguln und der britischen Kolonialherren. Viele Bewohner Maharashtras sind stolz, Nachkommen dieser Krieger zu sein, die als die ersten Freiheitskämpfer Indiens gelten. Ihr erster großer König Shivaji stammte aus einer Hindu-Offiziersfamilie. Es gelang ihm, Aurangzeb und die Sultane so gegeneinander auszuspielen, dass er die gewagtesten Guerilla-Aktionen durchführen konnte. Beliebt war er, weil er gegen die islamische Fremdherrschaft kämpfte.

Maharashtra bietet eine abwechslungsreiche Landschaft. Die Konkanküste und die wild- und waldreichen West Ghats, mit *Hillstations* aus britischer Kolonialzeit, begrenzen das Dekkan-Plateau. Maharashtras Hauptattraktion besteht in seiner Kultur: Die lange Kunstgeschichte zeigt sich in den Höhlengemälden und der Felsarchitektur von Ajanta und Ellora, in seinen Festungen, seiner Musik und seinem originellen Theater *Tamasha*.

---

Rechts: Gäste des Osho Meditation Resort in Poona, vor dem Auditorium.

### DER SÜDEN MAHARASHTRAS

#### An der Konkan-Küste

Die südlich von Mumbai bis Goa verlaufende **Konkan-Küste** bietet verschlafene Küstenorte mit reicher Vergangenheit und einsamen Stränden.

Der von Kokoshainen umgebene Fischerort **Alibag** ❷, 110 km südlich von Mumbai, lohnt wegen der 200 m vor der Küste gelegenen Seefestung **Colaba** einen Besuch. **Chaul** ❸, 20 km weiter südlich, wurde 1522 von den Portugiesen gegründet und entwickelte sich schnell zu einer der bedeutendsten Handelsstädte der Westküste. 1739 eroberten die Marathen den Ort, 80 Jahre später die Briten. Das **Fort** erinnert mit Resten einer katholischen Kirche und von tropischer Natur überwucherten Kanonen an die bewegte Vergangenheit. Von den Wehrmauern hat man einen schönen **Blick** auf das Meer.

Zu den beeindruckendsten Festungsanlagen der Konkan-Küste zählt das **Fort von Janjira**, 5 km südlich des verschlafenen Fischerdorfs **Murud** ❹. Die auf einer **Insel** erbaute, als uneinnehmbar geltende Festung mit ihren 12 m hohen Mauern ist mit dem Boot von **Rajapuri** aus zu erreichen (5 km südlich von Murud). Einen Besuch lohnt auch, nördlich von Murud, der **Palast der Nawabs von Janjira**, den noch Nachfahren der Herrscher bewohnen.

**Ganapatipule** ❺ (375 km südlich von Mumbai) hat sich dank seinem attraktiven **Strand** zu einem Badeort entwickelt und besitzt auch einen hochverehrten **Ganesh-Schrein**.

**Ratnagiri** ❻ ist der größte Küstenort zwischen Mumbai und Goa. Historische Bedeutung hat die Stadt als Geburtsort des indischen Unabhängigkeitskämpfers Lokmanya Tilak, außerdem war sie 1886-1916 Wohnort von Thiba, dem von den Briten hierher exilierten letzten König von Burma; der **Thibaw-Palast** aus jener Zeit beherbergt heute städtische Behörden. Außerhalb der Stadt

Foto: Osho Meditation Resort

findet man schöne Strände, besonders erwähnenswert ist der **Bhatya Beach** – bestens geeignet, um den Sonnenuntergang zu genießen.

### Poona (Pune) und die Hill Stations der West-Ghats

Ein Bergort in der Nähe von Mumbai ist das schön gelegene autofreie **Matheran** ❼, offiziell zur „ökosensitiven Region" erklärt, wo Spazierwege und Ausritte unter schattigen Bäumen zu atemberaubenden Aussichtspunkten locken. Der Weg dorthin über **Neral** ist abwechslungsreich; von dort aus kann man auch mit dem **Toy Train**, einer kleinen Schmalspurbahn von 1907, 21 km weit den Berg hinaufzuckeln.

Etwa 100 km südöstlich von Mumbai, auf dem Weg nach Poona, schmiegen sich die Gebirgsorte **Lonavla** ❽ und das nahegelegene **Khandala** in die üppige Landschaft der bis zu 1400 m hoch aufragenden **West-Ghats**. Lonavla selbst ist zwar wenig attraktiv, eignet sich aber als Basis für Ausflüge zu den frühbuddhistischen ★**Höhlen-Heiligtümern Karla** und **Bhaja**. Die vor 2000 Jahren in den Fels gemeißelten *Chaitya*-Hallen und *Vihara* sind einzigartige Beispiele für früheste indische Kunst. 10 km nordöstlich von Lonavla erreicht man nach 20-minütigem Anstieg die äußerst beeindruckende **Chaitya-Halle** von ★**Karla**. Mit 38 m Länge und 15 m Höhe ist sie die größte Indiens.

3 km südlich der Mumbai-Poona-Schnellstraße liegen die **Höhlen** von ★**Bhaja** inmitten üppiger tropischer Umgebung. Sie zählen zu den ältesten Kulthöhlen Indiens und sind, da weniger stark frequentiert, sehr viel ruhiger und angenehmer zu erkunden.

Wer Zeit und Kunstinteresse mitbringt, sollte auch ★**Bedhsa** in den Ausflug einplanen. Die sehenswerten **Höhlen** aus dem 1. Jh. in einsamer Lage sind auf einer kleinen Bergwanderung zu erreichen (10 km östlich von Bhaja).

Von Mumbai über Lonavla führt der **Mumbai-Pune-Expressway** in südöstlicher Richtung nach Poona. **Pune** ❾ (**Poona**) wird als Maharashtras Seele

» **Karte S. 104-105, Info S. 111**

# MAHARASHTRA

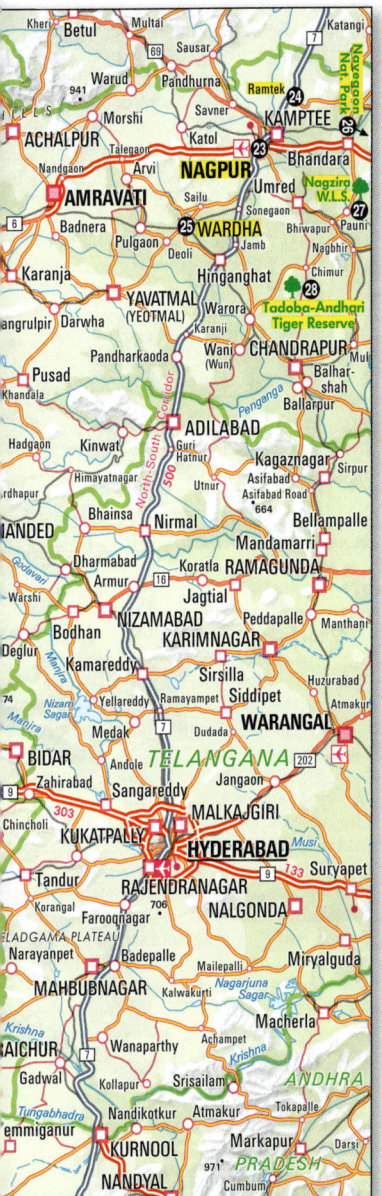

bezeichnet, Mumbai als sein Herz. Pune war die einstige Hauptstadt der Marathengeneräle der Peshwas und der Geburtsort des Shivaji. Die Stadt wurde von den Briten der Hauptstadt vorgezogen, da das Klima das ganze Jahr über angenehm ist.

Heute fliegt die Lufthansa fast täglich von Frankfurt nach Pune, denn hier und in der Umgegend boomen die IT-Branche, die Automobilindustrie, Shopping Plazas und Eliteschulen; abends besuchen die zahlreichen Studenten aus aller Welt Pubs, Raves und Partys.

In der **Altstadt** kann man das einzigartige, aus allerlei Gebrauchsgegenständen wie Kämmen, Musikinstrumenten oder Wasserpfeifen zusammengetragene, jüngst renovierte **Raja Dinkar Kelkar Museum** besuchen.

Vom **Shaniwar-Wada-Palast** aus regierten die Peshwas, nach Shivaji und vor den Briten, das Land. Er wurde 1828 durch ein Feuer verwüstet und nur teilrestauriert; seine erhaltenen Tore mit den vorstehenden Metallspitzen um Elefanten abzuwehren – v. a. das mächtige **Delhi-Tor** – erinnern noch an die Art der Kriegsführung im 18. Jh.

Der **Aga-Khan-Palast**, früher Wohnsitz des Oberhauptes der ismailitischen Bohras, wurde von den Briten als Gefängnis zweckentfremdet. Hier wurden Mahatma **Gandhi** und seine Frau Kasturba gefangen gehalten. Sie hat das Gefängnis nie mehr verlassen, ein **Gedenkstein** erinnert daran.

Das britische **Old Government House**, in dem heute die renommierte **Universität von Poona** untergebracht ist, liegt, durch den Fluss getrennt, jenseits der Altstadt. Das im neogotischen Stil erbaute **Deccan College** wird als das beste der Gegend angesehen, und das **Institut für Film und Fernsehen** zieht landesweit neue Talente an.

**Shinde Chhatri**, ein Shiva-Tempel, wurde von einem Marathen-Herrscher erbaut, später im südeuropäischen Stil erweitert und ist seitdem eine architektonische Kuriosität. Der **Patalesh-**

war-Tempel, der im 8. Jh. aus einem einzigen riesigen Felsbrocken gehauen wurde, der **Parvati-Tempel** auf einem aussichtsreichen Hügel am Stadtrand und der „magische" schwebende Stein im islamischen Heiligtum der **Kamarali Darvesh** sind wichtige Andachtstätten.

Poona wurde in den 1970er Jahren durch den von Bhagwan Rajneesh gegründeten, heute **Osho Meditation Resort** genannten Ashram bekannt (Innenbesichtigung möglich). Mit neuartigen dynamischen Meditationsmethoden zog der 1990 verstorbene Guru Sinnsuchende aus der ganzen Welt an.

In den schattigen **Empress Botanical Gardens** kann man schöne Spaziergänge machen. Das **Arya Bhushan Theater** an der Lasmi Road verspricht einen interessanten Abend; die in der Region populären *Tamasha*-Aufführungen verbinden Musik, Tanz und Drama; eine Frau übernimmt dabei die Rolle der Erzählerin; es wirken auch Clowns mit.

Von Parsen geleitete Restaurants mit Marmortischen und Bentwood-Stühlen servieren Mughlai-Spezialitäten. Probieren Sie bei Kayani die legendären frischen Shrewsbury-Biskuits.

In Maharashtra feiert man die üblichen Hindufeste, wobei *Ganesh Chaturthi* große Bedeutung zukommt: Lehmstatuen des populären Elefantengottes werden dabei zehn Tage lang verehrt und dann im Wasser versenkt. *Pola* feiert den Ochsen als Lasttier mit Wettrennen; das *Hurda*-Volksfest kündigt eine gute Ernte an.

**Sinhagad ⑩**, die „Festung des Löwen", ist die Anfahrt von Poona (24 km südwestlich) wert. Vor 300 Jahren erklommen Shivajis Leute die steilen Wände dieses imposanten Burgbergs angeblich mit Hilfe dressierter *ghorpads*, Bengalischer Warane, die man in den Wäldern noch findet und die für diese heroische Tat verehrt werden.

Ebenfalls von Poona aus zu errei-

chen ist die Festung von ★**Raigad ⑪**. Hier wurde Shivaji 1648 gekrönt, und hier starb er 1680. Die hoch auf einem Hügel mit beeindruckender Aussicht gelegene Festung kann man über einen 2,5-stündigen, steilen Anstieg oder mit einer kleinen **Seilbahn** erreichen.

Etwa 80 km südwestlich liegt die bekannteste und höchstgelegene Hillstation ★**Mahabaleshwar ⑫** (1372 m). Sie wurde im Jahr 1828 von Sir John Malcolm als Sommerhauptstadt der britischen Kolonialverwaltung gegründet und ist mit dem Venna-See und seiner frischen Luft, die im Frühling nach den benachbarten Erdbeerfeldern duftet, ein beliebter Ausflugsort.

24 km westlich der Stadt dominiert **Pratapgarh Fort ⑬**, eine weitere lohnenswerte Festungsanlage, die Landschaft.

Über **Panchgani ⑭** (19 km östlich von Mahabaleshwar), einen beliebten Ferienort in 1334 m Höhe, gelangt man auf die Schnellstraße, die in südlicher Richtung nach Kolhapur führt.

**Kolhapur ⑮** (395 km von Mumbai), modern, doch in seinem historischen Zentrum voller Paläste und Tempel, ist auch als „Benares des Südens" bekannt. Hier werden die hochwertigen Ledersandalen Kolhapuri-*chappals* hergestellt; außerdem ist die Stadt wegen der Ringkämpfe bekannt, für die es ein eigenes Stadion gibt. Besuchen Sie den **Mahalakshmi-Tempel** und **Kotiteerth**, errichtet an einem See. Der **Shalini-Palast** am Seeufer stammt von 1934. Der **Alte Palast** ist noch bewohnt. Der **Neue Palast**, 1881 im indo-sarazenischen Stil erbaut, mit dem Uhrturm und dem etwas skurrilen **Museum** (mit Gewehren, Trophäen und Kleidern des Maharajas Shahaji Chhatrapati), erinnert an das Wirken des britischen Architekten C. Mant im 19. Jh.

**Panhala ⑯**, 18 km nordwestlich, ist ein hübscher Bergort in 977 m Höhe mit einem alten **Fort** aus dem Jahr 1192. In der Nähe sind die **Pawala-Höhlen** und buddhistische Höhlentempel zu sehen.

---

Rechts: Aus dem Fels gehauen – der Kailashnath-Tempel (Höhle 16) in Ellora.

Foto: Jeremy Richards (iStockphoto)

## DER NORDEN MAHARASHTRAS

### Nasik und Trimbak

**Nasik** ⑰, 140 km nordöstlich von Mumbai, ist einer der Schauplätze des *Ramayana* am Ufer des Godavari. In dieser heiligen Stadt gibt es 200 Tempel. Alle 12 Jahre findet hier das von Millionen Hindus besuchte Pilgerfest *Kumbh Mela* statt. Die *Ghats* am Fluss sind immer voller Gläubiger. An der Straße Richtung Mumbai, 8 km südlich, erreicht man über eine lange Treppe die frühbuddhistischen **Höhlen von Pandu Lena** (1. Jh. v. Chr. bis 2. Jh. n. Chr.).

In **Trimbak** ⑱, der heiligen **Quelle des Godavari** (33 km von Nasik), werden die 12 Lingams des Shivatempels **Trimbakeshwar** hoch verehrt.

### Aurangabad

**Aurangabad** ⑲, nach dem Mogul-Kaiser Aurangzeb benannt, wird zu Unrecht nur als Ausgangspunkt für einen Ausflug nach Ajanta und Ellora benutzt.

Die Stadt ist voller Relikte aus der Mogulzeit wie **Bibi Ka Maqbara**: eine Imitation des Taj Mahal und Aurangzebs Versuch zu beweisen, dass er seinem Vater Shah Jahan nicht nachstand. Die **Panchakki** war einst eine Getreidemühle und wurde von Quellwasser angetrieben. Die buddhistischen ★**Aurangabad-Höhlen** stammen aus der Zeit zwischen dem 6. und 11. Jh. n. Chr. **Höhle 3** mit ihrer malerischen Darstellung der Jataka-Erzählungen, der sehr gut erhaltene Buddha in **Höhle 6** und die verschwenderischen Verzierungen in **Höhle 7** sind die interessantesten. Nehmen Sie eine Lampe mit!

★**Daulatabad** ⑳, 15 km von Aurangabad, liegt auf dem Weg nach Ellora. Das mächtige, gut erhaltene **Fort** galt als uneinnehmbar. 1327 hatte sich das Delhi-Sultanat so weit nach Süden ausgedehnt, dass Sultan Mohammed bin Tughlaq beschloss, die Hauptstadt hierher zu verlegen. Er zwang alle Bewohner Delhis, hierherzuziehen. Tausende starben auf dem 1100 km langen Weg. Schon nach 17 Jahren gab der Sultan

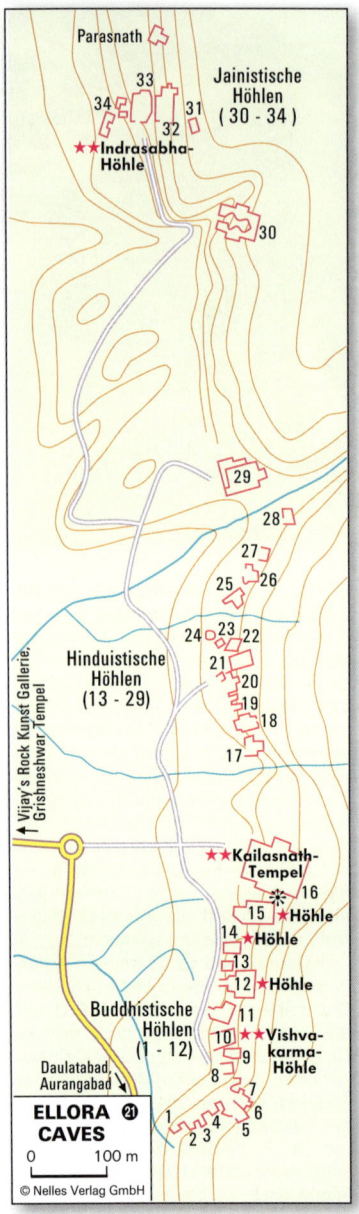

Parasnath

33
34  31
32

★★ Indrasabha-
Höhle

Jainistische
Höhle
( 30 - 34 )

30

29

28

27
25  26

24  23  22
21
20
19
18
17

Hinduistische
Höhle
(13 - 29)

← Vijay's Rock Kunst Gallerie,
Grishneshwar Tempel

★★ Kailasnath-
Tempel
16
15  ★ Höhle
14  ★ Höhle
13
12  ★ Höhle
11
10  ★★ Vishva-
9       karma-
8       Höhle
1
2  3  6
4  5

Buddhistische
Höhle
(1 - 12)

Daulatabad,
Aurangabad ↓

**ELLORA ㉑
CAVES**

0          100 m

© Nelles Verlag GmbH

die Stadt wieder auf und veranlasste die Rückkehr nach Delhi, da er sonst den – wichtigeren – Norden verloren hätte.

### ★★ Ellora

Die schönsten Beispiele für Höhlenarchitektur sind 30 km nordwestlich von Aurangabad, in den Bergen bei ★★ **Ellora ㉑** (s. Bild S. 88) zu finden, wo mehr als 100 Höhlen liegen, von denen 34 besonders bemerkenswert sind. Sie sind Stätten verschiedener Religionen – der **buddhistischen** (**Höhle 1-12**, 600-800 n. Chr.), der **hinduistischen** (**Höhle 13-29**, 600-900 n. Chr.) und der **jainistischen** (**Höhle 30-34**, 800-1100 n. Chr.). Die Vishvakarma-Höhle der Buddhisten, der Kailashnath-Tempel der Hindus und die Indrasabha der Jainas sind wahre Wunderwerke, regelrechte Zitadellen, die – aus dem Felsen gehauen – den Mönchen als Zufluchtsort dienten.

Ellora war die Hauptstadt der Rashtrakuta-Herrscher, bevor sie nach Malkhed zogen; hier war wohl ein wichtiger Wallfahrtsort, lange vor der Entstehung der Höhlen. Er lag strategisch günstig am Schnittpunkt zweier bedeutender Handelsstraßen. Die Chalukyas, die den Dekkan 550 n. Chr. bis 642 n. Chr. regierten und ihre Nachfolger, die Rashtrakutas (757 n. Chr. bis 973 n. Chr.) waren die Schirmherren dieser Wunderwerke.

Die buddhistischen Höhlen gehören meist zur Vajrayana-Sekte des Mahayana, die Hindu-Höhlen sind Shiva gewidmet, die Jain-Höhlen gehören zu den Digambaras. Sie sind nicht chronologisch angeordnet, sollten aber wie folgt besucht werden, um ihre Entwicklungsgeschichte besser zu verstehen.

Die Höhlen 1, 5, 10 und 12 erklären das Aufblühen des Mahayana-Heiligtums. Die **Höhle 1** fällt besonders durch ihre Schmucklosigkeit auf, sie war ein *vihara* (Kloster) mit Zellen für die Mönche, die hier lebten und meditierten. **Höhle 5** ist ein typischer Mahayana-*vihara* mit einem Heiligtum mit geschnitzten Pfeilern, Zellen und einer großen Eingangs-

Foto: Aditya Arya

halle und wird von zwei *Bodhisattvas* bewacht. Die ★★**Vishvakarma-Höhle (10)** ist eine interessante Mischung aus *chaitya* (Kapelle) und *vihara*, sie weist eine beeindruckende Fassade und 2 Stockwerke auf. Der Eingang wird von *Apsaras*, himmlischen Wesen, flankiert. Besonders interessant ist die Nachahmung von Holzarchitektur in Stein. ★**Höhle 12** ist ein riesiger *vihara* mit 3 Stockwerken und einem sitzenden Buddha.

Die ★**Höhlen 14** und **15** sind die frühesten hinduistischen und weisen Reliefs mit Hindugöttern wie Vishnu und Shiva auf. Ein ★**Aussichtspunkt** liegt auf dem Weg von Höhle 15 zu 16.

Der ★★**Kailashnath-Tempel** (**Höhle 16**) ist ein einzigartiges Meisterwerk, ein im drawidischen Stil herausgehauener Monolith, für dessen Skulpturierung Tausende Tonnen Stein entfernt werden mussten; man benötigte dafür mehr als 100 Jahre. Schreine, Säulen, Hallen und Reliefs schmücken diesen gewaltigen Felstempel. Die Darstellungen zeigen Szenen der Shivamythologie, dem Mahabharata und Ramayana.

Die ★★**Indrasabha-Höhle (32)** ist das schönste Beispiel für eine Jain-Höhle, mit einer **Elefantenskulptur** und Abbildungen der jainistischen „Furtbereiter".

### ★★Ajanta

Im Gegensatz zu Ellora waren die buddhistischen ★★**Ajanta-Höhlen** ㉒ (105 km nordöstlich von Aurangabad) über 1000 Jahre völlig verlassen. Die ältesten Höhletempel und -klöster sind schon vor rund 2000 Jahren in die Felswand einer hufeisenförmigen Schlucht gehauen worden; 1819 entdeckten sie britische Soldaten. Die Wandmalereien von Ajanta sind einzigartig und einige gut erhalten. Von den 36 Höhlen sind fünf *chaityas*, 25 *viharas*; erstere gehören zur Hinayana-Sekte (2. Jh. v. Chr.), letztere zur Mahayana-Sekte (450 n. Chr. bis 650 n. Chr.). Vom westlichen

Oben: Dieses Fresko in den Ajanta-Höhlen ist über tausend Jahre alt.

**》 Karte S. 104-105, Plan von Ajanta S. 110, Info S. 111**　　109

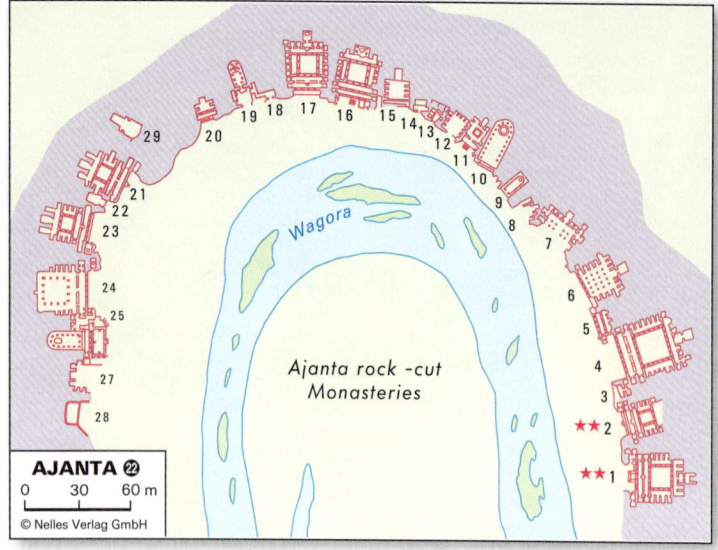

AJANTA ②②

0      30      60 m

© Nelles Verlag GmbH

*Ajanta rock-cut Monasteries*

Wagora

Eingang aus sind sie fortlaufend nummeriert, was jedoch nichts mit ihrem Entstehungsdatum zu tun hat. Besuchen Sie die **Höhlen 10, 9, 12, 19, 26, 2** und **1** in dieser Reihenfolge, wenn Sie die Entwicklung der buddhistischen Felsen-Architektur kennen lernen wollen. Die ★★**Wandmalereien** in **Höhle 1** und **2**, zwischen ca. 300 und 650 n. Chr. entstanden und mit Mineralfarben gemalt, gehören zum Schönsten, was diese Kunstform hervorgebracht hat.

Zu den Höhlen fährt ein Shuttlebus vom Hauptparkplatz. Am Fuß der Höhlen ist ein passables Restaurant. Stufen oder ein stufenloser Serpentinenweg führen zu den Höhlen; man kann sich auch in Stuhlsänften hinauftragen lassen. Schirm, Sonnenhut und Taschenlampe sind empfehlenswert.

### Nagpur und Umgebung

**Nagpur** ②③, das geografische Zentrum Indiens und die ehemalige Hauptstadt der Bhonsle-Marathen an den Ufern des Nag, besitzt ein interessantes **Central Museum** (1863 gegründet). Es zeigt die Kultur der *Gond*, die die Region vom 14.-18. Jh. beherrschten. In **Ramtek** ②④, nordöstlich, erinnert der **Tempel** an den (mythischen) Besuch Ramas und Sitas.

75km südwestlich von Nagpur liegt **Wardha** ②⑤, mit dem **Sewagram**, dem von Gandhi und seinen Schülern gegründeten „Dorf des Gottesdienstes". In Gandhis bescheidenem Haus (1933) befindet sich heute ein **Museum**. Der **Paunar Ashram** seines Schülers Vinoba Bhave ist 3 km entfernt.

### Nationalparks

Im waldreichen **Navegaon-Nationalpark** ②⑥ (140 km von Nagpur) leben unter anderem Bären und Leoparden. **Nagzira** ②⑦ (115 km von Nagpur), ein Wildschutzgebiet (u. a. Tiger, Gaur) mit zwei Wasserstellen, liegt in einer schönen Waldgegend. Auch das **Tadoba-Andhari Tiger Reserve** ②⑧ (150 km südlich von Nagpur) ist für seine Wildrinder (Gaur) und Tiger bekannt.

### Pune (☎ 020)

*i* **Maharashtra Tourism Development Corp.**, Central Building, Sassoon Rd, Tel. 26126867.

🍴 *VEGETARISCH:* **German Bakery**, beliebtes Szenecafé, Brot, gute Kuchen und vegetarische Speisen, wurde nach einem verheerenden Terroranschlag (2/2010) wieder aufgebaut, im Koregaon Park, nahe Ashram, North Main Road.
**Savera**, gegenüber dem Bahnhof.
*INTERNATIONAL:* **Restaurant Foodland**, gute internat. Küche, erstaunlich preiswert, Bund Garden Rd..
**Shriman**, italienische Küche, nahe Osho Ashram, und **Sangamitra**, westliche Küche, Kuchen, ebenfalls in der North Main Rd., bieten sehr gute Speisen bei Kerzenschein.
**Khyber**, 1258/2 J.M. Rd. **Oasis**, 595 Sachapir Street.
**Barista Espresso Bar**, M.G. Rd.

🏛 **Maratha History Museum**, 11-17 Uhr; So, 1. und 3. Sa im Monat sowie an Feiertagen geschlossen, Dekkan College, Yerawad.
**Raja Dinkar Kelkar Museum**, 8.30-18 Uhr, 1378 Shukrawar Peth, Natu Baug, Tel. 24483101.
**Osho Meditation Resort**, Zutritt zu einem Teil des Geländes im Rahmen einer 15-minütigen Besichtigung zwischen 10 und 13 sowie 14 und 16 Uhr, für längere Aufenthalte HIV-Test im Ashram obligatorisch, auch eintägige Teilnahme an Meditationskursen möglich, Tel. 24019999.
**Tribal Cultural Museum**, tgl. 10-18 Uhr, 28 Queen's Gardens, Tel. 26362071.

😀 Aufwändig wird im August/September *Ganesh Chaturthi* begangen; es werden Lehmbildnisse des elefantenköpfigen Gottes angefertigt, durch die Stadt getragen und schließlich im Fluss versenkt. Dies ist der Höhepunkt des großen Pune Festivals, an dem auch Konzerte, Ochsenkarrenrennen und Ringkämpfe abgehalten werden. Neben *Dussehra*, *Diwali* und *Weihnachten* wird auch *Shiv Jayanti* (April/Mai), die Geburt Shivas, jedes Jahr besonders gefeiert.

### Aurangabad (☎ 0240)

*i* **India Tourism Office**, Krishna Vilas, Station Rd., Tel. 2331217. Schalter auch am Flughafen. **MTDC Holiday Resort**, Station Rd. (Ost), Tel. 2331513.

🍴 **Food Lovers**, Pandschab- und China-Küche, hübsches Gartenrestaurant unter Palmen, Station Rd. East.
**Prashant Restaurant**, gutes Essen u. Service, sauber, Open-air, nahe Food Lovers.
**Amarpreet**, chinesisch u. indisch, Jalna Rd.
**Ashoka's Fast Food**, auch (außer Fast Food und Pizza) südindische Küche und Torten, beim Nirula's Bazaar.

🏛 **State Archaeology Museum**, Mo-Sa 10.30-17.30 Uhr, Sonehri Maha.
**History Museum of Marathwada University**, Mo-Sa 10.30-17.30 Uhr.
**Panchakki**, 8-20.
**Buddhistische Höhlen**, zehn aus dem Fels geschlagene Höhlen aus dem 6. und 7. Jahrhundert.
**Bibi-ka-Maqbara**, kleinere Ausgabe des Taj Mahal, späte Moghul-Phase, Sonnenaufgang bis 22 Uhr, Tel. 2400620.

✉ **Head Post Office**, Juna Bazaar, Telegraph Office (24 Std.).

### Ganapatipule (☎ 02357)

🍴 **Tarang Restaurant**, indische Fischgerichte, im MTDC Beach Resort.

### Matheran (☎ 02148)

🍴 **Khan's Parkview Restaurant**, gute und preiswerte nordindische Speisen.

### Mahabaleshwar (☎ 02168)

🍴 *VEGETARISCH:* **Panorama**, Hotelrestaurant, gute und preiswerte fleischlose Gerichte, schöne Aussicht, Tel. 260404.

### Nagpur (☎ 0712)

*i* **MTDC**, Sanskrutik Bachat Bhavan, Sitabuldi (gegenüber Hotel Hardeo), Tel. 2533325.

🍴 **Skylark**, Hotelrestaurant mit guter nordindischer Küche, Central Ave 119.

**3**

**Maharashtra**

Viel Trubel am Colva Beach in Goa

Strandbar am Palolem-Beach (Goa)

Foto: Hans-Peter Braunger

**PORTUGIESISCHES ERBE**

## ★★GOA

Auf der Landkarte eher klein, schmiegt sich Goa an Indiens südwestliche Küste. Urlauber schätzen die langen, von Kokospalmen gesäumten Sandstrände, das entspannte Lebensgefühl der Einheimischen und den Nachhall des portugiesischen Einflusses in diesem Gebiet – immerhin 25 % der 1,45 Mio. Goaner sind noch Katholiken (1851 : 65 %), und das Bildungsniveau ist hoch. Goas natürliche Grenzen schützen es: Die über 1000 m hohen West-Ghats schirmen es zum Hochland von Dekkan hin ab, und das Arabische Meer begrenzt es im Westen. Die Natur ist hier freigiebig: Leuchtend grün schimmern die ertragreichen Nassreisfelder.

Die Portugiesen, die auf der Suche nach Gewürzen hierher kamen, blieben 450 Jahre und hinterließen der hinduistischen Region ihr lusitanisch-katholisches Erbe, das bis heute – Jahrzehnte nach ihrem 1961 durch die indische Armee erzwungenen Abzug – spürbar ist.

Goa war einer der wenigen Orte in Indien, die sich der britischen Herrschaft entziehen konnten. Die Portugiesen hatten sich hier 100 Jahre vor Ankunft der Briten niedergelassen. Und sie waren nicht nur als Eroberer und Koloni-

alherren gekommen, sondern hatten, anders als die Briten, viele Inder an der Küste zum Christentum bekehrt – auch mit Hilfe der Inquisition.

### Geschichte

Strategisch günstig an einem alten arabischen Seehandelsweg lag der Hafen von *Gowapur* in der Nähe der Flussmündung des Mandovi. Der Hafen hat eine lange Geschichte, die bis ins 3. Jh. v. Chr. zurückreicht, als er ein Teil des Maurya-Reiches war. Bis ins Mittelalter herrschten hier Hindu-Könige, u. a. die Chalukyas von Badami (580-750 n. Chr.). Die oft im Streit miteinander liegenden Hindu-Herrscher waren gegen Ende des 13. Jh. aufgrund der islamischen Bedrohung gezwungen, sich zu vereinigen. Mohammed bin Tughlaq, Sultan von Delhi, setzte um 1330 einen Gouverneur ein, der für ihn die Steuern eintreiben sollte.

1347 gründete Hasan Ganu das Bahmani-Sultanat (das bis 1526 unter den Sultanen von Gulbarga bestand); Goa, durch Seehandel reich geworden, wurde zum Ziel von Raubüberfällen der islamischen Sultane, die viele Hindutempel plündern und zerstören ließen.

Harihara II., Herrscher des Hindu-Königreichs Vijayanagar, hörte den Hilferuf der Goaner und sandte 1380 seinen Oberbefehlshaber Madhava nach Goa.

Links: Aguada – Nobelhotel auf dem Burgfelsen.

**》 Karte S. 118, Info S. 128-129**

Mehr als ein Jahrzehnt war Madhava Vizekönig eines Gebietes, das viel größer war als das später von Portugiesen regierte; er führte religiöse Toleranz ein und stiftete Hindu-Tempel.

Das nächste Jahrhundert war friedlich, das Land blühte auf und sein kleiner Hafen an der Mündung der Zuari bewältigte den gesamten Handel des wohlhabenden Vijayanagar-Reiches. Als dieser Hafen (der damals *Ela* hieß) versandete, gewann Goa an der Mündung des Mandovi an Bedeutung. 1471 fiel Goa wieder an die Muslime, dieses Mal an Mahmud Gawan aus dem Bahmaniden-Sultanat.

Dann eroberte Adil Shah die Stadt und gründete 1492 die Adilshahi-Dynastie von Bijapur. Aber auch das dauerte nicht lange; denn Alfonso de Albuquerque und seine portugiesischen Seeleute sollten die Geschicke dieses kleinen Königreiches wie niemand zuvor verändern. Als Albuquerques Flotte 1510 in die ruhigen Gewässer des Mandovi segelte, dachte er an wertvolle Gewürze und nicht an Krieg; seine 23 Schiffe, bemannt mit 1000 Leuten, wären auch nicht ausreichend gewesen, um Indien zu erobern. Doch gelang es Albuquerque mit seinen Soldaten im März 1510 problemlos, Goa einzunehmen. Er vertrieb Adil Shah, der aber drei Monate später mit 60 000 Mann wiederkam. Die Portugiesen zogen erst ab, kamen aber bald mit Verstärkung zurück, besiegten die Muslime, massakrierten sie und ernannten einen Hindu zum Gouverneur.

Zwei Kirchen zeugen von diesem Sieg: *Our Lady of the Rosary* in Velha Goa und *Our Lady of the Mount* auf einem der höchsten Hügel Goas, in guter Aussichtslage. Albuquerque unternahm keine großen Anstrengungen, die Hindus zu bekehren. Jedoch verbot er den Brauch des *sati* (Witwenverbrennung) und ermutigte seine Leute dazu, sowohl islamische als auch Hindu-Frauen zu heiraten, die dann zum Christentum konvertierten.

Auch andere Gebiete fielen den Portugiesen fast mühelos zu: an der Westküste Indiens Daman, Diu, Salsette, Bassein und eine Siedlung, die sich über sieben Fischerinseln erstreckte – das spätere Bombay. Es wurde 1661 als Teil der Mitgift der Prinzessin Katharina von Braganza an die Briten übergeben. Diese Orte wurden bekannt als *Velhas Conquistas* (alte Eroberungen); die *Novas Conquistas* (neuen Eroberungen) wurden im 18. Jh. gemacht.

Etliche christliche Orden ließen sich hier nieder und waren erstaunt, anstelle von Barbaren religiöse Toleranz zu finden. Die Bekehrungsversuche wurden nicht so freudig aufgenommen, wie es sich die christlichen Priester gewünscht hätten; Juden und Muslime machten nur einen geringen Anteil der Bevölkerung aus, die Hindus waren ihr Hauptproblem. Hindu-Tempel wurden zerstört, nachdem man 1540 vom portugiesischen Vizekönig die Erlaubnis dafür erhalten hatte; Kirchen nahmen ihren Platz ein. Hinduismus wurde zum Verbrechen, Tausende flohen und zogen in die nahen islamischen Gebiete. Die Hindus fanden jedoch auch Wege, die Gesetze zu umgehen und stellten Götterbilder im Dschungel von Ponda und Bicholim, Gebiete außerhalb der portugiesischen Rechtsprechung, auf. Selbst nach ihrer Konversion hielten sie an vielen ihrer Rituale fest, und so ist das Christentum in Goa heute eine Mischung aus beiden Religionen.

1542 reiste einer der Gründer des Jesuitenordens, Francis Xavier, nach Goa. Den Goanern der untersten Hindukasten erschien er wie ein mitfühlender Messias; er starb, bevor die Inquisition 1560 ihr grausames Gesicht zeigte und unter Christen und „Ungläubigen" gleichermaßen wütete. Er starb am 2.12.1552 auf dem Weg von Goa nach China. 1553 besuchte ein Freund sein Grab auf einer Insel in der Nähe von Kanton und fand die Leiche in unversehrtem Zustand. Sie wurde via Malakka nach Goa gebracht und dort – 16 Mona-

» **Karte S. 118, Info S. 128-129**

**Goa 4**

Foto: Hans-Georg Roth

te nach seinem Tod – in der Basilica Bom Jesus, in Velha Goa, in einem silbernen Sarkophag zur letzten Ruhe gebettet. 1662 wurde Francis Xavier heiliggesprochen. Wegen der angeblichen Verstrickung in einen Königsmordversuch 1758 in Portugal wurden die Jesuiten 1759 nicht nur aus Portugal, sondern auch aus Goa verbannt. Die berüchtigte katholische Inquisition gegen Hindus und Konvertiten endete erst 1812.

### Kultur

Heute ist Goa vor allem bekannt wegen seiner Strände und Beach Partys. Die Blumenkinder der 1960er Jahre „entdeckten" Goas damals unerschlossene Traumstrände. Im Lauf der Zeit hat sich das Tropenparadies rapide zu einem beliebten Ziel des internationalen Tourismus entwickelt, zudem haben wohlhabende Inder Goa als Urlaubsziel oder Ferienhausstandort entdeckt.

Trotz des Baus ausgedehnter Hotelanlagen sind die breiten Strände von unansehnlichen Bettenburgen weitgehend verschont geblieben, denn die Höhe der Palmen bestimmt bisher noch die maximale Bauhöhe. Entlang der Küste Goas hat sich das Leben der Menschen jedoch in wenigen Jahren stark verändert: Der boomende Immobilien- und Tourismusmarkt hat gerade im lange touristisch wenig entwickelten Süden Goas riesige, luxuriöse Hotelanlagen und farbenfrohe Ferienhaussiedlungen entstehen lassen. Aus ganz Indien – von Kaschmir über Karnataka bis Kerala – kamen Kaufleute, Straßenhändler, ayurvedische Masseure oder Bettler an die Strände, um sich ein Stück vom Tourismuskuchen zu sichern.

Den Norden Goas verwandelten erst britische, dann russische Pauschaltouristen in eine große Partyzone. Nordgoas Zufahrtsstraßen leiden an Feiertagen unter Verkehrsstaus; erst vor wenigen Jahren wurden sie breiter aus-

Oben: Am Horizont erscheinen keine portugiesischen Karavellen mehr. Rechts: Die portugiesischbarocke Kirche der Unbefleckten Empfängnis von 1541 in Panjim an Weihnachten.

» Karte S. 118, Info S. 128-129

Foto: natbits (iStockphoto)

gebaut, und daraufhin der Müll an den Stränden und Straßen noch mehr zum Problem – aktuell sind die Besucherzahlen dort deshalb wieder rückläufig.

Viele alteingesessene Goaner fühlen sich von der Entwicklung überrollt, doch brachte diese viel Geld ins Land. Die dynamischen, gebildeten jungen Leute wanderten früher häufig in die Großstädte und ins Ausland ab, insbesondere in die Vereinigten Arabischen Emirate. Doch Goa, seit 1987 indischer Bundesstaat mit eigener Regierung, floriert heute wirtschaftlich so sehr, dass es sich lohnt, hierzubleiben: Der hohe Bildungsgrad der Goaner, Industrieansiedlungen, Bodenschätze (vor allem Eisenerz), moderne Landwirtschaft und Fischerei sowie der boomende Tourismus haben den jungen Staat auf Platz 3 der Rangliste der wirtschaftsstärksten indischen Bundesstaaten katapultiert.

Der **Karneval** in Goa wird mit einem Umzug in der Hauptstadt Panjim gefeiert, dort jedoch eher prüde und ohne große Ähnlichkeit mit Rio. Feierfreudiger geht es im katholischen Süden Goas an Heiligabend zu, dort wird nach der Mitternachtsmesse am Strand getanzt, und schöne Prozessionen der Heiligen drei Könige (**Festa dos Reis**) finden auf dem Hügel von Quelim, in Cansaulimund und Chanda statt.

Das einheimische Konkani-Essen vereinigt die besten Einflüsse der arabischen, portugiesischen und südindischen Küche. Der Goaner trinkt ebenso gern wie er isst, nirgendwo sonst in Indien ist Alkohol so billig. *Toddy*, vergorener Palmwein und *feni*, aus Cashew oder Palmsaft destilliert, sind traditionelle Getränke der Einheimischen.

Musik ist wie Essen und Trinken ein wichtiger Bestandteil des goanischen Lebensstils; hier wird die Kluft zwischen Christen und Hindus besonders deutlich. Goas Musik ist bis in die Großstädte Indiens vorgedrungen; Mitglieder bekannter Bands sind oft Goaner. Die einheimischen *mandos* – Songs auf *konkani* in einer Mischung aus portugiesischer und westlicher Tradition – preisen Liebesglück und -leid, mal schlagerartig beschwingt, mal melancholisch.

## NÖRDLICHES GOA

Zum Verwaltungsbezirk Nordgoa gehören Goas bedeutendste Metropole **Panaji** und **Old Goa**, die ehemalige Hauptstadt der portugiesischen Kolonie, mit ihren eindrucksvollen Kirchen und Kathedralen – ein „Muss" für an Geschichte Interessierte. **Mapusas** Wochenmarkt zieht Käufer und Verkäufer aus ganz Goa an und entlang der Küste erstrecken sich die herrlichsten **Strände** bis hinauf nach Maharashtra.

### Panjim

**Panjim ❶** (oder **Panaji**), die Hauptstadt, ist für indische Maßstäbe klein, was daran liegt, dass der größte Teil der Goaner noch auf dem Land lebt.

Zentrum der Stadt am Südufer des Mandovi und bedeutendste Sehenswürdigkeit ist die ★**Church of Immaculate Conception ❶**. Die große

*Rechts: Se Cathedral, die größte Kirche von Velha Goa.*

**Freitreppe** mit der Balustrade und die **Glocke der Inquisition**, flankiert von Türmen, machen diese 1541 erbaute Barockkirche mit ihrer weißen Fassade so imposant.

Etwas nördlich, am Ufer des Mandovi, findet man ein zweites faszinierendes Gebäude aus der portugiesischen Zeit. Im **Secretariat ❷** (Idalcao), an dessen Stelle sich ursprünglich der Palast von Adil Shah befand, residierten ab 1759 die Vizekönige.

Im Südosten des Stadtzentrums lohnt sich ein Besuch des **Goa State Museum ❸** (nahe beim Kadamba Bus Terminal). In 12 Galerien werden buddhistische und hinduistische Skulpturen und Bronzen, christliche Kunst, volkskundliche Objekte, Gemälde, Möbel und vieles mehr ausgestellt.

Hauptattraktion Panjims ist eigentlich ein Spaziergang durch das Straßengewirr des alten, von der portugiesischen Kolonialzeit geprägten Stadtteils **Fontainhas ❹**. Die gepflasterten Gassen, weißgekalkten Mauern und hübschen Holzbalkone an den Fassa-

Foto: Rainer Hackenberg

den vermitteln mediterranes Flair. Im südwestlich anschließenden Stadtteil **Althino** eröffnen sich schöne Ausblicke auf die Stadt.

Spaziert man in Richtung Mandovi-Ufer zurück, kommt man am **Mahalakshmi Tempel** ⑤ (1817 zu Ehren von Vishnus Gemahlin Lakshmi erbaut) vorbei und kann sich in den Trubel des städtischen **Markts** ⑥ stürzen.

### ★Velha Goa (Old Goa)

Das architektonische Genie der Portugiesen lebt weiter in den Kirchen und Befestigungen von ★**Velha Goa** ❷ (dem alten Goa), der 1738 wegen einer Epidemie verlassenen ehemaligen Hauptstadt Portugiesisch-Indiens. Im Vergleich zu den Gebäuden Nova Goas (Panjim), von denen die meisten maßstabgetreu verkleinert aussehen, bietet das ehemalige *Rom des Orients* eine faszinierende Reise durch die iberobarocke Architektur mit seinen großartigen Kirchen, stattlichen Herrenhäusern und breiten Boulevards.

Vom Fähranleger am Ufer des Mandovi führte einst eine Prachtstraße ins Stadtzentrum. Zeugnis aus dieser Zeit ist der **Viceroy's Arch** ①, der Triumphbogen der Vizekönige.

Vorbei am **Gate of Adil Shah's Palace** ② – das Tor ist das Relikt des einstigen Adil Shah Palastes – gelangt man zur **Kirche von St. Cajetan** ③, einer Miniaturnachbildung von St. Peter in Rom. Eine schöne ★**Aussicht** bietet sich von der Kirche **Our Lady of the Mount**, 1,5 km östlich auf einem Hügel.

Old Goas größte Kirche ist die portugiesisch-gotische ★**Se Cathedral** ④. 1562 begonnen, wurde sie erst 100 Jahre später fertiggestellt. Im Jahr 1776 zerstörte ein Blitz einen ihrer beiden Türme. Der übriggebliebene beherbergt eine der größten Glocken Goas. Imposant ist der Hochaltar mit Szenen aus dem Leben der heiligen Katharina von Alexandria.

Wenige Schritte entfernt ist die **Kirche des hl. Franz von Assisi** ⑤ (1661) wegen ihrer kunstvollen Innenausstattung eines der interessantesten

» **Karte S. 118, Stadtplan S. 124, Info S. 128–129**     123

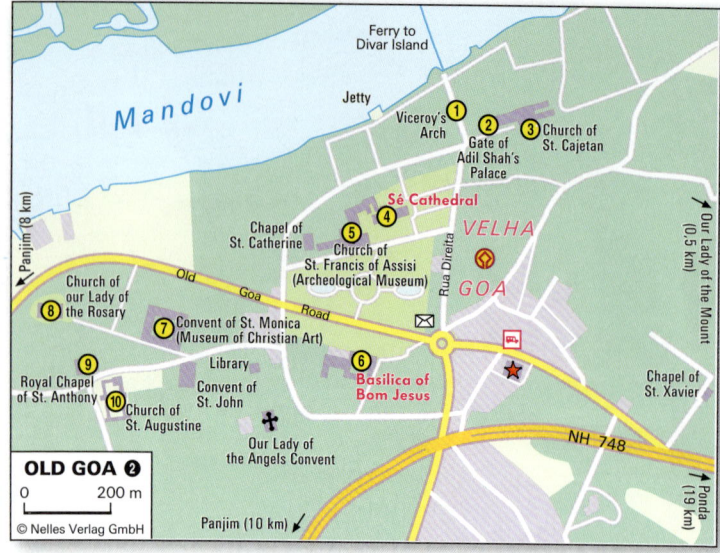

Ferry to
Divar Island

Jetty

M a n d o v i

Panjim (8 km)

Viceroy's
Arch ①

② Gate of
Adil Shah's
Palace

③ Church of
St. Cajetan

Sé Cathedral
④

Chapel of
St. Catherine ⑤ Church of
St. Francis of Assisi
(Archeological Museum)

Rua Direita

VELHA
G O A

Our Lady of
the Mount
(0.5 km)

Church of
our Lady of ⑧
the Rosary

Old
Goa
Road

⑦ Convent of St. Monica
(Museum of Christian Art)

⑥ Basilica of
Bom Jesus

Chapel of
St. Xavier

Library

⑨
Royal Chapel
of St. Anthony ⑩ Church of
St. Augustine

Convent of
St. John

Our Lady of
the Angels Convent

NH 748

Ponda
(19 km)

**OLD GOA ❷**

0          200 m

© Nelles Verlag GmbH

Panjim (10 km) ↙

Gebäude Old Goas. Neben dem fantastischen vergoldeten **Hochaltar** sind Gemälde mit Darstellungen zum Leben des hl. Franziskus zu sehen. Das im angeschlossenen Kloster eingerichtete **Archäologische Museum** veranschaulicht die wechselhafte Geschichte der Region. Alte Steininschriften und zwei *sati*-Steine erinnern an Goas Hindu-Vergangenheit, eine große Albuquerque-Statue aus Panjim an die darauffolgende portugiesische Periode. Direkt hinter der Kirche des hl. Franziskus steht die **Chapel of St. Catherine**.

Die ★**Basilica of Bom Jesus** ⑥ (s. Bild S. 74), erbaut 1605, beherbergt die sterblichen Überreste von **St. Francis Xavier,** dem heute noch hochverehrten Heiligen und Missionar Goas, in einem **Silber-Sarkophag**. Sie ist die sehenswerteste, weil am besten erhaltene Kirche und ein bedeutender Wallfahrtsort. Im Inneren der Kirche herrscht eine gedämpfte, backsteinrote Farbe vor; abgesehen von ihren reich geschnitz-

ten und vergoldeten Altären besticht sie durch ihre Einfachheit. Der Heilige wird hier der Öffentlichkeit alle zehn Jahre gezeigt.

Der **Convent of St. Monica** ⑦ von 1636 auf dem **Holy Hill** ist ein Nonnenkloster – eines der größten des portugiesischen Kolonialreiches. Heute beherbergt es auch das **Museum of Christian Art**.

Westlich benachbart ist die **Church of our Lady of the Rosary** ⑧. Im manuelinischen Stil erbaut, soll sie an Albuquerques Sieg im Jahr 1510 erinnern. Dona Catarina, die erste portugiesische Frau, die die Überfahrt nach Indien wagte, liegt hier begraben.

Weiter oberhalb steht die 1543 vollendete **Royal Chapel of St. Anthony** ⑨ (1961 restauriert), die dem Schutzheiligen Portugals geweiht ist.

Der verwunschen wirkende Überrest der **Kirche St. Augustine** ⑩, hoch oben auf einem Hügel, ist meilenweit zu sehen: Der alleinstehende Turm, ursprünglich einer von 4, scheint höher als seine 46 m zu sein.

Rechts: Hippiemarkt in Anjuna.

 » Stadtplan S. 124, Karte S. 118, Info S. 128-129

foto: Renata Holzbachová

## Mapusa und die Strände Nordgoas

In **Mapusa** ❸ lohnt der Besuch des lebhaften **Markts** am Freitag. Für Individualtouristen ist die Stadt eine Art Versorgungszentrum und Verkehrsknotenpunkt auf dem Weg zur Nordküste.

Die Portugiesen häuften in Goa Reichtümer an und sicherten ihre profitable Kolonialenklave durch Küstenfestungen. Das 1612 erbaute **Fort Aguada** ❹ bewacht die Mündung des Mandovi und ist eine Art Nationaldenkmal, da hier politische Gefangene, Nationalisten, die gegen die Portugiesen kämpften, festgesetzt wurden. Aguada war einst der Platz wo Schiffe ihre Wassertanks füllten; heute ziert ein Luxushotel den Burgfelsen über dem **Sinquerim-Strand**. Ein Besuch der Ruinen lohnt sich vor allem wegen der schönen Aussicht. Etwas weiter landeinwärts befindet sich **Fort of Reis Magos** mit seinen aufs Meer gerichteten Kanonen – es dient heute als Gefängnis.

Der Strandabschnitt zwischen **Calangute** ❺ und **Baga Beach** war in den 1960ern ein Hippie-Treff; heute säumen unzählige Hotels, Lokale, Bars und Souvenirbuden die Straßen – eine Art indisches Mallorca, das britischen und russischen Badetouristen Rundumversorgung bietet. Der alternative Geist ist aber noch spürbar; langjährige Goaaussteiger leben hier und betreiben Cafés. Eine kleine, lebendige indische Kunst- und Designszene mit Galerien und Boutiquen hat sich entwickelt.

Der lange, etwas ruhigere **Candolim Beach** machte Schlagzeilen durch den Frachter River Princess, der im Jahr 2000 strandnah auf Grund lief und erst ab 2012 allmählich entfernt wurde.

Der **Anjuna Beach** ❻ ist populärer Treffpunkt für Backpacker, Trance-Freaks und die, denen Calangute und Baga zu hektisch sind. Anjuna ist berühmt für seine **Strandpartys** und den riesigen ★**Anjuna-Flohmarkt** (mittwochs tagsüber), zu dem in- und ausländische Händler und Touristen in Scharen anreisen. Neuhippies und Althippies chillen zu Livemusik an der Hauptstrandbar, während andere

**» Karte S. 118, Info S. 128-129**

Foto: Julia Ziegelmaier

Hippieklamotten, Schmuck und indische Musik-DVDs erstehen. Stände mit Snacks sorgen für das leibliche Wohl. Gesunde Speisen, Brot und selbst Musikevents bietet die **German Bakery** – längst mehr als eine Bäckerei.

Samstagsabends gibt es auf dem **Saturday Night Market** in Arpora bei Calangute Live-Musik, Imbiss-und Getränkestände, Schmuck, Kunsthandwerk und alternative Leisure-Kleidung im Hippie-Style von in-und ausländischen Händlern.

**Vagator Beach** ❼, geteilt in Little und Big Vagator, hat rote Klippen, Süßwasserquellen und ein portugiesisches **Fort**. Zur Hauptsaison wird an diversen Plätzen Dance- und Trance-Musik aufgelegt. Seit 2013 ist es im Dezember auch Schauplatz von „Sunburn", dem größten Electronic Dance Music Festival Asiens (vormals in Candolim).

Gleich nördlich der Brücke über den Chapora River erreicht man in westlicher Richtung den **Morjim Beach** ❽.

Am Strand gibt es – wie auch weiter nördlich am schönen **Mandrem Beach** – Hütten und Unterkünfte.

**Arambol Beach** ❾ im äußersten Nordwesten Goas ist wegen seiner relativ abgeschiedenen Lage beliebt. Es gibt Bars, einige gute Restaurants, und in der Hochsaison ist am kilometerlangen Sandstrand einiges los. Jenseits der hervorspringenden Landspitze mit ihren herrlichen Felsbuchten kann man in Richtung Norden bis zum einsamen **Querim-Beach** wandern.

Das ★**Terekhol Fort** ❿ am Nordufer des gleichnamigen Flusses erreicht man von Arambol über eine ca. 10 km lange Straße mit schönen Ausblicken. In der kleinen portugiesischen Festung ist heute das **Fort Tiracol Heritage Hotel** untergebracht, ein origineller Übernachtungsort in schöner Lage.

In **Pernem** ⓫ kann man die **Privatsammlung** der Deshprabhus von Pernem ansehen, der Aristokraten der Gegend (Töpferwaren aus Harappa, Mobiliar aus Silber, exquisite europäische Möbel).

Oben: Am Anjuna Beach.

## SÜDLICHES GOA

Größte Stadt Südgoas und Verkehrsknoten ist **Margao**. Die herrlichen Strände der Südküste sind weniger überlaufen als die im Norden; zu den meistbesuchten zählen **Colva**, **Benaulim** und der Bilderbuchstrand von **Palolem**, der als der idyllischste gilt. Im Landesinneren bietet die Umgebung von **Ponda** mit Hindu-Tempeln und Gewürzplantagen einige Ausflugsziele.

### Vasco da Gama und Margao

Die geschäftige Industriestadt **Vasco da Gama** ⑫ ist nur wegen ihrer Nähe zum **Internationalen Flughafen Dabolim** touristisch bedeutsam.

Die Distrikthauptstadt **Margao** ⑬ ist dank ihres Bahnhofs die Drehscheibe für Individualreisende, die zu den Stränden Südgoas unterwegs sind. Ein Besuch des überdachten **Markts** lohnt wegen des verführerischen Angebots an Tropenfrüchten und Gewürzen etc.

6 km nordöstlich von Margao beherbergt das **Rachol Seminary**, ein palastartiges Gebäude von 1609, das **Museum of Christian Art**. Es stellt sakrale Kunst aus, darunter eine silberne Monstranz in Schwanenform.

In **Chandor** (15 km östl. v. Margao) vermitteln koloniale **Herrenhäuser** eine Vorstellung vom feudalen Leben der goanischen Oberschicht während der portugiesischen Epoche. Die bekannteste Villa ist die der Familien **Braganza-Pereira / Menezes-Braganza** – auch wegen ihrer Möbel sehenswert.

### Südgoas Strände

Das kleine Fischerdorf **Colva** ⑭ hat sich seit den 1980er Jahren zu einem der meistbesuchten Badeorte an der Südküste entwickelt. An Wochenenden und Feiertagen sieht man viele indische Touristen mit ihren Familien. Der 2 km südlich anschließende **Benaulim-Beach** ⑮ ist ebenfalls touristisch voll erschlossen, jedoch noch verhältnismäßig ruhig, daher ist dies ein beliebter Platz für nicht mehr Berufstätige aus aller Welt, die hier gerne überwintern. Am Strand liegen vereinzelt noch die typischen goanischen Auslegerboote aus Holz, und man kann den Fischern bei der Arbeit zusehen.

In Richtung Süden – über **Varca**, **Cavelossim** bis **Mobor** – erstrecken sich kilometerlange, nahezu unberührte **Strände**. Einige Luxushotels wurden hier in paradiesischer Lage am Meer errichtet, wie das **Taj Exotica**.

Eine malerische kleine Straße führt an der Steilküste entlang nach **Cabo da Rama** ⑯, einem alten portugiesischen **Fort**, das als Ausflugsziel wegen seiner schönen Aussicht und mächtigen Befestigungsmauern den Besuch lohnt.

Im Süden Goas liegt ★**Palolem** ⑰. Die halbmondförmige, palmenumsäumte weiße Sandbucht gilt in der Travellerszene als der ultimative Strand Goas. Erst in den 1990er Jahren wurde diese Bilderbuchidylle von Reisenden entdeckt. Mittlerweile ist die Traumbucht gut erschlossen und relativ dicht mit temporären Unterkünften, Bungalows und Restaurants bebaut. Am südlichen Ende des Strandes finden **Silent Noise Partys** statt: Junge Leute aus aller Welt tanzen zur Musik von drei verschiedenen DJ's gleichzeitig – dank zu leihender Kopfhörer kann man seine Musik individuell wählen, und niemand wird durch laute Sounds gestört.

Nördlich von Palolem liegt die schöne Bucht von **Agonda** ⑱; ein Tipp für alle, denen in Palolem zuviel los ist. Es gibt zwar jede Menge Gästehäuser und Restaurants, ist aber deutlich ruhiger.

### Ponda

Für Kulturinteressierte bietet die Gegend um **Ponda** ⑲ einige beeindruckende Tempel. Viele der Heiligtümer wurden im 16. Jh. von den Portugiesen zerstört und erst im 18. Jh. wieder aufgebaut; ihre Bauweise vereint Elemen-

**4**

**Goa**

te der hinduistischen, islamischen und christlichen Architektur. Ihre **Lampentürme** sind typisch für Goa. Zu den bekanntesten der Gegend zählt der Shiva geweihte **Sri Manguesh Tempel**, 5 km nordwestlich von Ponda in Priol-Ponda Taluka. Der **Shantadurga Tempel** bei **Kavalem** (etwas westlich von Ponda) fällt durch den kunstvollen *deepastambha* (Lampenturm) auf und ist der Göttin Durga gewidmet. Weitere Heiligtümer in der Umgebung von Ponda sind **Shri Ramnath** und **Shri Mahalsa**, ein Vishnu-Tempel, beide im Westen. Am Stadtrand steht die älteste Moschee Goas: **Safa Shahouri Masjid**, von Ali Adil Shah 1560 erbaut.

## AUSFLÜGE INS ÖSTLICHE GOA

Die üppigen, tropischen Wälder der West-Ghats bilden einen Kontrast zu den Stränden der Küste. In den Gebirgsausläufern liegt **Bondla Wildlife Sanctuary ⑳**, mit 8 km² das kleinste, aber am leichtesten zu erreichende Wildschutzgebiet. Im Park leben u.a. Affen, Schakale, Damwild und Indischer Bison. Angeschlossen ist ein Botanischer Garten, ein Damwildgehege und ein kleiner Zoo. Erkunden kann man die Natur bei einem **Elefantenritt**.

Weiter östlich an der Grenze zu Karnataka, bei **Molem**, liegt das 240 km² große **Bhagwan Mahavir Wildlife Sanctuary ㉑**. Nördlich von Molem kann man bei **Tambdi Surla** den aus schwarzem Basalt gehauenen ★**Mahadev-Tempel** (13. Jh.) besichtigen – den letzten erhaltenen Kadamba-Tempel.

Ein lohnender Ausflug führt zum ★**Dudhsagar-Wasserfall ㉒**, 100 km östlich, wo man in **Pools** baden kann. Dichte Wälder geben überraschend den Blick auf die 600 m hohen Fälle frei; zu sehen auch, wenn man mit dem Zug von Goa nach Osten fährt: die Dudhsagar-Brücke überquert die Fälle.

## GOA (☎ 0832)

ℹ️ **India Tourism**, Communidade Bldg., Church Sq., Panjim, Tel. 223412. **Goa Tourism**, Tourist Home, Patto, Panjim, Tel. 2225715. **GTDC**, Trionara Ap., Dr. Alvares Coasta Rd., Panjim, Tel. 2224132; Zweigstellen: **Bus-Terminal**, Airport; **Goa Tourism**, Margao, Tel. 2722513; Vasco da Gama, Tel. 2512673. www.goa-tourism.com

🛬 **Dabolim Airport**, Tel. 222644 (28 km von Panjim), Flüge nach Delhi, Mumbai, Cochin, Bangalore und Madras. **Konkan Railway**: Mumbai – Goa – Mangalore, www.konkanrailway. com, tgl. Expresszüge von Margao nach Mumbai u. Mangalore. **South Central Railway**: Ab Vasco da Gama über Margao nach Delhi, Poona, Bangalore. **Überlandbusse** halten in Panjim, Margao, Mapusa, Calangute. **Kadamba Bus Stand**, Panjim, Tel. 2225401.

😺 Goas Schutzheiliger ist **St. Francis Xavier**, „sein" Fest ist am **3. Dez.** in Old Goa. Um den **8. Dez.** wird in Panjim **Our Lady of Immaculate Conception** in der gleichnamigen Kirche gefeiert. Im Dezember werden im südlichen Goa große **Krippen** aufgebaut. **24. Dez.**: Am **Heiligabend** nach der Mitternachtsmesse **Feuerwerk**, danach ziehen die Christen in strandnahe Lokale zum **Feiern**; alles tanzt, Live-Bands. Am **6. Januar** reiten die **Hl. Drei Könige** in Prozessionen zu wichtigen Kirchen Südgoas (u. a. in Quelim, Cansaulim und Chandor).

**Carnival**: In Panjim und Margao **Umzüge**, an den Stränden **Feste** mit Livemusik.

🛍️ **Anjuna-Mittwochsmarkt**, riesiger, sogenannter „Flohmarkt" nahe dem Anjuna-Strand – Kunsthandwerk, Kleidung, CD etc., lockere Atmosphäre, viele Alt- und Neuhippies, Live-Musik und Essensstände. 9-17 Uhr, Shuttlebusse von Südgoa.

**Saturday Night Market**, in Arpora bei Calangute, ähnlich wie Anjuna, nur kleiner, unterhaltsames Shoppen nach Sonnenuntergang, mehr Auswahl an Imbissständen.

Bunter **Freitagsmarkt**, 8-18 Uhr, in Mapusa.

### Panjim (Panaji)

🍴 **Venite**, beliebtes Lokal mit Bar in charmantem alternativen Ambiete, Sitzplätze auf Balkonen, gute Goa-Küche, 31st January Road Sao Tomé, Tel. 2425537.

**Avanti**, authentische goanische Spezialitäten, Bar, Fontainhas-Viertel, nahe Patto Bridge, Rua de Ourem, Mo-Sa 11-15 und 17-23 Uhr, Tel. (0091) 9822167005, 2435884.

🏛 **Goa State Museum**, 9.30-17.30 Uhr, Sa, So, Feiertage geschl., Patto, Tel. 2458006, www.goamuseum.nic.in.

➕ **CMM Polyclinic**, Altinho, Tel. 2225626.

👉 **BOOTSFAHRTEN**: Goa Tourism organisiert **Sundownercruises** auf dem Mandovi, 18 / 19.15 Uhr, St. Monica Jetty.

### Old Goa

🏛 **Basilica of Bom Jesus**, 9-18.30 Uhr. **Church and Convent of St. Francis of Assisi** mit **Archeological Museum and Portrait Gallery**, 10-17 Uhr, Fr geschl.

### Margao

🍴 **Figueiredo Mansion**, sehr schöner alter portugiesisch-goanischer Familiensitz, auf Bestellung Essen (ab 4 Personen); in Loutolim,15 Min. v. Margao, Tel. 277 7028, oldheritageinn@rediftmale.com.
**Longuinhos**, schöne, urige Bar mit typischen Gerichten der goanischen Küche, Margao Residency, gegenüber Municipality Building, Tel (0091) 8322701699; 9822480334.

### Mapusa

🍴 **Tequila**, goanische, indische, kontinentale Gerichte, im Hotel Vilena, Feira Baixa Rd.
**The Pub**, preiswerte Pasta-Gerichte, Salate, Snacks, mit Balkon, Market Rd.
🛒 **WOCHENMARKT**: Freitag 8-18.30 Uhr, u.a. Textilien und Souvenirs.

### Calangute / Baga

🍴 **Lila Café**, mediterrane Küche u. deutsche Spezialitäten, geräucherter Büffelschinken, Büffelmozarella, köstliches Brot aus eigener Bäckerei, 8-18 Uhr, Nähe Baga-Fluss, Baga-Arpora, www.lilacafegoa.com.
**Cantare**, Restaurant und stylische Bar in altem goanischen Haus, sehr gute mediterrane Küche, Espresso und Desserts, Saligao-Dorf, Nähe Calangute, Tel. (0091) 8322409461.
**Souza Lobo**, Fisch, am Strand in Calangute.

🏛 **Kerkar Art Complex**, Galerie/Museum, Ausstellungen goan. Künstler, geführt von Künstler Subodh Kerkar, Restaurant-Café-Bar, Holiday St, Gaurawado, Calangute.

### Anjuna

🍴 **Xaviers**, bekannt für exzellente Fischgerichte, südlich des Flohmarkts.
**Martha's Breakfast Home**, köstliches, reichhaltiges Frühstück im schattigen Garten.
**German Bakery**, frisches Brot, leckere Kuchen, Espresso, entspannte Atmosphäre.
**Crab Key Foods**, frischer Fisch, Snacks, schöne Lage am Strand.
🛒 **WOCHENMARKT**: Kunsthandwerker- und Flohmarkt, mittwochs ab 8 Uhr früh.

### Vagator

🍴 **Thalassa**, angesagtes griechisches Restaurant mit tollem Sonnenuntergangsblick, schickes Ambiente, vielgelobte Küche, Cocktails, 16 Uhr bis Mitternacht, Reservierung nötig, Tel. (0091) 9850033537. **Le Bluebird**, zählt zu den Besten der Gegend, exzellente, kontinentale Speisen.
🍸 **Nine Bar**, Open-air-Bar auf einer Klippe über dem Strand, Party 19-22 Uhr.

### Colva / Benaulim

🍴 **Pedro's**, Restaurant/Bar am Benaulim Strandparkplatz, mit Strandsitzbereich unter Palmen und Tandoor-Ofen, gutes goanisches Seafood, ab und an Live-Musik.
**Johncy's**, populäres Strandlokal unter Palmen, Bar, gute indische Küche.
**Patrose**, Beachshack am Strand, links vom Parkplatz, sehr gutes goanisches Fish-und Prawncurry, Obstsalat; Strandliegen.
**Furtados**, Strandlokal zw. Benaulim und Colva, gute goanische Küche, mit Strandliegen.
**Fishland**, beliebt, strandnah, gutes Seafood und goanische Küche, Colva-Ort.
🏛 **Goa Chitra**,Volkskundemuseum, Benaulim, Bar und Restaurant, St. John the Baptist Church Rd., Mondo-Waddo.
👉 **Pele** in Benaulim bietet **Dolphin-Watching** an.

### Palolem

🍴 **Sun & Moon**, goanisch, Fisch, beliebter Treff, nahe Syndicate Bank.

**4**

**Goa**

Tempelwagenrad mit erotischen Szenen am Sonnentempel von Konarak

Foto: Helmut Köllner

# RELIGIÖSE INBRUNST

## ODISHA (ORISSA)

**Odisha** (155 707 km²) besitzt eine üppig-grüne Küstenlinie. Dahinter erhebt sich das Bergland der Ost-Ghats, das zu den ärmsten und rückständigsten des Landes gehört; hier haben mehrere **Adivasi-Ethnien** traditionelle Lebensformen bewahren können, u.a. die drawidischen **Kondh**, die austroasiatischen **Munda** und die tibetobirmanischen **Bonda**, die man nur im Rahmen organisierter Touren besuchen sollte.

Im Gegensatz dazu zeugt das Küstengebiet, insbesondere das Delta des Mahanadi (großer Fluss) von Orissas Anteil an der politischen und kulturellen Entwicklung Indiens sowie der alten Tradition der Seefahrt. Hier lag das ehemalige Reich Kalinga, das erstmals wegen einer blutigen Schlacht im 3. Jh. v. Chr. in Erscheinung trat, die die Wandlung des Kaisers Ashoka zu einem friedliebenden Buddhisten bewirkte. Die Ganga und die Somavamsa, die vom 2. bis 15. Jh. n. Chr. regierten, beseitigten allmählich die buddhistischen und jainistischen Einflüsse, errichteten ein hinduistisches Großreich und förderten Architektur und Künste: Tempel wurden gebaut, die nicht nur von religiösem

Eifer zeugen, sondern auch von Schönheit und Reichtum der Natur sowie der mythisch-poetischen Vorstellungskraft ihrer Bauherren. Opferrituale und Götterverehrung in diesen religiösen Zentren brachten eine Vielfalt von Kunst- und Handwerkstraditionen hervor, die die Herrschaft der Mogule und Briten bis heute überdauert haben.

### ★★Bhubaneshwar

★★**Bhubaneshwar** ❶ ist die Hauptstadt Odishas. In der **Altstadt** sind fast hundert von den einst über tausend um den **Bindusagar-See** ① herum gebauten Tempeln erhalten. Der Sage nach enthält der See Wasser aus allen Flüssen Indiens. Der 54 m in den Himmel ragende Turm des ★★**Lingaraj-Tempels** ② beherrscht die Szenerie. 1114 n. Chr. von den Somavamsa erbaut, ist er Shiva in seiner Verkörperung als Tribhuvaneshvara, Herr der drei Welten, geweiht (Zutritt nur für Hindus). Seine Architektur ist typisch für die nordindische Bauweise mit kurvilinearem Turm über dem Allerheiligsten und einer linearen Anordnung von mehreren Hallen davor. Diese Räume sind miteinander verbunden, von außen sehen sie allerdings getrennt aus. Beim *Shivaratri*-Fest (Februar/März) zünden Tausende von Pilgern während einer Andachtszeremonie gleichzeitig ihre Lampen an.

---

Links: Eine junge Bonda-Frau aus den Ost-Ghats.

**» Karte S. 137, Stadtplan S. 134, Info S. 139**

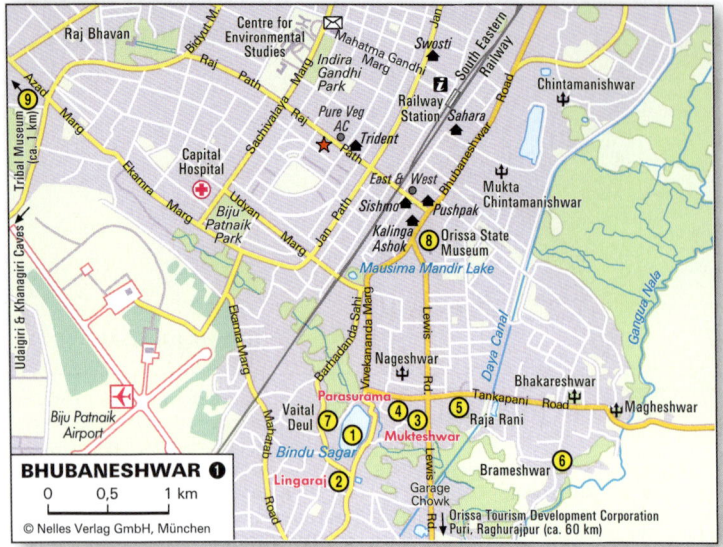

Raj Bhavan · Centre for Environmental Studies · Mahatma Gandhi Marg · Swosti · South Eastern Railway · Chintamanishwar · Azad · Bidyut M. · Raj Path · Sachivalaya Raj · Indira Gandhi Park · Pure Veg AC · Trident · Railway Station · Sahara · Bhubaneshwar · Tribal Museum (ca. 1 km) · Capital Hospital · Ekamra Marg · Udyan · Biju Patnaik Park · Jan Path · Sishmo · East & West · Mukta Chintamanishwar · Pushpak · Kalinga Ashok · Orissa State Museum · Mausima Mandir Lake · Bartulanda Sahi · Vivekananda Marg · Banamali Marg · Lewis Rd. · Nageshwar · Daya Canal · Bhakareshwar · Ganguua Nala · Biju Patnaik Airport · Maharab · Parasurama · Vaital Deul · Mukteshwar · Raja Rani · Tankapani Road · Magheshwar · Bindu Sagar · Lingaraj · Lewis Road · Brameshwar · Garage Chowk · Orissa Tourism Development Corporation · Puri, Raghurajpur (ca. 60 km) · Udaigiri & Khanagiri Caves

**BHUBANESHWAR ➊**

0    0,5    1 km

© Nelles Verlag GmbH, München

Der ★**Mukteshwar-Tempel** ③ (10. Jh.) hat als Eingang einen wunderschönen steinernen Torbogen mit bemerkenswerten Skulpturen und erinnert an die buddhistische Votivarchitektur. Einige der Reliefs stellen Szenen aus den *Panchatantra*-Erzählungen dar. Der ★**Parasurama-Tempel** ④ (7. Jh.) besitzt erlesene Steinmetzarbeiten und Gitterfenster.

Der **Raja Rani-Tempel** ⑤ (11. Jh.) ist mit graziösen Frauenskulpturen geschmückt; die Details an Blättern und Blumen zeugen von der hervorragenden Handwerkskunst dieser Gegend.

Der **Brahmeshwara-Tempel** ⑥ ist ein Tempelkomplex mit fünf Schreinen und schön reliefierten Fassaden.

Der tantrische Tempel **Vaital Deul** ⑦ (8. Jh.) ist der furchteinflößenden Göttin Kapalini („Schädel-Mädchen") gewidmet, die auf einem Leichnam thront; dieser Tempel weist die frühesten **erotischen Skulpturen** auf.

Das **Orissa-Staatsmuseum** ⑧ besitzt eine reiche Sammlung von Skulpturen, seltene Palmblattmanuskripte, Münzen, Kupferplatten, Waffen, Werkzeuge aus der Stein- und Bronzezeit sowie Musikinstrumente. Im gleichen Gebäudekomplex befinden sich die staatlichen Akademien für Literatur, Schöne Künste, Tanz, Musik und Theater.

Im **Tribal Museum** ⑨ werden Kultur und Kunsthandwerk der unterschiedlichen Stämme Orissas anschaulich dargestellt, dazu hat man typische Dorfhäuser der wichtigsten Ethnien eigens nachgebaut und authentisch ausgestattet.

Orissas früheste *pata*-Gemälde sind etwa 1500 Jahre alt; man findet sie in einer Felshöhle in **Sitabhinji** im Keonjhar-Bezirk im Norden Orissas. Die Decken- und Wandmalereien der Tempel erzählen Geschichten aus der indischen Mythologie. Ähnliche Erzählungen sind auf Stoffen dargestellt, die mit einer Mischung aus Kreide und Gummi (aus Tamarindensaat hergestellt) überzogen sind. Diese Gemälde, meist in strahlen-

Rechts: Hoch ragt das Shiva-Heiligtum im Lingaraj-Tempel von Bhubaneshwar auf.

Foto: Jeremy Richards (iStockphoto)

den Primärfarben, kennt man als *pata-chitra*. Eine Malergemeinschaft lebt in **Raghurajpur**, einem Dorf bei **Puri** (s. S. 137), das man auch besuchen kann.

### Ausflüge

In der Nähe von Bhubaneshwar liegen einige interessante Ausflugsziele: 8 km entfernt ist **Dhauli**, der Schauplatz der blutigen Schlacht des Maurya-Kaisers Ashoka gegen das Reich Kalinga (Orissa) – Ashoka wurde daraufhin Buddhist. Man findet dort elf in den Fels gemeißelte Edikte (auf Brahmi) dieses Kaisers aus dem 3. Jh. v. Chr. – die frühesten **Inschriften**, die in Indien entdeckt wurden. Die weiße Kuppel des neuzeitlichen, von Japanern gebauten **Shanti Stupa** (Friedenspagode) auf dem Berggipfel sieht man schon aus der Ferne.

In **Sisupalgarh**, 5 km nordöstlich von Dhauli, wurden die über 2300 Jahre alten Reste – u. a. Säulen – einer großen, befestigten Stadt ausgegraben.

Die Hügel von **Khandagiri** und **Udayagiri**, 6 km westlich des Stadtzentrums, beherbergen jainistische ★**Höhlenklöster**, deren Ursprung bis in das 2. Jh. v. Chr. zurückgeht. Ihre überragende bildhauerische Qualität wird in der kolossalen **Figur Mahaviras** auf den Hügeln von Khandagiri und in den **Felsenreliefs** auf den Udayagiri-Hügeln besonders deutlich.

### Im Norden Bhubaneshwars

In **Nandan Kanan** ❷ (20 km von Bhubaneshwar) befinden sich ein **Safarizoo** und ein **Botanischer Garten**; hier werden die seltenen weißen **Tiger**, Löwen und Reptilien gehegt. Weitere Attraktionen sind Bootsfahrten, Elefantentouren und eine Seilbahn.

**Cuttack** ❸, bis 1950 die Hauptstadt Orissas, ist eine Handelsstadt und bekannt wegen ihrer feinen Silberfiligranarbeiten, die man entlang dem Naya Sarak im **Chowdary Bazaar** findet.

60 km nordöstlich von Cuttack kann man **Buddhistische Relikte** bei den drei Hügeln von **Ratnagiri** ❹, Udaya-

Foto: Jeremy Richards (iStockphoto)

**giri** und **Lalitgiri** bequem erreichen. In der Mitte des 7. Jh. gab es hier über hundert buddhistische Klöster mit mehreren tausend Mönchen. Vom 5. bis zum 10. Jh. n. Chr. war Ratnagiri ein bedeutendes buddhistisches Zentrum. Eine Vielzahl von Skulpturen und Inschriften enthüllen, dass sich namhafte buddhistische Gelehrte hier aufhielten und Mönche von weither angezogen wurden. Dies ist einer der wenigen Orte in Indien, wo der Buddhismus fast bis zum 16. Jh. lebendig war. Neben dem Hauptstupa und einer Anzahl von Mönchsklöstern wurden auch acht interessante Backsteintempel im Stil von Orissa entdeckt, die Manjusri und anderen buddhistischen Gottheiten gewidmet waren, ebenso wunderschöne Bronzestatuen des Buddha.

In Küstennähe kann man im 670 km² großen **Bhitarkanika Wildlife Sanctuary** ❺ organisierte Bootstouren unternehmen. Der Park bietet Krokodilen,

Oben: Erotisches Relief im Sonnentempel von Konarak.

über 170 Vogelarten, einer Vielzahl verschiedener Mangrovenarten und der alljährlich im Winter brütenden, seltenen *Olive ridley*-Schildkröte einen geschützten Lebensraum.

In Nordorissa, am Fuß der Berge im Mayurbhanj-Distrikt liegt der 2750 km² große **Simlipal-Nationalpark** ❻, mit Grasland und Salwald, wo Tiger, Leoparden und Elefanten leben (Anfahrt via Jashipiur, Eingang: Tulasibani).

## ★★Konarak

Auf dem Weg von Bhubaneshwar nach Konarak lohnt ein Halt in ★**Pipli** ❼, bekannt für seine farbenprächtigen Applikationen. Kunsthandwerker, die ursprünglich für das zeremonielle Erscheinen der Götter und Könige Baldachine und Schirme herstellten, haben heutzutage ihr Repertoire erweitert – sie fertigen auch Kissenbezüge, Tischtücher, Taschen und Kleider.

★★**Konarak** ❽, der **Sonnentempel** (Himmelswagen-Tempel, s. Bild S. 130) des Sonnengottes Surya (auch als „Schwarze Pagode" bekannt; Konarak stammt von *Kona*, Ecke, und *Arka*, Sonne), wurde von König Narasimha Deva (1238-1264) aus dem Geschlecht der Ganga erbaut. Als einer der großartigsten Indiens zählt der Tempel von Konarak zum UNESCO-Welterbe. Angeblich brauchten 1200 Steinmetze und Bildhauer zwölf Jahre, um mit den Steuereinnahmen aus ebenfalls zwölf Jahren den herrlichen Tempel zu bauen.

Auch heute noch wirkt die Anlage sehr beeindruckend. Der Tempel hat die Form des riesigen Himmelswagens des Sonnengotts; seine 24 **Räder**, die die Einteilung der Zeit kennzeichnen, sind äußerst kunstvoll skulptiert, gezogen wird er von sieben **Pferden**. Die drei Bildnisse von **Surya** im Tempel werden bei Tagesanbruch, am Mittag sowie bei Sonnenuntergang von den Sonnenstrahlen berührt.

Riesige **Skulpturen**, die Kriegselefanten, Löwen und Pferde darstellen, wel-

che gegnerische Krieger zertrampeln, zeugen von bildhauerischer Meisterschaft. Jeder Aspekt des Lebens wurde in die Fassaden des Tempels gemeißelt. **Erotische Darstellungen**, so lebensnah ausgestaltet wie die von Khajuraho, stellen die körperliche Liebe in unzähligen Stellungen dar. Außerdem finden sich wunderschöne Skulpturen von Musikantinnen und Tänzerinnen; vieles davon taucht im Odissi-Tanz wieder auf. Im **Archäologischen Museum**, an der Hauptstraße außerhalb des Tempelbezirks, befindet sich eine erlesene Skulpturen-Sammlung.

Der **Sandstrand** von Konarak ist heute 3 km entfernt; einst lag der Tempel wohl näher am Meer.

★**Puri**

★**Puri** ❾, 60 km südlich von Bhubaneshwar am Meer gelegen, ist eines der vier heiligsten Hindu-Pilgerziele Indiens, es gilt als Sitz Krishnas als Jagannath („Herrscher des Universums"), eine der populärsten und wichtigsten Gottheiten Nordindiens. Er wird (neben seinem Bruder Balabhadra und seiner Schwester Subhadra) in Form einer primitiven hölzernen Figur verehrt, die wahrscheinlich einmal eine Stammesgottheit, ein Fischergott, war. Der Haupttempel **Jagannath Mandir** (12. Jh.; Zutritt nur für Hindus) ist ein majestätisches Bauwerk von 65 Metern Höhe, das auf einer erhöhten Plattform steht. In diesem Tempel werden die

» **Karte S. 137, Info S. 139**    137

Oben: Der Sonnentempel von Konarak, ein Meisterwerk indischer Bildhauerkunst.

uralten Rituale immer noch peinlich genau durchgeführt. Mehr als 6000 Männer fungieren als Priester, Aufseher oder Führer für die Pilger. Fast 20 000 Menschen sind indirekt vom Tempel abhängig, Tausende verzehren die von der Tempelküche zubereiteten Mahlzeiten.

Das berühmte *Ratha Yatra*, das Wagenfest, ein alljährliches Ritual, findet im Juni/Juli statt. Die Bilder der Gottheiten werden auf riesigen Wagen ausgefahren; jeder davon hat 16 Räder und wird von Tausenden von Menschen gezogen. Hunderttausende von Pilgern nehmen an diesem Fest teil. Am anderen Ende der Grand Road, außerhalb des Haupttempels, liegt das Haus **Gundicha Mandir** („Gartenhaus"); zur Erinnerung an die Reise Krishnas von Gokul nach Vrindavan werden die Gottheiten auf riesigen, bis zu 15 m hohen Wagen dorthin gezogen. Dort bleiben sie eine Woche und werden dann nach einer zeremoniellen Reinigung am letzten Festtag zurück in den Tempel gebracht.

Puri hat außerdem einen langen **Sandstrand**, der allerdings nicht sehr gepflegt ist; besonders an der **Marine Parade** herrscht oft viel Tagesausflügler-Trubel.

## Chilika und Gobalpur

★**Chilika** ❿, der größte **Brackwassersee** Asiens, erstreckt sich über 1100 Quadratkilometer quer durch die Bezirke Puri und Ganjam. In ihm liegen grüne Inseln mit einer Vielfalt von Wasserpflanzen; im Winter nisten hier unzählige Zugvögel. Im Chilika-See werden unter anderem Garnelen und Krabben gefangen. Auf einer der kleinen Inseln liegt der **Kalijai-Tempel**.

Das ruhige **Gopalpur-on-Sea** ⓫ entwickelte sich während der Kolonialzeit dank seinem schönen **Strand** zu einem Badeort, den heute vor allem Inder schätzen.

**Taptapani** ⓬, ein Kurort im hügeligen Hinterland, besitzt eine heiße **Schwefelquelle**.

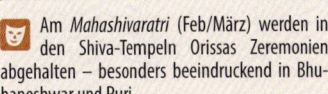

Am *Mahashivaratri* (Feb/März) werden in den Shiva-Tempeln Orissas Zeremonien abgehalten – besonders beeindruckend in Bhubaneshwar und Puri.

*Ashokashtami* (Wagen-Fest des Gottes Lingaraja, März/April) in Bhubaneswar wird von Tausenden besucht, die der Prozession des Wagens mit Shivas Bildnis folgen.

Das 21-tägige Fest *Chandan Yatra* findet in Puri und Bhubaneswar statt (April/Mai). Bildnisse des Jagannath und anderer Gottheiten werden im Narendra-Becken in Booten herumgefahren. Danach folgt *Shan Yatra* (Puri), dann werden die Götter in einer Zeremonie gewaschen.

Das größte Fest ist das einwöchige *Rath Yatra* (Wagenfest in Puri, Juni/Juli).

*Bali Yatra* (Cuttack, Okt/Nov) wird am Ufer der Mahanadi abgehalten.

Auch *Dussehra, Durga Puja, Diwali, Ganesh Puja, Holi, Janmashtami* und *Ramnavami* werden in Orissa gefeiert.

Ein bedeutendes Stammesfest (das auch von Nicht-Stammesangehörigen besucht wird) ist *Chaitra Parba* (April).

Kunsthandwerk: Silberfiligranarbeiten, schön gemalte *patachitras, Ikat*-Textilien, *Vichitrapuri-Saris.* Federn, Muscheln, Elfenbein, Nüsse, Stein und Horn werden zu Souvenirs verarbeitet.

Die Gebiete Sambalpur, Sundargarh, Phulbani, Ganjam, Mayurbhanj und Cuttack sind wegen ihrer handgewebten Textilien bekannt.

## Bhubaneswar (☎ 0647)

**India Tourism Office**, Parytan Bhawan, 2nd Floor, Lewos Road, Bhubaneshwar, Odisha 751014, Tel. 2432203. **Odisha Tourism Development Corporation** (OTDC) b. Panthanivas Tourist Bungalow, Tel. gebührenfrei 1800 2081414, www.panthanivas.com/tours.htm; Panthanivas Bungalow, Tel. 2430764, otdc@panthanivas.com.

**East & West**, indische und chinesische Gerichte, gegenüber Shismo Hotel. **Pure Veg AC Restaurant**, exzellente südindische Küche, Raj Path.

**Brown & Cream**, Torten und Kuchen, Burger, billig, bahnhofsnah.

Gute Restaurants haben die Hotels **Shismo** und **Marrion**.

**Odisha State Museum**, wertvolle Palmblatt- und Papiermanuskripte, archäologische Funde, Trachten, 10-17 Uhr, Mo u. Feiertage geschl., Ticket Counter Mittagspause von 13 bis 14 Uhr, Gautam Nagar, Tel. 2431597, www.odishamuseum.nic.in.

**Museum of Tribal Arts and Artefacts,** 10-17, So geschl., National Highway, Gopabanghu Nagar, Bhubaneswar.

**Capital Hospital**, Unit 6, Tel. 2400688, www.capitalhospital.nic.in.

**Post Office**, Old Town, Market Building, **General Post Office**, Sachivajaya Marg.

## Puri (☎ 06752)

**Tourist Office**, Station Rd., Tel. 222664. Infobüro am Bahnhof, Tel. 223536.

**Wildgrass Restaurant**, ein hübsches Gartenlokal mit großer Speisekarte und recht gutem Preis-Leistungsverhältnis, VIP Road.

**Post and Telegraph Office**, Tel. 222057.

**ID Hospital**, Red Cross Rd., Tel. 222094. **Goparbandhu Ayurvedic Hospital**, Armstrong Rd., Tel. 222072.

**Polizei**, Tel. 222039.

Ausflüge zu den **Adivasi-Stämmen** werden von Puri meist als 6-Tage-Tour angeboten. Sie beinhalten Dorf- und Marktbesuche sowie Dschungelwanderungen in den Stammesgebieten Südwest-Orissas.

## Konarak (☎ 06758)

**Konarak Festival** mit Odissi-Tänzerinnen: 1.-5. Dez. vor dem Sonnentempel.

5
Odisha (Orissa)

Granitlandschaft und Korbboote am Tungabhadra-Fluss, Hampi

Granitreliefs an den Wänden der Mahanavami Dibba im Palastbereich von Hampi

# KARNATAKA

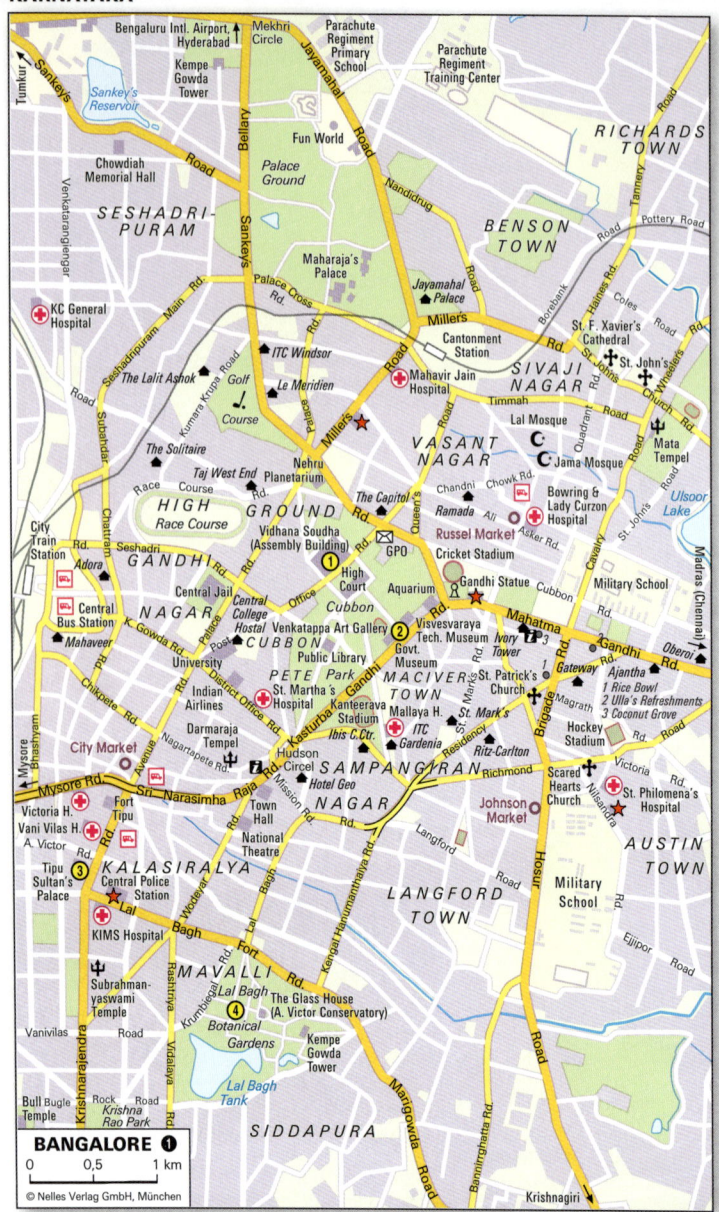

BANGALORE ●

0    0,5    1 km

© Nelles Verlag GmbH, München

# QUERSCHNITT EINES SUBKONTINENTS

**KARNATAKA**

**ANDHRA PRADESH**

**TELANGANA**

## KARNATAKA

**Karnataka** (190 791 km²) mit seinen heute 61 Mio. Einwohnern war bis 1947 als „Staat Mysore" bekannt. Noch heute finden sich in der Gegend um die alte Maharadschastadt Mysore mit ihrem bunten Stadtmarkt und dem prachtvollen Stadtpalast viele Sehenswürdigkeiten aus alten Zeiten, wie die unglaublich üppig verzierten Hoyshala-Hindutempel von Belur, Halebid und Somnathpur oder das Jain-Heiligtum von Sravanabelgola. Im nahegelegenen Nagarhole-Nationalpark kann man auf Tigersafari oder zum Fischen gehen; die High-Tech-Stadt Bangalore zeigt dem Besucher das boomende Indien mit Einkaufsmalls, Pubs und modernsten IT-Firmen.

Die Region Malnad, an der Küste nahe der West-Ghats, ist für ihre Teak- und Rosenholzwälder, für Pfeffer, Kardamom und Betelnuss-Bäume bekannt; es ist eines der feuchtesten Gebiete Indiens. Oben in den West-Ghats, im Bezirk Kodagu (Coorg), wird Kaffee angebaut. Der beschauliche Bergort Madikeri zählt zu den schönstgelegenen Reisezielen Karnatakas.

Das Landesinnere ist klimatisch wesentlich trockener, insbesondere im Regenschatten der Westghats. Im Norden der Staates befindet sich mit Hampi eine der faszinierendsten Ruinenstädte der Welt. Die nahen Tempelstädte Aihole und Pattadakal und die Höhlentempel von Badami sind kunsthistorische Highlights einer Südindien-Reise. Unweit davon liegen die alten Sultansstädte von Bijapur, Gulbarga und Bidar, in denen sehenswerte islamische Architektur auf Entdecker wartet.

Badeurlaub kann entweder im benachbarten Goa oder entlang der touristisch kaum entwickelten Küste Karnatakas eingeplant werden – in der Nähe des Pilgerorts Gokarna liegen die Hauptbadestrände Karnatakas.

### Bangalore

**Bangalore ❶** mit seinem angenehmen Klima ist die von westlichem Lebensstil geprägte Hauptstadt von Karnataka und ein bedeutendes Industrie- und Technologie-Zentrum – genannt „Silicon Valley" von Indien. Das **Assembly Building ①**, das **Government-Museum ②**, **Tipu Sultans Palast ③** (1791) und der **Botanische Garten ④** (Lalbagh) gehören zu den Hauptsehenswürdigkeiten. Einst stand es unter der Herrschaft der Gangas, Cholas und Hoysalas. An Tipu Sultan erinnert man sich gerne wegen seines Kampfes gegen die Briten im 18. Jh. Heute ist Bangalore auch für seine vielen Pubs im Umfeld der **Mahatma Gandhi Road**

» Karte S. 146–147, Stadtplan S. 144, Info S. 157

# KARNATAKA

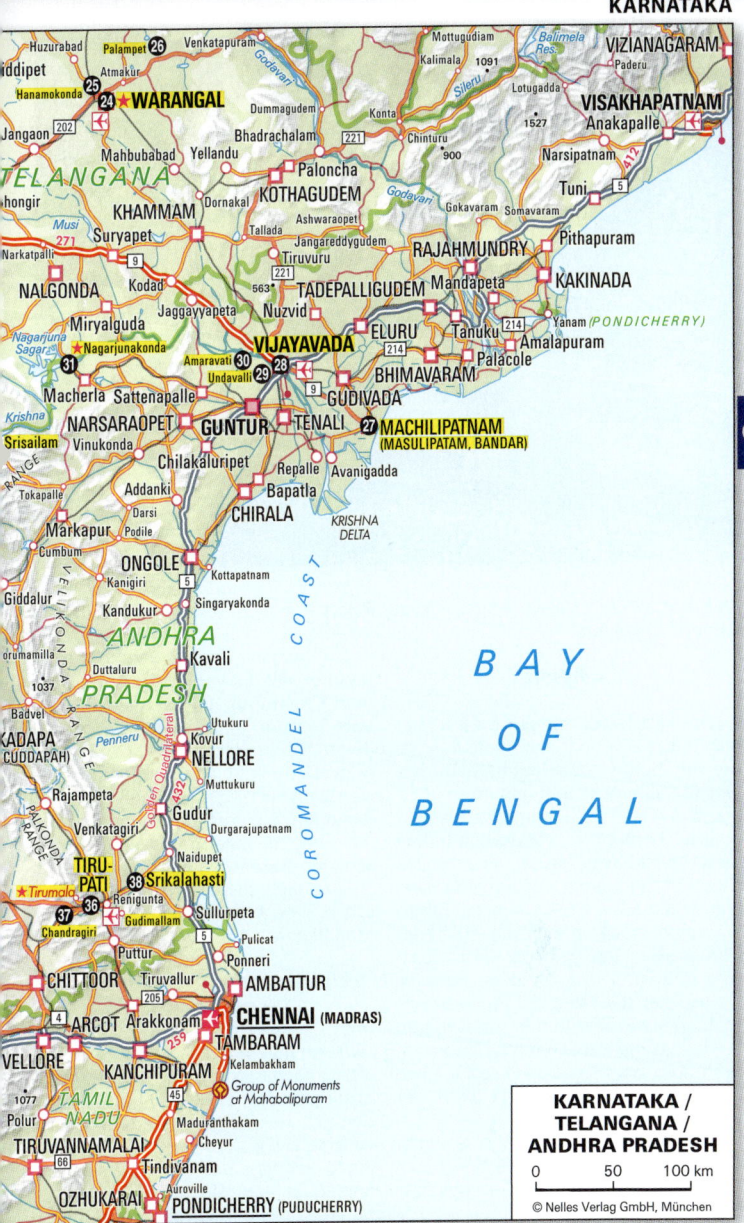

**6**

**Karnataka**

KARNATAKA /
TELANGANA /
ANDHRA PRADESH

0        50      100 km

© Nelles Verlag GmbH, München

*B A Y*

*O F*

*B E N G A L*

Foto: Helmut Köllner

bekannt, wo die Software-Spezialisten abends einkehren.

## ★Mysore

Die Palaststadt ★**Mysore** ❷ ist bekannt für Seide und Sandelholz. Ihr Herz ist der bunte ★**Devaraja-Markt**, der vor Obst, Gemüse und Gewürzen überquillt und reichlich Fotomotive bietet.

Der berühmte ★**Maharaja-Palast** von Mysore mit seiner prunkvollen Ausstattung wurde 1912 im indo-sarazenischen Stil erbaut. Einen Teil davon bewohnt noch immer die Wodeyar-Rajafamilie. Das kuriose Palastmuseum birgt u. a. eine goldene *howdah*, in welcher der Fürst bei Prozessionen getragen wurde, was den aufwändigen Lebensstil der Herrscher von Mysore ahnen lässt. Sonntagabends sowie beim zehntägigen Fest *Dussehra* wird der

Oben: Der Maharaja-Palast von Mysore, prächtig beleuchtet. Rechts: Der Keshava-Tempel in Somnathpur mit ungewöhnlichem sternförmigem Grundriss.

Palast von 19-20 Uhr mit 5000 Lampen beleuchtet.

Die Familiengöttin der Herrscher von Mysore war Chamundesvari, die auf dem **Chamundi Hill** im **Chamundesvari Tempel**, einem siebenstöckigen, 40 m hohen Heiligtum (12. Jh.) residiert. Den Gipfel (1062 m), südöstlich der Stadt, erreicht man über eine 13 km lange, kurvige Straße oder über die 1000 Treppenstufen des Pilgerwegs, mit schönen Ausblicken auf die Stadt. Auf halbem Weg passiert man den gigantischen Stier ★**Nandi**, einen 5 m hohen Monolithen.

## Srirangapatnam, ★★Somnathpur und Madikeri

16 km nordöstlich von Mysore an der Straße nach Bangalore liegt **Srirangapatnam** ❸, die Hauptstadt Tipu Sultans, der sich den Briten nahezu 20 Jahre widersetzte, bis er schließlich 1799 von ihnen getötet wurde. Von alters her ist Srirangapatnam ein heiliger Ort Vishnus, dem hier der **Ranganatha-Tempel**

148

Foto: Michael Chen (iStockphoto)

geweiht ist. **Tipu Sultans Festung** wurde auf einer Insel im Kaveri-Fluss erbaut. Außerdem gibt es dort einen hübschen Sommerpalast, ★**Dariya Daulat**; in dem mit verzierten Bögen geschmückten Palast befinden sich Wandgemälde, die Tipu Sultan, seinen Vater Hyder Ali und Episoden aus ihrem Leben darstellen. Das **Grab von Hyder Ali** und die umliegenden **Gärten** sind ebenfalls beachtenswert.

Westlich des Orts (19 km nordwestlich von Mysore) liegen unterhalb des Krishnaraja-Sagar-Staudamms die **Brindavan Gardens**. Die hübschen Gärten mit Picknickplätzen sind ein beliebtes Ausflugsziel – vor allem abends, wenn die Springbrunnen beleuchtet sind.

33 km östlich von Mysore kann man in ★★**Somnathpur** ❹ ein fantastisches Beispiel der Hoysala-Kunst besichtigen. Der **Keshava-Tempel**, der Vishnu geweiht ist, wurde von Somanatha, einem Hoysala-Premierminister im 13. Jh. erbaut. Er besitzt 3 Türme, die Mauern sind mit feinen **Reliefs** von Elefanten, Pferden und marschierenden Soldaten

sowie Legenden- und Götterdarstellungen übersät.

Als Ausgangsort für Wanderungen eignet sich **Madikeri** ❺, Hauptstadt der Kodagu-Region, inmitten der grünen, malerischen Berge der West Ghats. Charakteristisch für die reizvolle Landschaft sind dichte Wälder, Kaffee-, Tee- und Gewürzplantagen. Bis 1956 war Kodagu ein eigener Staat, und seine Bewohner kämpfen bis heute um ihre Autonomie. Wegen ihrer Abgeschiedenheit wurde die Gegend bisher kaum von Touristen entdeckt. Von **Raja's Seat**, einem für die Herrscher angelegten Garten, hat man eine fantastische Aussicht. Vor Ort lassen sich mehrtägige Trekkingtouren z. B. zu den 1700 m hohen Gipfeln des **Pushpagiri** und **Tadiyendamol** organisieren.

### ★★Nagarhole Nat. Park und ★★Bandipur Nat. Park

Für Naturliebhaber bietet sich der ★★**Nagarhole-Nationalpark** (93 km südwestlich von Mysore) zum Beobach-

Foto: Jayanand Govindaraj (Dreamstime)

Foto: Alamy (mauritius images)

ten von **Wilden Elefanten,** Wildrindern, Rotwild und Affen an. Mit viel Glück kann man dort, in den laubabwerfenden Monsunwäldern mit Teak- und Rosenholzbäumen, auch Tiger oder Leoparden erspähen.

Fast 100 **Tiger** leben heute wieder im benachbarten ★★**Bandipur-Nationalpark**, 80 km südlich von Mysore.

## ★★Sravanabelgola

Seit 2000 Jahren ist Karnataka das Zentrum des Jaina-Glaubens in Südindien. ★★**Sravanabelgola** ❻ (s. Bild S. 18) ist eines der wichtigsten Pilgerziele und bekannt wegen seiner kolossalen, 17 m hohen Statue des Heiligen **Gomatesvara**, die aus einem einzigen Steinblock gehauen wurde. Schon in vorchristlicher Zeit kamen Jainas aus der Gangesebene und ließen sich hier nieder. Auf dem kleinen Berg findet

man über 100 Gedenksteine zur Erinnerung an Jainas, die den Ritualtod durch zu Tode fasten starben. Im Lauf der Jahrhunderte wurden auch Jaina-*bastis* (Tempel) gebaut; einige, wie die **Chamundaraya Basti**, sind von historischem Interesse. Ende des 10. Jh. begann sich die Aufmerksamkeit auf die Spitze des größeren Berges zu richten, wo der Gomatesvara-Koloss 980 n. Chr. von Chamundaraya, einem Minister des Ganga-Königs, aufgestellt wurde. Alle 12 Jahre wird der große Gomatesvara in einer feierlichen Zeremonie gesalbt, die Tausende von Gläubigen aus ganz Indien anzieht, so 2005/2006.

## ★★Halebid

Die Hoysala-Tempel sind wegen ihrer reichen und kunstvollen Steinmetzarbeiten berühmt; keine andere Gruppe von indischen Tempeln hat derart aufwändigen Skulpturenschmuck. In den Jahren 1125 bis 1225 erbauten die Hoysala-Herrscher mehr als 100 Tempel. Die bedeutendsten befinden sich

*Oben: Wilder Elefant im Nagarhole-, Tiger im benachbarten Bandipur-Nationalpark. Rechts: Ein umherziehender Musikant.*

Foto: Jörg Reuther

neben Somnathpur (bei Mysore) in Halebid und Belur. Als Ausgangsbasis für die Besichtigung eignet sich **Hassan ❼**, mit guter Infrastruktur und Verkehrsanbindung.

★★**Halebid ❽** war die Hauptstadt der Hoysalas von der Gründung ihres Imperiums im 11. Jh. bis zu dessen Untergang im 13. Jh. Hier gibt es shivaitische, vishnuitische und Jaina-Tempel, die meisten davon wurden im 12. Jh erbaut. Der außergewöhnlichste ist der ★★**Hoysalesvara-Tempel** (s. Bild S. 8), dessen Bau 1125 begann. Er ist noch kunstvoller als der Tempel in Somnathpur. Er besaß einst Zwillingstürme, die jedoch nicht erhalten sind. Unter den **Skulpturen** findet man Elefanten, Pferde, Schwäne, Krokodile und andere Tiere sowie eine Schar von Musikern und Tänzern, über denen Götter und Göttinnen thronen. Der Tempel liegt inmitten von Gärten. Ein kleines **Museum** stellt Plastiken aus. Unter den Hoysalas sind Hunderte von Tempeln entstanden; bemerkenswert ist, dass einige Skulpturen signiert sind – in der indischen Kunst einmalig. Ebenfalls künstlerisch herausragend ist der kleinere **Kedaresvara-Tempel**, außerdem sind auch noch einige **Jaina**-Tempel mit feinen Steinmetzarbeiten zu besichtigen.

## ★★Belur

★★**Belur ❾** war ebenfalls eine Hauptstadt der Hoysalas. Der große Hoysala-Herrscher Vishnu Vardhana ließ den ★★**Chenna-Keshava-Vishnu-Tempel** (s. Bild S. 21) im Jahr 1117 erbauen. Traditionsgemäß war der König zwar ein Jaina, Vardhana wurde jedoch vor dem vielverehrten Heiligen Ramanuja zum Vishnuismus bekehrt. Der Tempel besitzt einen herrlich skulptierten **Eingang**; prächtige Friese mit Tieren, Reitern, Göttern und 38 Tänzerinnen („Konsolenmädchen") sind hier zu sehen. Die **Hallendecke** wie auch die gemeißelten **Pfeiler** sind ebenfalls äußerst kunstvoll gestaltet.

### Mangalore und Karnatakas Küste

**Mangalore ❿** ist seit Jahrhunderten eine der wichtigsten Hafenstädte der Westküste und Zentrum für den Export von Kaffee und Cashew-Nüssen. Die hügelige Stadt mit ihren verwinkelten Gassen hat einige interessante Tempel zu bieten. Der bedeutendste ist der **Manjunatha-Tempel**, berühmt wegen seiner **Lokeshvara-Bronzestatue**.

35 km nordöstlich von Mangalore ist **Mudabidri ⓫** ein weiteres bedeutendes Jaina-Zentrum. Besuchenswert unter den 18 Heiligtümern des Orts ist der im 15. Jh. erbaute **1000-Säulen-Tempel** wegen seinem „nepalesischen" Pagodendach.

**Udupi ⓬** ist ein hübscher Ort an der Küste, 58 km nördlich von Mangalore. bekannt als Vaishnava-Zentrum und wegen seines **Krishna-Tempels**.

Der uralte Pilgerort ★**Gokarna ⓭**, ca. 60 km südlich der Grenze zu Goa an der Küste gelegen, wurde erst vor wenigen Jahren von westlichen Reisenden „entdeckt". Beherrscht wird der aus nicht

Foto: Aleksandar Todorovic (Dreamstime)

mehr als zwei Straßen bestehende Ort von dem **Mahabaleshwara-Tempel**. Das Lingam im Inneren soll der Dämon Ravanna vom Berg Kailash, dem Wohnsitz Shivas, gestohlen haben. Ganesha, der elefantenköpfige Sohn von Shiva und Parvati, der den heiligen Phallus durch einen Trick zurückgewann, wird im benachbarten **Shri-Mahaganpati-Tempel** verehrt. Neben seiner religiösen Bedeutung für Hindus hat Gokarna wegen seiner vier herrlichen, einst von Hippies „entdeckten" ★**Strände** weiteres touristisches Potential; am **Om-Beach** ist ein Luxushotel entstanden. Gästehäuser bieten **Kudle Beach**, **Halfmoon Beach** und **Paradise Beach**.

Eine schöne Wanderung führt zu Indiens höchsten Wasserfällen, den **Jog Falls** ⑭ – am eindrucksvollsten im Monsun. 253 Meter tief stürzt der höchste der vier Fälle in große Becken, in denen man sich, umgeben von spektakulärer Landschaft, erfrischen kann.

Oben: Der Virupaksha-Tempel aus dem 9. Jahrhundert in Hampi.

## ★★Hampi (Vijayanagar)

★★**Hampi** ⑮ (**Vijayanagar**) zählt als eine der faszinierendsten Ruinenstädte der Welt zum UNESCO-Welterbe. Größter Ort in der Nähe ist **Hospet** (14 km). Die Granitlandschaft ist so schön wie die Ruinen; jedoch wird im Umfeld Granit abgebaut, was den Welterbestatus gefährdet. Die einstige Hauptstadt des Vijayanagar-Reichs hat ihren mythischen Ursprung als ein Schauplatz des *Ramayana*, des Hindu-Epos von Prinz Rama und seiner Gattin Sita. Hier am Fluss **Tungabhadra** soll Kishkinda, das Land des Affenkönigs sein, wo Rama den göttlichen Affengeneral Hanuman und den Affenkönig Sugriva traf.

Seit alter Zeit war hier eine Pilgerstadt zur Verehrung der Großen Göttin. Nachdem der vom Sultan in Delhi geschickte General Malik Kafur die alten Hindu-Dynastien Südindiens nacheinander besiegt hatte, gründeten zwei Brüder 1336 in der Stadt Vijayanagar das gleichnamige Reich als Bollwerk gegen die islamischen Eroberer aus dem

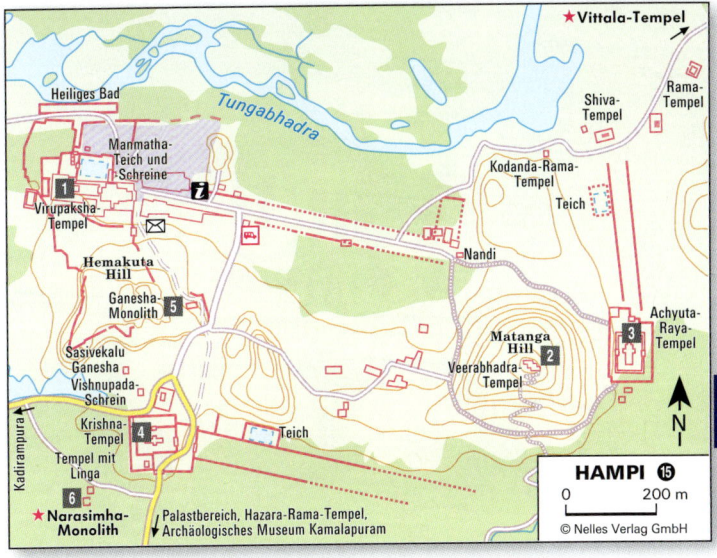

★ Vittala-Tempel

Heiliges Bad

Tungabhadra

Mammatha-Teich und Schreine

**1** Virupaksha-Tempel

**7**

Hemakuta Hill

Ganesha-Monolith **5**

Sasivekalu Ganesha

Vishnupada-Schrein

Krishna-Tempel **4**

Tempel mit Linga

★ Narasimha-Monolith **6**

Kadirampuram

Palastbereich, Hazara-Rama-Tempel, Archäologisches Museum Kamalapuram

Teich

Shiva-Tempel

Rama-Tempel

Kodanda-Rama-Tempel

Teich

Nandi

Matanga Hill **2**

Veerabhadra-Tempel

Achyuta-Raya-Tempel **3**

N

**HAMPI** **15**

0          200 m

© Nelles Verlag GmbH

Norden. Bald wuchs Vijayanagar zum bedeutendsten hinduistischen Reich Indiens heran. Über zwei Jahrhunderte bewahrten die Herrscher Vijayanagars den Großteil Südindiens vor muslimischer Herrschaft. Doch 1565 wurde die Stadt von der Konföderation der Dekkan-Sultanate zerstört; das Reich zerfiel.

Die Reste der alten Stadt Vijayanagar sind über ein 26 km² großes Areal verstreut, in das sich einige Dörfer eingenistet haben, darunter **Hampi Bazaar** mit seinen Restaurants und Gästehäusern und **Kamalapuram** mit dem sehenswerten kleinen **Archäologischen Museum**. Weitere kleine Gästehäuser mit Bungalows finden sich auf der anderen Seite des Tungabhadra.

Das Zentrum von Hampi Bazaar ist der vielbesuchte **Virupaksha-Tempel** **1** (9. Jh.), der noch immer dem Gottesdienst dient. Sein hoher Turm wurde im Jahr 1510 unter Krishnadevaraya erbaut. Der Tempel ist Shiva und der Göttin Pampadevi geweiht, den Familiengottheiten der Herrscher von Vijayanagar. Bis heute ist er ein Wallfahrtsort.

Die meisten Ruinen findet man auf dem rechten Ufer des Tungabhadra; vom **Matanga Hill** **2** sieht man hinab auf den Vishnu 1453 geweihten **Achyuta-Raya-Tempel** **3** mit seinen kunstvoll behauenen Steinsäulen und erhält einen Hampi-Gesamtüberblick. Jüngste Forschungen ergaben drei Hauptzonen: die heilige Stätte in den felsigen Außenbezirken mit einer Reihe von Tempeln, zum Teil aus dem 8. und 9. Jh.; der Stadtkern mit seinen Befestigungen, der von der heiligen Stätte durch Bewässerungskanäle und ein liebliches Tal mit grünen Feldern getrennt ist, und der königliche Bereich, der aus den Überresten des Palastes, Zeremonienbühnen, Wasserbecken, Wachtürmen und Ställen innerhalb von Einfriedungen besteht. Der ★**Vittala-Tempel** (1513) ist ein hervorragendes Beispiel der Baukunst von Vijayanagar. Ein Objekt von besonderem Interesse ist ein kleines Gebäude, das wie ein perfekt modellierter **Tempelwagen** aussieht; es beherbergt eine kleine Statue des Göttervogels Garuda, des Reittiers Vis-

» Plan S. 153, Info S. 157

hnus. Im Südwesten des Tempels steht ein hohes Steingebäude, das **Königs-Waage** genannt wird. Die Herrscher ließen sich dort an Festtagen gegen Gold und Juwelen aufwiegen, die dann unter Brahmanen und Armen verteilt wurden.

Der **Krishnatempel** 4 nahe dem **Hermakuta Hill** wurde 1510 unter Krishnadevaraya erbaut. Am Eingangsturm sind Stuckfiguren, einige davon stellen den König dar. Er soll erbaut worden sein, um ein Bildnis Krishnas aus Udayagiri aufzustellen.

Nördlich davon steht ein Monolith des Elefantengottes **Ganesh** 5. Südwestlich davon befindet sich eine großartige, fast 7 m hohe Monolith-Skulptur von Vishnu in seiner Erscheinungsform als ★**Narasingha** 6 (Mann-Löwe; 1529 von Krishnadevaraya gestiftet).

Der **Hazara Rama-Tempel** war der Haustempel der Könige und befindet sich in der königlichen Residenz. In den Granit sind Szenen aus dem *Mahabha-rata* und *Ramayana*, mit Tänzern und Kämpfern eingemeißelt. Im königlichen Bezirk fällt die riesige Plattform **Mahanavami Dibba** auf, auf der zum *Mahanavami*-Fest ein temporärer Schrein der Göttin Durga errichtet wurde. Die Plattform bietet eine überwältigende Aussicht auf die großen Doppelhallen, das terrassenförmige Wasserbecken, den Aquädukt auf Steinsäulen, die Gemächer der Fürsten und Adligen, die Münzstätte und Haremsgemächer. In der Nähe befinden sich der ★**Lotus Mahal** (Wohnbereich der Frauen des Hofes) und der **Elefantenstall**.

## ★★Badami, ★★Pattadakal und ★★Aihole

Im Norden Karnatakas befindet sich die alte Hauptstadt ★★**Badami** 16 (6. Jh.), deren Schutzlage sowohl von dem Chalukya-Herrscher Pulakesin I. als auch von Tipu Sultan genutzt wurde. Ein großes **Wasserbecken** (5. Jh.), von roten Sandsteinfelsen umrahmt, verleiht Badami sein reizvolles Ambiente.

Oben: Tempel in Prozessionswagenform im Hof des Vittala-Tempels, Hampi. Rechts: Badami.

An der Felswand, die steil am Süden-
de des Beckens aufragt, befinden sich
vier aufeinander folgende ★★**Höhlentempel**, alle in der Tradition der Architektur, wie man sie auch in Ajanta und
Ellora fand, angelegt. In den Höhlen
befinden sich rechteckige Hallen mit
Heiligtümern im hinteren Teil. Die Bild-
hauerarbeiten an Decken und Stütz-
pfeilern und die ★★**Skulpturen** – die
des tanzenden Shiva (**Höhle 1**); von
Vishnu als *Trivikrama* wie er das Weltall
misst und von Durga, den büffelköpfigen Dämon erstechend (**Höhle 2**) und
Vishnu in seiner Eberinkarnation (**Höhle
3** – die schönste und größte) – gehören
zu den besten Indiens. **Höhle 4** widmet
sich den Jaina-Heiligen.

Am anderen Seeufer steht ebenfalls
eine Tempelgruppe. Der ★**Malegitti
Shivalaya** krönt die Bergspitze. Im **Ba-
dami-Museum** sind viele interessante
Skulpturen untergebracht, darunter das
seltene Bild einer nackten, sitzenden
Göttin mit einem Lotoskopf. Solche Figuren aus der Zeit vom 1. Jh v. Chr. bis
zum Mittelalter waren einst in ganz Indien verbreitet. Gegenüber dem Museum liegt ein Gesteinsbrocken mit einer
Pallava-Inschrift von Mamalla I. aus dem
7. Jh.

An den Ufern des Malaprabha, in
★★**Pattadakal** ⑰ (30 km von Badami, Bild S. 34/35) steht eine Reihe von
Tempeln, die zum UNESCO-Welterbe
zählen (s. Bild S. 61). Ihre Anzahl
deutet an, dass dies einst ein Platz von
großer Wichtigkeit war. Experten zufolge wurden hier die Chalukya-Herrscher
gekrönt; der Name Pattadakal weist darauf hin. Alle Tempel wurden von Cha-
lukya-Herrschern erbaut, manche im
südlichen Stil, andere mit im nördlichen
Stil sich oben verjüngenden Shikara-
Türmen. Nur wenige Tempel sind genau
datiert. Der **Sangamesvara-Tempel**
wurde 750 n. Chr. von Vijayaditya erbaut, der **Virupaksha-Tempel** der Königin Lokamahadevi, um an des Königs
siegreiche Expedition in die Hauptstadt
der Pallavas zu erinnern. Man glaubt,

Foto: Volkmar E. Janicke

**6**

**Karnataka**

dass Künstler aus dem eroberten Kanchipuram an diesem Tempel arbeiteten,
da er dem dortigen Kailasanatha sehr
ähnelt. Mit seinen außergewöhnlich
schönen **Skulpturen**, einem Nandi
Mandapa und einem eindrucksvollen
Innenhof ist der Virupaksha der erha-
benste Tempel von Pattadakal. Seine
Schönheit wird noch dadurch gestei-
gert, dass an seinem Eingang der Malaprabha vorbeifließt.

In ★★**Aihole** ⑱ (20 km von Pattadakal) befinden sich viele Jaina- und
Hindu-Tempel, im Stil sehr unterschiedlich – von Höhlentempeln bis hin zu
freistehenden Gebäuden. Der aus dem
Fels gehauene Höhlentempel ★**Rava-
la Padi** beherbergt eine der schönsten
Darstellungen des tanzenden **Shiva**
und der acht göttlichen Mütter. Der
★**Ladkhan-Tempel** gilt aufgrund seiner archaischen Bauweise und Planung
als eines der frühesten Bauwerke Südindiens. Der ★**Durga-Tempel**, einst halb-
kreisförmig geplant, ist der beeindru-
ckendste; er birgt u.a. bemerkenswerte
Vishnu-Skulpturen.

## ★Bijapur, Gulbarga, ★Bidar

★**Bijapur** ⑲, 120 km nördlich von Aihole, legt mit seinen Bauten Zeugnis ab von der Muslimherrschaft auf dem Dekkan. Yusuf Adil Shah gründete im 15. Jh. das Sultanat Bijapur. ★**Gol Gumbaz**, das Mausoleum von Mohammad Adil Shah, wurde 1659 vollendet und berühmt, weil seine imposante Kuppel (44 m) damals die größte der Welt war. Die bezaubernde ★★**Ibrahim Rouza**, die Ibrahim Adil Shah II. für seine Königin Taj Sultana erbauen ließ, wurde 1627 zu seinem eigenen Mausoleum. Auch ★**Jami Masjid** (Große Moschee) und **Asar Mahal** (Gerichtshalle) sind sehenswert. Eine verfallene **Zitadelle** steht im Herzen der Stadt: **Gagan Mahal** (1561) und **Jal Manzil** (Wasserpavillon) lassen deren einstige Pracht erahnen. Am westlichen Stadtrand sieht man auf der Stadtmauer die **Malik-e-Maidan**, eine 55 t schwere Kanone (1549).

*Oben: Die Ibrahim Rouza in Bijapur, bezauberndes Beispiel islamischer Architektur.*

**Gulbarga** ⑳, 158 km nordöstlich von Bijapur, war im 14. Jh. die Hauptstadt des bahmanidischen Königreiches. Innerhalb der Festungsruinen befindet sich die – was in Indien einmalig ist – komplett überdachte Hallenmoschee ★**Jami Masjid** mit 80 Kuppeln.

Ahmed Shah Bahmani (1422-1435) machte ★**Bidar** ㉑, im Nordosten Karnatakas, zu einer Hauptstadt des Bahmanidenreichs, aus der schließlich ein eigenes Sultanat entstand. Innerhalb seiner großen ★**Festung** aus dem 15. Jh. stehen eindrucksvolle Bauwerke wie ★**Rangin Mahal**, **Chini Mahal** und **Turkish Mahal**. Weitere Sehenswürdigkeiten sind die Ruine der einst mit bunten Fliesen verzierten **Koranschule des Mahmud Gawan** und die außerhalb gelegenen Sultansgräber. Besonders das **Grab Ahmad Shahs** ist wegen seiner Kuppel und alten Wandmalereien sehenswert. Die Stadt ist für das nach ihr *Bidri* benannte Kunsthandwerk berühmt – mit Silbereinlegearbeiten verzierte Metallgefäße werden noch in der **Chowbara Road** gefertigt.

## Bangalore (☎ 080)

ℹ️ **India Tourism Office**, KFC Bldg., 48 Church St., Tel. 5585417. **KSTDC**, 10/4 Kasturba Rd., Tel. 2212901. Information: Bangalore Airport, Tel. 571467. Bahnhof, Tel. 70068.

🛫 *FLUG*: Flüge von Bangalore nach Chennai, Delhi, Goa, Hyderabad, Kolkata, Kochi, Mumbai, Pune, und Thiruvananthapuram, sowie internationale Flüge nach Singapur, Bangkok, Bahrein, Sharjah, Muscat, sowie mit Lufthansa nach Frankfurt.
*BAHN / BUS*: Verbindungen mit allen Hauptstädten in Süd- und Zentral-Indien.

🍴 *SÜDINDISCH*: **Amaravathi**, 45/3 gute Andhra-Küche, Residency Cross Rd., Tel. 5585140. **Chalukma**, Race Course Rd., leckere vegetarische Gerichte.
**Coconut Grove**, sehr hübsch eingerichtet, Kerala-/Goa-Küche (scharf, mit Kokosöl), Spencer Building, Church Str.
**Ulla's Refreshments**, exzell. südind. vegetarische Küche u. Snacks, freundlich, M.G. Rd.
*CAFÉS*: **Café Max**, gute deutsche/europäische Küche, Kaffee und Kuchen, nettes Ambiente, im Max-Mueller-Bhawan, Lavelle Rd.
**Café Coffee Day**, M.G. Rd. u. **Barista Coffee Bar**, St. Mark Str.: sauber u. gut.

🏛️ **Government Museum** (Tel. 2864483) und **Venkatappa Art Gallery**, Kasturba Rd., 10-17 Uhr, Mo geschl.
**Visveswaraya Museum of Science and Technology**, 9.30.-18.30 Uhr, Mo geschl, Kasturba Rd. **Trade Centre**, nebenan, Kunsthandwerk der Region.

➕ **Bowring and Lady Curzon Hospital**, Hospital Rd., Tel. 5591362. **Mallya Hospital**, Vittal Mallya Rd., Tel. 2277979.

## Mysore (☎ 0821)

ℹ️ **Department of Tourism Office**, Old Exhibition Bldg., Irwin Rd., Tel. 422096.

🛫 *FLUG*: Der nächste Flughafen ist Bangalore.
*BAHN UND BUS*: Verbindungen mit Bangalore, Chennai und anderen Hauptstädten.

🍴 *INDISCH*: **Paras Restaurant**, Sayyagi Rao Rd.
**Ritz**, Bangalore-Nilgiri Rd., Nähe Central Bus Station. **Goverdhan**, gute vegetarische Küche, Sri Harsha Rd.
*CHINESISCH*: **Shanghai**, Vinoba Rd. Gute China-Restaurants auch in den Hotels Metropole, Southern Star und King's Court.

🏛️ **Maharaja's Palace and Museum**, 10-17 Uhr.
**Railway Museum**, für Eisenbahnfans, 10-13, 15-17 Uhr, Mo geschl., K.R.S. Road. **Maharaja's Palace (Amba Vilas)**, 10-17.30 Uhr, Tel. 434425.

🎉 **Jan-April**: *Wagenfest* in Srirangapatnam (16 km von Mysore). *Banashankari* Tempelfest nahe Badami. *Purandaradasa Aradhana* beim Vittala-Tempel (Hampi). *Virupaksa-Tempelwagen-Fest* in Hampi und Pattadakal. *Siddheswara*-Tempelfest (Bijapur). *Wagenfest* des Ramalinga-Tempels (Aihole). *Karaga*-Fest in Bangalore. *Wagenfest* im Chennakesava-Tempel (Belur) statt.
**Sept-Dez**: Das 10-tägige *Dussehra*-Fest (Sept-Okt) wird in Mysore prunkvoll gefeiert. Im Chamundeswari-Tempel (Chamundi Hill) findet während dieser Zeit ein *Floß*- und *Wagenfest* statt. *Erdnuss-Volksfest* im Bullentempel von Bangalore (Nov).

👉 **Devaraja Market**, Früchte- und Gemüsemarkt an der Sayyaji Rao Rd., sehr authentischer, farbenprächtiger Markt.
**Chamundi Hill**, zu erreichen südöstlich von Mysore über eine 13 km lange Straße oder den Pilgerweg mit 1000 Treppenstufen; auf dem Gipfel der Sri Chamendshvari Tempel (tgl. 8 bis 12 und 17 bis 20 Uhr).

## Hampi

🍴 **Mango Tree**, wunderschön gelegenes Restaurant unter einem großen alten Mangobaum, auf der Ruinenseite des Tungabhadra, hinter den Badeghats und der Bootübersetzstelle gelegen.

6

Karnataka

Charminar und Mecca-Masjid gehören zu den Wahrzeichen von Hyderabad

Foto: Shalini Saran

## ANDHRA PRADESH UND TELANGANA

**Andhra Pradesh** (160 000 km²) reicht von der Koromandelküste bis ins Herz des Dekkan-Hochlands. **Telangana** (114 000 km²) im hügeligen Norden am Oberlauf des Godavari – ein rückständiges Gebiet – hat sich 2014 als eigener Bundesstaat von A. P. abgespalten, als die gemeinsame Hauptstadt fungiert allerdings noch bis etwa 2024 Hyderabad. Telugu ist hier seit dem 4. Jh. die Hauptsprache. Telugu ist eine drawidische Sprache, aber mit einem größeren Anteil Sanskrit als Tamil oder Kannada. Seit Beginn der islamischen Herrschaft im 14. Jh. wird von der muslimischen Minderheit das indoarische Urdu als Muttersprache gesprochen. Andhra war einst ein bedeutendes Zentrum von Buddhismus und Hinduismus und später des Islams.

### ★★Hyderabad

★★**Hyderabad** ㉒ (6,8 Mio. Einwohner), derzeit Hauptstadt zweier Staaten, mit dem höchsten Muslimanteil aller indischen Millionenstädte (40 %), wird wegen seiner boomenden, in *Hitec City* konzentrierten Software-Industrie auch „Cyberabad" genannt. Die moderne, in schöne Landschaft eingebettete Stadt wurde Ende des 16. Jh. von Muhammad Quli Qutb Shah gegründet und ist nach seiner Gattin Hyder Mahal benannt. 1687 eroberte Mogul-Kaiser Aurangzeb die Stadt. 1725 machte sich dort sein Vizekönig, Nizam-ul-Mulk, unabhängig, erhob Hyderabad zu seiner Residenzstadt und gründete die Asaf-Shahi-Dynastie, deren „Nizams von Hyderabad" knapp 225 Jahre lang über ein riesiges Gebiet regierten. Der sechste Nizam Mir Mahbub blieb wegen seines Charismas

---

Links: Die in Andhra Pradesh weit verbreitete, ursprünglich nomadisierende Banjara-Ethnie ist berühmt für ihre kunstvoll verzierten Gewänder.

und seines aufwändigen Lebensstils unvergessen. Der siebte und letzte Nizam, Osman Ali Khan (1886-1967), war dank der legendären Diamantenminen von Golkonda und seiner Steuereintreiber der reichste Mann der Welt – mit den ärmsten Untertanen. Als ranghöchster Prinz Britisch-Indiens führte er sein Reich in die Moderne. Anfang des 20. Jh. war Hyderabad das größte Fürstentum Indiens, mit eigener Währung, Postwesen, Eisenbahn, Fluggesellschaft und Rundfunk. Der Nizam war eng mit den Briten verbunden und schenkte Königin Elisabeth II. zu ihrer Hochzeit eine Tiara und Kette (mit 38 Diamanten) von Cartier. Während die meisten Fürstentümer nach der Unabhängigkeit freiwillig der Indischen Union beitraten, musste der Nizam, der als Muslim mit Pakistan sympathisierte, dazu gezwungen werden. Die Hälfte seines märchenhaften Vermögens durfte er behalten, auch seinen Harem – mit 86 Konkubinen zeugte er 100 Söhne; Prozesse um sein Erbe werden bis heute geführt. Hyderabad wurde 1956 zur Hauptstadt von Andhra Pradesh.

Die **Altstadt** mit ihren bunten Basaren und Hyderabads Wahrzeichen, dem Charminar, liegt südlich des Musi River. Nördlich davon erstrecken sich die Viertel **Abids** und **Nampally** mit Hotels, Touristeninformation, Hauptpost und Banken. Der **Hussain-Sagar-See** trennt den alten, muslimisch geprägten Stadtteil Hyderabad von dem 1806 als britisches Cantonment gegründeten Stadtteil **Secunderabad** mit dem Bahnhof.

Mitten im Getümmel der Altstadt steht der ★**Charminar** ① (s. Bild S. 69). Dieser Triumphbogen wurde vom Stadtgründer erbaut, um an das Ende der Pest 1593 zu erinnern. Der mit vier Minaretten versehene Bau ist 60 m hoch. Im Obergeschoß befindet sich eine **Hofmoschee**. Seine Architektur ist typisch für den Qutb-Shahi-Stil.

Westlich des Charminar kann man sich im Herzen der Altstadt in das Gassengewirr des **Laad-Bazaar** ② stürzen.

**» Karte S. 146-147, Stadtplan S. 163, Info S. 173**

6

Andhra Pradesh und Telangana

Foto: Helmut Köllner

Oben: Verkehrsgetümmel am Charminar.

Angeboten wird hier u.a. Kunsthandwerk wie *ikat*-Stoffe, *poccampalli*- und *venkatagi*ri Saris, *bidri*-Waren (Silberfäden eingelegt in Bronze), Steinreifen und lackierte *kondapalli*-Puppen.

Die Stadt ist seit der Zeit der Qutb Shahi-Herrscher auch berühmt wegen ihrer Perlen. Der wichtigste **Perlenmarkt** befindet sich in den Gassen rund um den Charminar. Einstmals wurden Perlen bis aus Basra zur Wertbestimmung hierher gebracht, heute stammen sie hauptsächlich aus Japan.

Südwestlich des Charminar befindet sich die Hauptmoschee der Stadt, ★**Mecca Masjid** ③. Sie wurde 1614 n. Chr. von Qutb Quli Shah begonnen, aber erst 1687 fertiggestellt; sie ist eine der größten Moscheen der Welt.

Auf einer Anhöhe, 4 km vom Charminar in Richtung Süden, prangt der ★**Falaknuma-Palast**. Er wurde 1870 vom Nawab Vikar-Ul-Ulmara, dem Premierminister Hyderabads, als Gästehaus errichtet. Man behauptet, dass meh-

rere Geschäfte in Europa leergekauft wurden, um sein extravagantes Inneres auszuschmücken. In der luxuriösen Empfangshalle standen einst Vitrinen mit Schätzen aus Diamant, Smaragd und Kristall. Seit dem Jahr 2010, nach langjähriger Restaurierung, nutzt die Taj-Gruppe den Palast nun als **Luxushotel** (Besichtigung nur in Verbindung mit Lunch/Dinner/High Tea.)

Einer der größten Zoos Asiens, der **Nehru Zoological Park**, erstreckt sich 4 km südwestlich des Charminar über eine Fläche von 1,2 km² angelegter Parklandschaft. Über 250 Arten leben in großen Gehegen. Es gibt einen - Löwen-Safaripark, ein Naturhistorisches Museum, eine Abteilung mit prähistorischen Tieren und ein abgedunkeltes Aviarium mit Vögeln der Nacht – sowie für Kinder eine Miniatureisenbahn.

Berühmtheit erlangte die Stadt jedoch durch den Mann, nach dem das **Salar Jung Museum** ④ benannt ist: Mit der Benzoni-Skulptur **Die verschleierte Rebecca**, die er 1867 erstand, begann Salar Jung I., eine der größten Kunst-

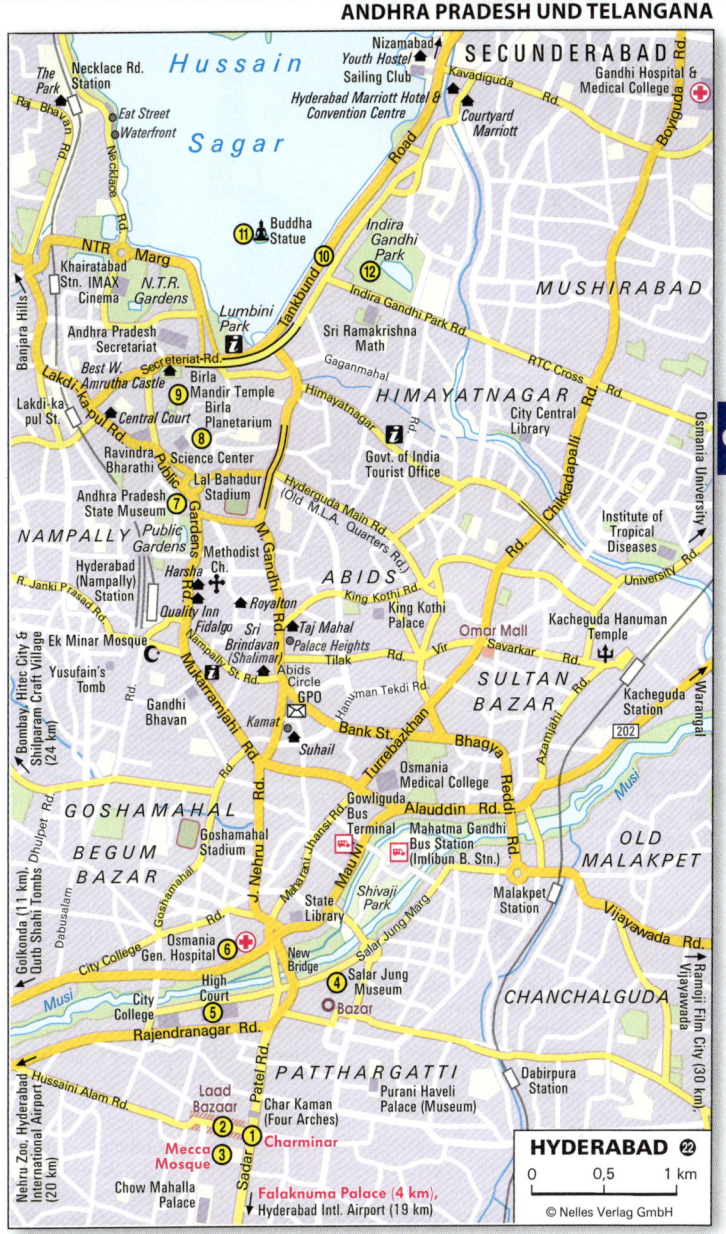

HYDERABAD

The Park · Necklace Rd. Station · Eat Street · Waterfront · Raj Bhavan Rd. · Necklace Rd.

*Hussain Sagar*

Nizamabad · Youth Hostel · Sailing Club · Hyderabad Marriott Hotel & Convention Centre

SECUNDERABAD · Kavadiguda Rd. · Gandhi Hospital & Medical College · Courtyard Marriott · Boiguda Rd.

Buddha Statue · ⑪ · Lumbini Park · i

Indira Gandhi Park · ⑩ · ⑫ · Indira Gandhi Park Rd. · Tankbund

MUSHIRABAD

NTR Marg · Khairatabad Stn. IMAX Cinema · N.T.R. Gardens · Banjara Hills · Lakdi Ka Pul Rd. · Lakdi-ka-pul St. · Andhra Pradesh Secretariat · Secretariat Rd. · Best W. Amrutha Castle · Birla · ⑨ Mandir Temple · Birla Planetarium · Central Court · ⑧ · Ravindra Bharathi · Science Center · Public Gardens

Sri Ramakrishna Math · Gaganmahal · Himayatnagar Rd. · HIMAYATNAGAR · City Central Library · RTC Cross Rd. · Osmania University · Chikkadapalli Rd. · Institute of Tropical Diseases · University Rd.

NAMPALLY · Public Gardens · Lal Bahadur Stadium · ⑦ · Andhra Pradesh State Museum · M. Gandhi Rd. · Methodist Ch. · Harsha · Royalton · Nampally Rd. · Quality Inn · Fidalgo · Sri Brindavan (Shalimar) · Ek Minar Mosque · R. Janki Prasad Rd. · Yusufain's Tomb · Bombay/Hitec City & Shilparam Craft Village (24 km) · Gandhi Bhavan · Muharramjahi Rd. · Kamat · Suhail

Hyderguda Main Rd. (Old M.L.A. Quarters Rd.) · ABIDS · King Kothi Rd. · Taj Mahal · Palace Heights · Tilak · Abids Circle · GPO · Hanuman Tekdi Rd. · Bank St. · Turrebazkhan · Osmania Medical College · Gowliguda Bus Terminal · Alauddin · Mahatma Gandhi Bus Station (Imlibun B. Stn.)

Govt. of India Tourist Office · i · King Kothi Palace · Omar Mall · Savarkar · Vir Rd. · Kacheguda Hanuman Temple · SULTAN BAZAR · Azampura Rd. · Bhagya Reddy · Kacheguda Station · 202 · Warangal Rd.

GOSHAMAHAL · BEGUM BAZAR · Goshamahal Stadium · Dhulpet Rd. · Dabusalam · Golkonda (11 km), Qutb Shahi Tombs · City College Rd. · Musi · J. Nehru Rd. · State Library · Shivaji Park · Salar Jung Marg · OLD MALAKPET · Malakpet Station · Vijayawada Rd. · CHANCHALGUDA · Ramoji Film City (30 km), Vijayawada

Osmania Gen. Hospital · ⑥ · New Bridge · High Court · ⑤ · Salar Jung Museum · ④ · Bazar · City College · Rajendranagar Rd.

Nehru Zoo, Hyderabad International Airport (20 km) · Hussaini Alam Rd. · Patel Rd. · Sadar Patel Rd. · Laad Bazaar · ② · ① Charminar · Char Kaman (Four Arches) · Mecca Mosque · ③ · Chow Mahalla Palace · Falaknuma Palace (4 km), Hyderabad Intl. Airport (19 km)

PATTHARGATTI · Purani Haveli Palace (Museum) · Dabirpura Station

HYDERABAD ㉒

0 · 0,5 · 1 km

© Nelles Verlag GmbH

Foto: Helmut Köllner

sammlungen der Welt aufzubauen. Im Lauf von drei Generationen sammelten sich hier Zehntausende Kunstgegenstände an, einschließlich des Toilettentisches von Marie Antoinette.

Westlich der Brücke über den Musi River sieht man am Südufer den **High Court** ⑤ und gegenüber am Nordufer das **Osmania General Hospital** ⑥, zwei beeindruckende Gebäude im indo-sarazenischen Stil.

Im Nampally-Viertel nördlich der Bahnstation sind im **Andhra Pradesh State Museum** ⑦ alte buddhistische Steinreliefs aus der Region, unter anderem auch eine Buddhareliquie, ausgestellt. Zudem sind Bronzen, Kunsthandwerk, Malerei und eine eigene Galerie für Jainstatuen zu besichtigen.

Etwas weiter nördlich auf einer Anhöhe werden im **Birla-Planetarium** ⑧ täglich Führungen in verschiedenen Sprachen angeboten.

Auf dem benachbarten Hügel thront der **Birla-Mandir-Tempel** ⑨ aus weißem Marmor. Ein Besuch dieser populären Pilgerstätte lohnt besonders zum Sonnenuntergang, wegen des tollen Blicks über die Stadt und den **Hussain-Sagar-See** im Norden – aus Sicherheitsgründen ist jedoch die Mitnahme von Mobiltelefonen oder Kameras verboten.

Die Gegend um den künstlichen See eignet sich gut, um dem Trubel der Altstadt zu entgehen. Nördlich des **IMAX-Kino** liegt, direkt am westlichen Seeufer, der beliebte Foodcourt **„Eat Street"** mit seinen kleinen Lokalen. Etwas teurer ist das moderne **Waterfront Restaurant** daneben, in dem ein thailändischer Chefkoch am Herd steht.

**Tankbund Road** ⑩ am Ostufer ist die **Flaniermeile** der Stadt. Bei Sonnenuntergang treffen sich hier die Einheimischen, Souvenir- und Essensverkäufer bieten ihre Waren an. An der Uferpromenade stehen Skulpturen historischer Persönlichkeiten, und von hier aus hat man auch einen guten Blick auf die Hauptattraktion des **Hussain Sagar**:

---

Oben: Im Laad-Bazaar. Rechts: Buddhastatue im Hussain-Sagar-See. Ganz rechts: Salar Jung (1829–1883), Hyderabads erster Kunstsammler.

Foto: Mahantesh C Morabad (Dreamstime)

Foto: Duncan P Walker (iStockphoto)

SIR SALAR JUNG.

6

**Andhra Pradesh und Telangana**

Inmitten dieses Sees steht eine 17,5 m hohe und 350 Tonnen schwere **Buddha-Statue** ⑪. Wer sie aus der Nähe betrachten möchte, kann eine 30-minütige **Bootsfahrt** ab **Lumbini-Park** am Südufer des Hussain Sagar machen.

Im **Indira Gandhi Park** ⑫ östlich der Tankbund Road spenden große alte Bäume Schatten. Es gibt auch einen kleinen See mit Bootsverleih.

Der beste Ort, um das typische *Hyderabad-Mutton-Biryani* zu probieren, ist das legendäre **Paradise Restaurant** in Secunderabad (SD Road/MG Road): Auf drei Etagen wird Biryani in unterschiedlichem Ambiente angeboten.

Zur Fastenzeit ist Hyderabad berühmt für köstliches *haleem* – einen Brei aus Fleisch, Weizen und Linsen.

28 km südwestlich des Zentrums, in Venkannaguda, weihte der hindunationalistische Premierminister Modi 2022 die monumentale **Statue Of Equality** des sitzenden Hindugelehrten **Ramanuja** ein. 65 m hoch und goldfarben soll sie die Gleichheit aller Religionen symbolisieren.

## TELANGANA

### ★★Golkonda

★★**Golkonda** ㉓ (11 km westlich von Hyderabad) war die Machtbasis der von dem turkmenischen Sultan Qutb Quli Shah begründeten Qutb-Shahi-Dynastie. Er war Gouverneur von Telangana während des zentralindischen Bahmani-Sultanats. 1512 erklärte er sich für unabhängig, machte Golkonda zu seiner Residenz und profitierte auch von den Diamantenminen in seinem Reich. 1590 erhielt das neu gegründete Hyderabad die Hauptstadtfunktion. Teile des mächtigen **Golkonda Fort** stammen noch von früheren Hindu-Dynastien, die meisten Baudenkmäler in und um das Fort entstanden jedoch zur Zeit der schiitischen Qutb-Shahi-Herrscher. Den letzten Qutb Shahi besiegte der Mogul Aurangzeb 1687. In Golkonda wurden bis ins 19. Jh. die in Minen wie Kollur gefundenen Diamanten geschliffen und gehandelt – einige erlangten Weltruhm, befeuerten Kriege und Intrigen.

≫ **Stadtplan S. 163, Karte S. 146-147, Info S. 173**

Foto: David Watts Jr (Dreamstime)

Eine Besichtigung Golkondas ist ein Muss. Schon von weitem erkennt man die einstige Pracht und Stärke der Festung. Die auf einem etwa 120 m hohen Granithügel errichtete Zitadelle ist dreifach von Schutzwällen umgeben, die aus riesigen Blöcken gemauert und mit Zinnen bewehrt sind. Die Außenmauer verlief über 11 km am Fuß des Hügels entlang. Die riesigen, massiven und reich verzierten Holztore sind mit spitzen Eisenbeschlägen versehen, um Kriegselefanten aufzuhalten. Ein komplexes Wasserversorgungssystem mit Röhren und eine erstaunliche Akustik innerhalb der Zitadelle zeugen von hochentwickeltem Ingenieurswesen. Selbst Händeklatschen im Vorhof hinter dem **Balahisar-Tor** ist in der gesamten Festung bis hinauf zur **Durbar Hall** zu hören. Von diesem mehrgeschossigen Repräsentationsbau am Gipfel des Hügels, am Ende eines steilen Treppenaufstiegs, hat man eine fantastische **Aussicht** über Golkonda und die Landschaft der Umgebung. Es werden Führungen durch die Festung angeboten, und **Sound-and-Light-Shows** lassen die hochdramatische Geschichte Golkondas wieder aufleben.

Vom Balahisar-Tor kann man 1,5 km nordwestwärts zu den ★**Gräbern der Qutb-Shahi-Dynastie** wandern. Diese anmutig gewölbten und reich verzierten Grabmäler sind von gepflegten **Gärten** umgeben. Die höchste Lotoskuppel besitzt das über 50 m hohe **Mausoleum von Quli Qutb Shah**.

## ★Warangal

★**Warangal** ㉔ (135 km nordöstlich von Hyderabad) war einst als Ekasilanagar bekannt. Vom 12. bis zum 14. Jahrhundert war es die Hauptstadt der hinduistischen Kakatiya-Dynastie, danach geriet es unter die Herrschaft des Sultanats von Delhi. Hier befinden sich zwei bemerkenswerte Gruppen von Bauwerken, zu denen mehrere Tempel

Oben: Mächtige Mauern – das muslimische Golkonda-Fort. Rechts: Die Qutb-Shahi-Gräber bei Golkonda.

Foto: James Davidson (iStockphoto)

und ein **Fort** mit drei Ringwällen gehören. Im Zentrum liegen die **Ruinen eines Shiva-Tempels** mit vier reich ornamentierten Toren von bemerkenswerter Anmut.

In **Hanamokonda** ㉕, 3 km nordwestlich, steht der berühmte **1000-Säulen-Tempel**, um 1160 n. Chr. von König Pratapa Rudra errichtet. Er besteht aus einem dreifachen Heiligtum, gebaut über mehrere gestufte Plattformen und verbunden mit einer Haupthalle. Die drei Tempel sind Shiva, Vishnu und Surya, dem Sonnengott, gewidmet. Die Halle mit ihren 300 prächtig geschmückten Säulen ist am faszinierendsten.

Der schönste Tempel der Gegend ist der ★**Ramappa-Tempel** von 1234 in **Palampet** ㉖ (60 km nordöstl. v. Warangal). Die gemeißelten Figuren der graziös tanzenden Mädchen zeugen von der Tanzkunst am Hof der Kakatiyas. Hier hat einst Jaya, ein General und Minister des Kakatiya-Herrschers Ganapatideva, im 13. Jh. die *Nrittaratnavali*, eine berühmte Abhandlung auf Sanskrit über den indischen Tanz geschrieben.

## ANDHRA PRADESH

### Masulipatam

Die Küstenstadt **Machilipatnam** ㉗ (Masulipatam) ist wegen ihrer *kalamkari* (handbemalte Stoffe) bekannt. Diese Stoffe waren die Hauptattraktion für westliche Händler im 17. Jh., die ihn als **Chintz** kannten. Der Baumwollstoff muss mit Ätzwasser behandelt werden, bevor man ihn färben kann. Da man bei dieser Technik eine *kalam* (Feder) benutzt, wurde er *kalamkari* genannt. Die verwendeten Farben sind Pflanzenfarbstoffe. Der Mogul-Kaiser Aurangzeb ließ das Innere seiner Zelte mit Chintz dekorieren. Persische und europäische Händler des 17. Jahrhunderts vergaben Aufträge an die Kunsthandwerker Masulipatams. Einige westliche Museen zählen *kalamkari*-Stoffe aus Masulipatam zu ihren Ausstellungsstücken.

Bis heute gibt es Kunsthandwerker-Familien in Masulipatam, die *kalamkari*-Stoffe in der Tradition ihrer Vorfahren herstellen. Die Muster sind traditionell

*Foto: Julia Zieglmaier*

und stellen oft Szenen aus Heldenepen wie dem *Mahabharata* und *Ramayana* dar.

### Vijayawada

**Vijayawada** ❷❽ ist eine der größeren Städte von Andhra Pradesh. Im Mittelalter wurde sie Rajendra Cholapuram, nach dem Cholakönig Rajendra I., genannt. Sie ist von zahlreichen Hügeln umgeben, die bedeutendsten sind **Kanaka Durga** und **Sitanagaram**. In dieser Gegend verehrt man die Gottheiten Kanaka Durga und Mallesvara Shiva. Kürzlich wurde auf dem Hügel der Kanaka Durga eine bemerkenswerte Tafel – wahrscheinlich aus dem 3. Jh. – gefunden, auf der eine Reihe von Göttern und Göttinnen, ein *linga* sowie eine stehende Göttin mit einem Lotoskopf dargestellt sind; somit scheint die Kunstgeschichte dieser Gegend sehr

viel älter zu sein, als man bisher allgemein angenommen hatte.

Es gibt einige **Höhlentempel**, ähnlich den Pallava-Höhlen von Mamallapuram. Man findet sie am Nordufer des Flusses in **Mogalrajapuram** (3 km östlich), in **Vijayawada** selbst sowie in **Undavalli** ❷❾ im Bezirk Guntur, wo Vishnu in seiner ruhenden Position dargestellt ist. Sie scheinen im 6. Jh. geschaffen worden zu sein; für den verwitterten Zustand der Skulpturen ist wohl der weiche Fels verantwortlich. Die meisten dieser Höhlen sind shivaitisch, die obere **Akkanna Madanna-Höhle** in Vijayawada wird als die älteste angesehen.

### Amaravati und ★Nagarjunakonda

Nagarjunakonda und Amaravati waren einst zwei der bedeutendsten Zentren der buddhistischen Welt und erlebten ihre Blütezeit zwischen dem 3. Jh. v. Chr. und dem 4. Jh. n. Chr. **Amaravati** ❸⓿ (30 km westlich von Vijayawada), das neben anderen buddhistischen Bauwerken auch einen riesigen, mit Reliefs

Oben: Bei der Arbeit im Nassreisfeld. Rechts: Dieser Tempelelefant segnet Gläubige und sammelt damit Spenden.

Foto: Werner Mlyneck

versehenen Marmorstupa (1. Jh. n. Chr.) besaß, wurde um 1890 als Steinbruch genutzt; was übrig blieb, wurde ins Madras-Museum und ins British Museum nach London gebracht.

Wenn man den Krishna-Fluss weiter hinauffährt, gelangt man zum **Nagarjunasagar-See**, ungefähr 170 km von Hyderabad und Vijayawada entfernt. Ein Tal, auf drei Seiten von Hügeln umgeben, wurde ★**Nagarjunakonda** ③ genannt, nach dem großen buddhistischen Philosphen Nagarjuna, der im 2. Jh. n. Chr. lebte. Als Vijayapuri war es die Hauptstadt der Ikshvaku-Dynastie, die im 3. Jh auf die Satavahanas folgte und diese Gegend mehr als 150 Jahre lang regierte. Die Könige waren Hindus und bauten ihre Tempel für Shiva, Vishnu und Karttikeya; die Königinnen waren buddhistisch. Ausgrabungen brachten eine gut angelegte Hauptstadt ans Licht, mit einem von Wällen umgebenen Palast und einem Bade-Ghat. Sie besaß ein Einkaufszentrum und ein Amphitheater, in dem 1000 Besucher Platz fanden. Experten vermuten, dass der Theaterbau von römischer Architektur inspiriert war. Er umschließt einen rechteckigen Platz für Musik und Tanz, aus Backstein gebaut und von Steinen umgeben. Außerdem fand man eine öffentliche Versammlungshalle und einen Verbrennungsplatz.

Bekannter ist Nagarjunakonda jedoch seiner buddhistischen Vergangenheit wegen. Dieser Platz, wohl einer der bedeutendsten archäologischen Fundorte des Landes, wurde im Jahr 1926 entdeckt. Bevor die durch den Bau des größten Steindamms der Erde entstehende Nagarjunasagar das Gebiet 1960 überschwemmte, wurde eine große Rettungsaktion eingeleitet, ein Teil der Fundstücke wurde entfernt, wieder zusammengefügt und im **Nagarjunakonda-Museum** auf einer Insel im See untergebracht (darunter einige kunstvolle Buddhastatuen). Zweimal täglich (außer Freitag) starten Boote vom Ufer des Sees zur Museumsinsel.

Es gab mehr als 30 buddhistische Einrichtungen in Nagarjunakonda. Der **Mahachaitya** wurde von einer Königin

*Foto: Helmut Köllner*

namens Chandasiri erbaut und enthält ein Relikt Buddhas. Einige der *chaityas* enthielten Darstellungen Buddhas, während andere, die der hinayanischen Schule folgten, nur Symbole von ihm in ihren Schreinen abbildeten. Skulpturen, die hauptsächlich aus dem 3. und 4. Jh. n. Chr. stammen und hier gefundene Relikte werden im Inselmuseum ausgestellt. Neben brahmanischen und buddhistischen Fundstücken hat man in Nagarjunakonda Skulpturen und beschriebene Säulen gefunden, letztere werden *Chayasthambhas* genannt und sind zur Erinnerung an verstorbene Könige, Königinnen, Adlige, Künstler oder Heilige aufgestellt.

### Srisailam und Ahobilam

Der heilige Hügel (130 km nordöstlich von Kurnool), der unter den Na-

men **Srisailam** ❷, Sriparvatam oder Sri Kailasha bekannt ist, ist schon seit undenklichen Zeiten ein Wallfahrtsort für Shivaiten verschiedener Richtungen. Er wird im Epos *Mahabharata* und in allen großen Legenden (*Mahapuranas*) erwähnt. Srisailam war in früheren Zeiten auch ein buddhistisches Zentrum; die chinesischen Reisenden Fa Hsien und Hsüan Tsang verknüpften diesen Platz mit dem berühmten buddhistischen Philosophen Nagarjuna.

Der Tempel auf dem Hügel, Mallikarjuna geweiht, wurde von den tamilischen Heiligen des 7. Jh. gerühmt. In der Vergangenheit erwiesen alle großen Herrscher dieser Gegend dem Hügel persönlich ihre Ehrerbietung und machten Schenkungen, besonders der Vijayanagar-Herrscher Krishnadevaraya. Die Chenchu-Ethnien von Andhra sehen Mallikarjuna als ihre Schutzgottheit an. Dieser malerische Hügel im Distrikt Kurnool erhebt sich über dem Südufer des Flusses Krishna, der hier als Patala Ganga bekannt ist.

Der **Ahobilam Hill** ❸, 140 km süd-

Oben: Der Lepakshi Nandi – Indiens größter monolithischer Steinstier. Rechts: Tirumala, religiöses Zentrum von Andra Pradesh und reichster Tempel des Landes.

» Karte S. 146-147, Info S. 173

Foto: Helmut Köllner

östlich von Kurnool, ist Vishnu in seiner Löweninkarnation, Narasimha, geweiht. Im Heiligtum am Gipfel befindet sich in einer natürlichen Felsspalte eine Skulptur; sie wird als eine sich selbst manifestierende Gottheit angesehen. Das Heiligtum am Fuß des Hügels zeigt Narasimha mit seiner Gemahlin Lakshmi. Dem Hindu-Glauben zufolge ist Narasimha eine mächtige Gottheit, die alle Unternehmungen zum Sieg führen kann. Der Tempel wurde schon vor dem 10. Jh. verehrt. Im 14. Jh. ließ der Kakatiya-Herrscher ein Metallbild für festliche Prozessionen weihen.

### Hemavati und ★Lepakshi

**Hemavati** ❸, südwestlich von Anantapur, war die Hauptstadt der Nolamba-Pallava-Dynastie im 9./10. Jh. Die Qualität ihrer Handwerkskunst ist außergewöhnlich. Auch wenn aus architektonischer Sicht die **Tempel** nicht besonders bedeutsam sind, so beeindrucken doch die **Skulpturen** als wunderbare Kunstwerke.

★**Lepakshi** ❸, südlich von Anantapur, ist für die besten **Vijayanagar-Wandgemälde** des 16. Jh. bekannt; sie befinden sich im **Virabhadra-Tempel**, der Mitte des 16. Jh. erbaut wurde. Seine drei Heiligtümer, die mit einer zentralen Halle verbunden sind, beinhalten Gemälde, die verschiedene Szenen aus den Heldengeschichten darstellen. Auch die Porträts der Erbauer befinden sich hier.

500 m nordöstlich ruht Indiens größter monolithischer ★**Nandi** – 8,25 m lang und 4,60 m hoch.

### Tirupati und ★Tirumala

Das religiöse Zentrum von Andhra Pradesh ist **Tirupati** ❸, das Vishnu als Venkateswara geweiht ist. Dieses Wallfahrtszentrum wird täglich von Zehntausenden Hindupilgern besucht; viele opfern hier ihre Haare. Der Tirupathi-Tempel ist wegen des Haarverkaufs an die Perückenindustrie der reichste Hindu-Tempel des Landes. Der Tempelbezirk existiert seit mehr als 2000

» **Karte S. 146-147, Info S. 173**

171

Andhra Pradesh und Telangana

6

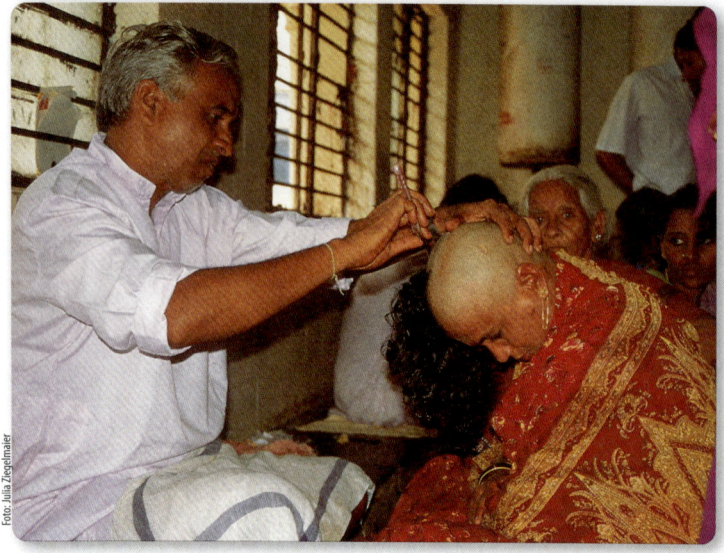

Foto: Julia Ziegelmaier

Jahren und wird in dem Tamilen-Epos *Silappadhikaram* erwähnt. Der Hügel symbolisiert den glorreichen mythischen Berg Meru und verkörpert sieben Gipfel. Hier wird Vishnu als der „Gott der sieben Gipfel" angebetet.

Es gibt zwei Tempel, einen im Ort Tirupati am Fuß des Berges und den am meisten verehrten Haupttempel auf dem Hochplateau, ★**Tirumala**. Manche Pilger wandern den rund 15 km langen Fußweg; es gibt auch eine Busverbindung. Inschriften aus der Zeit der Pallavas wurden gefunden; von den Cholas weiß man, dass sie den Tempel unterstützten. Am häufigsten jedoch wurden die Vijayanagar-Herrscher mit ihm in Verbindung gebracht. Der Oberaufbau wurde (1570 n. Chr.) vom königlichen Priester der Vijayanagar-Herrscher mit Gold bedeckt, ein Vorgang, der viele Male wiederholt wurde. Viele der Gebäude, wie der Eingangsturm und die Säulen-Pavillons, stammen aus der Zeit

von Vijayanagar. Der Vijayanagar-Herrscher Krishnadevaraya schenkte Gold und Juwelen und förderte den Kult um Venkateswara, der seitdem eine herausragende Stellung in Südindien hat.

Nicht weit von Tirupati liegt das Dorf **Gudimallam**, wo das älteste bekannte phallische **Linga** aus dem 3. Jh. v. Chr., das Symbol des Gottes Shiva, verehrt wird.

In **Chandragiri** ❸ (15 km westlich von Tirupathi) kann man sich in dem imposanten **Fort** aus dem 15. Jh. eine **Sound and Light Show** anschauen und das sehenswerte **Museum** besuchen.

**Srikalahasti** ❸, 30 km von Tirupati, ist ein altes Zentrum der Shivaiten und liegt zwischen zwei steilen Bergen an den Ufern des Swaranamukhi. Das **Linga** im Allerheiligsten des **Kalahasti-Tempels** stellt die Personifizierung eines der fünf Elemente, des Windes, dar. Dieser Platz wird besonders mit Kannappan, einem Jäger, der Shiva ergeben war, in Verbindung gebracht.

Oben:Tirumala – Hindupilger opfern hier traditionell ihre Haare.

### Hyderabad / Secunderabad (☎ 040)

**India Tourism Office**, Ground Floor, Balayogi Paryatak Bhawan, #6-3-890, Green Lands, Begumpet, Hyderabad-500016, Tel. 23409199, 23409399, www.tourism.gov.in.
**AP Tourism Dev. Corp. (APTDC)**, Hyderabad NSF Shakar Bhawan, opp. Police Control Room, Basheerbagh, Hyderabad, Tel. 66746370, www.aptdc.gov.in; und im Hotel Yatri Niwas, Secunderabad, Tel. 27816375. Die Andhra Pradesh Tourism Travel Development Corporation organisiert geführte Touren zu allen Sehenswürdigkeiten.

**FLUG:** Air India fliegt von Hyderabad zu Großstädten in Indien (wie auch Jet Air) sowie nach Dubai und Muscat. Weitere internationale Verbindungen u. a. durch Lufthansa und Emirates Airlines.
**BAHN / BUS:** Vom MG-Busbahnhof Busverbindungen zu allen größeren Städten Telanganas, Andra Pradeshs sowie nach Bidar, Gulbarga, Bijapur und Aurangabad; außerdem nach Nagarjunasagar, Srisailam und Amravati. Bahnverbindungen ebenfalls zu den meisten größeren Städten; Macherla (29 km) und Kazipet sind die günstigsten Bahnhöfe nach Nagarjunakonda und Warangal.

**INTERNATIONAL:** **The Cellar**, Banjara Hills. **The Country Club**, Begumpet.
**HYDERABAD-KÜCHE: Paradise**, renommiertes Lokal mit gehobenem Niveau, Paradise Circle (SD/ MG Rd.), Secunderabad. **Kamat**, gute Küche, nahe Abid Circle. **Mughal Durbar**, Basheerbagh Rd., Hyderabad. **Akbar**, 1-7-190 MG Rd., Secunderabad.
**VEGETARISCH: Shalimar Restaurant**, Hotel Brindavan.
**CHINESISCH/THAI: Waterfront**, exzell. Thaiküche in modernem Ambiente, Westufer des Hussein Sagar, Necklace Rd. **Palace Heights**, **Golden Deer** und **Golden Dragon**, alle Abid Rds., exzell. chinesische Küche.
**EIS: Cream Corner**, serviert tolle Eisbecher sowie auch Kuchen etc., nahe dem Bahnhof.

**Salar Jung Museum**, 9.30-17.15 Uhr, Fr und an staatl. Feiertagen geschl., Afzal Ganj.
**Andhra Prasdesh State Museum**, 10.30-17 Uhr, Mo und an staatl. Feiertagen geschl., Public Gardens, Nampally.
**Golconda Fort** und **Qutb Shahi Tombs Complex**, 10.-16.30 Uhr, Fr und an staatl. Feiertagen geschl, Golconda.
**Mecca Masjid**, eine der größten Moscheen der Welt, für 10 000 Personen, direkt am Char Minar.

**General Post Office**, Abid Rd., Hyderabad.
**Head Post Office**, R.P. Rd., Secunderabad.

**General Hospital**, Nampally, Tel. 234344.

Das muslimische Id-Fest folgt auf die einmonatige Fastenzeit Ramadan und wird besonders in Hyderabad gefeiert. Die Tazia-Prozessionen bei der ernsten Veranstaltung des Muharram erinnern an das Martyrium des Enkels des Propheten. Makar Sankranti (Jan.) ist ein dreitägiges Erntefest, bei dem jeder Haushalt seine Puppensammlung ausstellt. Es ist auch die Gelegenheit für das Batakamma oder Bonalu-Fest, das nur von Frauen gefeiert wird. Am darauffolgenden Tag, Kanumma, wird im ganzen Land das Vieh verehrt. Andhraiter feiern ihr Neujahrsfest Ugadi am Tag Chaita Sudda Padyami (März / April) und die Geburt des Gottes Rama, Ramnavami, im April. Die verstreut liegenden Hindu-Heiligtümer sind Schauplätze verschiedener Feste. Das 10-tägige Kalyana Mahotsavam in Srisailam ist ein Fest zu Ehren Shivas (Feb./März).

Lokale Spezialitäten sind: Kalamkari-Stoffe, Silberfiligran (aus Karimnagar), Wirmal-Arbeit auf Holz, lackiertes Spielzeug (aus Kondapalli); bestickte und mit Spiegeln versehene Taschen und Kleider der Banjara-Nomaden; gewebte Textilien aus Venkatagiri und Ponchhampalli; Himroo-Seide und Bidri-Waren; Perlen und Teppiche aus Warangal. Haupteinkaufszentren sind: die Märkte um Charminar, Abid Road, Basheerbagh, Sultan Bazar und Nampally in Hyderabad; M. G. Road und Rashtrapati Road in Secunderabad.

**6**

**Andhra Pradesh und Telangana**

Die Gopurams des Ranghanatha-Tempels in Srirangam.

Ayanar, ein in Tamil Nadu beheimateter Schutzgott der Felder und Dörfer

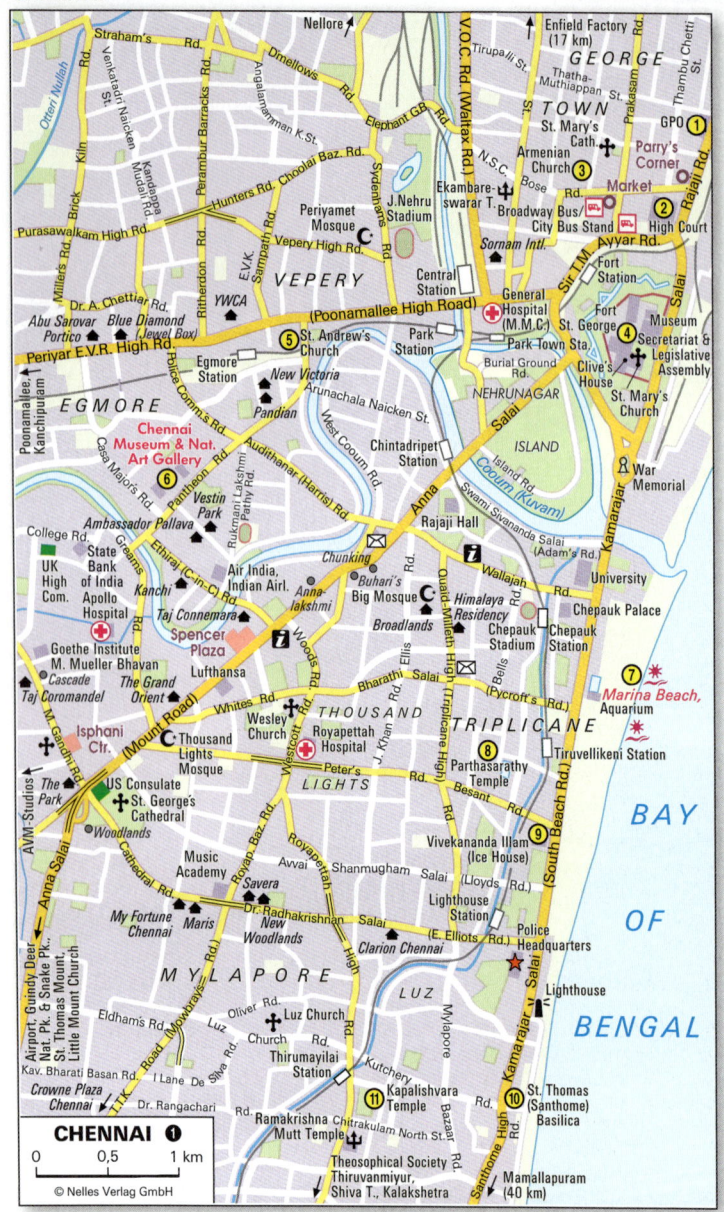

# EIN HORT DER TRADITION

**CHENNAI**

**TAMIL NADU**

## ★CHENNAI (MADRAS)

★**Chennai** ❶ (bis 1996 **Madras**) liegt direkt an der Koromandelküste, was ihm einen langen **Stadtstrand** beschert, und ist mit 8,7 Mio. Einwohnern in der Metropolregion sechstgrößte Stadt Indiens und zugleich Hauptstadt des auf Eigenständigkeit und Bewahrung seines drawidischen Erbes bedachten Staats Tamil Nadu. Als „Detroit Indiens" ist das boomende Chennai heute bekannt; BMW etwa produziert Autos in der topmodernen Sonderwirtschaftszone *Mahindra World City* südlich der Stadt. Zudem floriert die IT-Branche, und so herrscht auch an neuen Luxushotels kein Mangel.

Vom 4. bis zum 9. Jh. n. Chr. regierten die Pallavas als „Herrscher von *Mylapore*" die Region; unter ihnen konnten sich neben dem Hinduismus auch Buddhismus und Jainismus entfalten. Im heutigen Madras/Chennai, einer britischen Kolonialgründung des 17. Jh., kann man noch Monumente aus vorbritischer Zeit finden: **Hindutempel**, die im 7. und 8. Jh. n. Chr. durch Besuche hochverehrter shivaitischer und vishnuitischer Sänger geheiligt wurden (Karnatische Musik ist alljährlich Thema eines beliebten Festivals in Chennai); die bekanntesten sind in den Stadtteilen **Mylapore** und **Triplicane** im Zentrum sowie in **Tiruvanmiyur** im Süden. Triplicane ist ein religiöses Zentrum der Vishnuiten, die beiden anderen Tempel solche der Shivaiten.

Ende des 9. Jh. wurde das Land von den Cholas erobert. Sie bauten neue Tempel, die man in Mylapore und anderen Stadtteilen findet. Einige davon wurden reiche und bedeutende Pilgerzentren. **Egmore**, wo sich das Government Museum befindet, und **Puliyur**, wo heute die großen Filmstudios angesiedelt sind, entstanden in dieser Zeit. Im 14. Jh. geriet die Stadt unter die Herrschaft der Vijayanagar-Könige.

Um 1520 gründeten die Portugiesen im heutigen Stadtteil **Mylapore** eine Handelsniederlassung und errichteten ein religiöses Zentrum um den legendären Sterbeort des Apostels Thomas, der hier den Märtyrertod erlitten haben soll. 50 km nördlich an der Koromandelküste, in Pulicat, gründeten später die Holländer einen Handelsstützpunkt: Da sie sich mit den Portugiesen als Handelskonkurrenten bekriegten, errichteten sie dort 1613 das *Fort Geldria*.

Um wiederum die europäischen Händler kontrollieren zu können, baute der Gouverneur des Vijayanagar-Königs zu Beginn des 17. Jh. eine Stadt, die er, nach seinem Vater Chennapa, *Chennapattanam* nannte. Nördlich des Flusses Coovum lag *Madras Kuppam*. Ursprünglich wollten auch die Briten eine Handelsniederlassung in Pulicat gründen,

Foto: Helmut Köllner

was ihnen wegen des Widerstandes der Holländer jedoch nicht gelang; so richteten sie ihr Augenmerk auf *Madrasapattanam*. Die Erlaubnis, sich hier niederzulassen, erhielten sie 1641 von dem Vijayanagar-Herrscher Venkata. Noch im selben Jahr errichteten sie **Fort St. George**. Als erste Niederlassung der Briten in Asien wurde „Madras" zum Zentrum der britischen Expansion in Südindien.

### George Town und Fort St. George

Im Norden der Stadt in der Nähe des Hafens liegt der Stadtteil **George Town** mit seinen überfüllten Gassen, Bazaren und dem **General Post Office** ❶, erbaut 1884 von Robert Chisholm, einem der Stararchitekten der Kolonialzeit. Wahrzeichen von George Town ist der **High Court** ❷ (Architekt: Henry Irwin,

Oben: Dieses Plakat huldigt einem alten Handwerk der südindischen Filmmetropole Madras – der Plakatmalerei. Rechts: Die Universität von Madras, ein kolonialer Prachtbau von 1869 (R. Chisholm).

1892) am Parry's Corner. Der indo-sarazenische Gebäudekomplex mit seinen originellen **Türmen** – der höchste diente bis 1977 als Leuchtturm – ist eines der größten Gerichtsgebäude der Welt. In seiner Umgebung lebten einst einheimische Handwerker – damals hieß dieses Wohngebiet *Black Town*. Einige reiche armenische Kaufleute hatten sich ebenfalls im Schutz der Festung niedergelassen; an sie erinnern noch heute die **Armenian Street** und die **Armenian Church**, ❸ die im 17. Jh. erbaut wurde.

Im Süden von George Town befindet sich das **Fort St. George** ❹. Mitte des 17. Jh. von den Briten gegründet. Ursprünglich war der Grundriss dieser Festung quadratisch. Innerhalb der Wehrmauern befanden sich ein Warenlager und mehrere Wohnhäuser. Später wurde Fort St. George vergrößert, neue Gebäude entstanden, hübsche Straßen wurden angelegt. Seit dieser Zeit ist die Festung Sitz der Verwaltung, noch heute befinden sich hier die **Legislative Assembly** und die Amtsstuben des **Government Secretariats**. Auch der

Foto: Volkmar E. Janicke

**Archaeological Survey of India** ist hier untergebracht. **St. Mary's Church** war die erste anglikanische Kirche, die auf indischem Boden gebaut wurde (1680).

Im **Fort Museum** in der alten Börse lässt sich die Kolonialgeschichte studieren. Ausgestellt werden u. a. Waffen, Münzen und Medaillen der Kolonialzeit. Das große Marmorstandbild am Museumseingang stellt Lord Cornwallis mit zwei gefangenen Söhnen Tipu Sultans von Mysore, des größten Gegners der Briten im 18. Jh., dar.

### Stadtzentrum – Anna Salai und Egmore

Entlang der Hauptverkehrsader von Madras **Anna Salai** (früher: Mount Rd.) reihen sich Restaurants, Hotels, Einkaufszentren, Banken und Fluggesellschaften. Auf der anderen Seite des Cooum River stehen im Stadtteil **Egmore** die zwei wichtigsten Bahnhöfe der Stadt – Egmore und Central Station. Östlich der **Egmore Station** liegt die sehenswerte **St. Andrew's Church** (5)

von 1821. Von ihrem Kirchturm hat man einen schönen Ausblick, das Innere ihrer Kuppel ist mit goldenen Sternen verziert. Südlich der Egmore Station findet man viele einfachere Hotels, weiter südwestlich an der Pantheon Road lohnt ein Besuch des ★★**Chennai Museum** (6) und der benachbarten **National Art Gallery**. Das Chennai Museum ist bekannt wegen seiner ausgezeichneten Sammlung von über 2000 südindischen **Bronzen** und den **Reliefs** des Stupas von Amaravati.

Das Museum – damals hieß es Zentralmuseum – wurde 1850 gegründet und bereits vier Jahre später dorthin verlegt, wo es heute steht. Ehedem befand sich an dieser Stelle das sogenannte Pantheon, eine riesige Halle, die Ende des 18. Jh. inmitten eines großen Parks gebaut worden war. Sie diente den Europäern als Speisesaal, Ballsaal und Theater. Das Pantheon existiert zwar nicht mehr, hat aber der Straße ihren Namen gegeben. Drei architektonische Meisterleistungen stehen heute außerdem auf dem Gelände – das **Museum Thea-**

tre, die **Extension Hall** und die **Conne-mara Public Library**, die allesamt 1896 erbaut wurden; die Bibliothek ist die größte des Landes.

Das Museum besteht aus vier verschiedenen Abteilungen: der Hindu Sculpture Gallery, der Amaravati Gallery, der Bronze Gallery und der National Art Gallery. In der ★**Hindu Sculpture Gallery** kann man die Entwicklung der südindischen Bildhauerkunst seit der Zeit der Pallavas verfolgen. In der renovierten ★★**Amaravati Gallery** sind über 100 buddhistische Reliefs des Amaravati-Stupas ausgestellt, die den Zeitraum von 2. Jh. v. Chr. bis zum 2. Jh. n. Chr. repräsentieren. Diese gehören zu den Höhepunkten der frühen Kunst Indiens und verraten viel über das Leben der Menschen dieser Zeit und über den damals vorherrschenden Buddhismus.

Die ★★**Bronze Gallery** zeigt meisterhafte Stücke – die umfangreichste Sammlung südindischer Bronzen überhaupt. Der Ardhanarisvara (die zweigeschlechtliche Darstellung Gott Shivas) von Tiruvenkadu, verschiedene Nataraja-Statuen, die entzückenden Parvati-Bronzen, einige buddhistische (aus Nagapattinam) und jainistische Bronzen komplettieren diese kostbare Sammlung (Großteil in Vitrinen).

Einige der wertvollsten Bronzen werden in der benachbarten **National Art Gallery** ausgestellt – Skulpturen, die Rama, Lakshmana, Sita und Hanuman (aus dem *Ramayana*) abbilden. Außerdem werden Gemälde der großen Maler Indiens gezeigt. Das indo-sarazenische Gebäude der Art Gallery ist ein Wahrzeichen der Stadt, geplant von Henry Irwin, 1907 fertiggestellt.

### Das südliche Madras – Triplicane und Mylapore

In **Triplicane** erstreckt sich südlich der Cooum-Mündung der kilometer-lange Stadtstrand **Marina Beach** ⑦. Abends und am Wochenende treffen sich an dem breiten, feinsandigen Strand die Einheimischen, um der Schwüle der Stadt zu entfliehen. Es gibt Parks, Spielplätze, Garküchen, fliegende Händler und Fischverkäufer. Baden ist hier nicht ratsam. Der Tsunami 2004 forderte hier einige Opfer. Entlang der **Uferpromenade** stehen Repräsentationsbauten wie das **Senate House** (R. Chisholm, 1869) der **Universität** am Cooum River sowie der **Chepauk-Palast** von 1768.

Der **Parthasarathi-Tempel** ⑧ in Triplicane hat sehr alte Wurzeln. Nach Beschädigung durch die Portugiesen wurde er 1564 wiederaufgebaut. Er ist Krishna in seiner Erscheinungsform als Wagenlenker Arjunas geweiht.

Das **Vivekananda House** ⑨ befindet sich in dem Gebäude, das früher als „Eishaus" bekannt war, denn hier lagerte man riesige Eisblöcke, die – in Sägemehl eingelegt und so gegen Wärme isoliert – per Schiff von Nordamerika hierher transportiert wurden. Ende des 19. Jh. lebte hier der große indische Philosoph Vivekananda, nachdem das Haus heute benannt ist.

Südlich des Marina Beach erstreckt sich das Viertel **Mylapore** mit seinen überfüllten engen Sträßchen und bunten Märkten. Vom **Leuchtturm** südwärts, erhebt sich unmittelbar am Strand die **St. Thomas-Kathedrale** ⑩. Sie wurde im 16. Jh. von den Portugiesen errichtet, 1893 neugotisch umgebaut und 2004 renoviert – die eindrucksvollste Kirche der Stadt. In der jüngst restaurierten **Krypta** soll sich das **Grab des Apostels Thomas** befinden. Der Eingang zum Apostelgrab befindet sich seit der Renovierung hinter der Kirche, Schuhe müssen ausgezogen werden.

Der **Kapalishvara-Tempel** ⑪ in Mylapore ist Shiva (hier als Kapalishvara verehrt) geweiht; er geht auf das 6. Jh. n. Chr. zurück. Ursprünglich stand er dort, wo sich heute die St. Thome-Kathedrale befindet. Im 16. Jh. hatten

---

Rechts: Fischverkäuferin am Marina Beach in Chennai.

Foto: Julia Ziegelmaier

die Portugiesen den Tempel zerstört, der dann an der Stelle, wo er heute steht, wieder aufgebaut wurde. Die Tempelanlage setzt sich zusammen aus dem *sanctum* zu Ehren des Gottes Shiva, seiner Gemahlin Parvati sowie weiteren Gottheiten, aus dem im Osten gelegenen Eingangsturm, der erst 1906 gebaut wurde, und der Zisterne im Westen. Regelmäßig werden hier Feste gefeiert; das sich jährlich wiederholende Kapalishvara-Fest im März und April ist das bedeutendste der Stadt. Die Götterstandbilder werden während der Prozession durch die Straßen getragen, in denen sich dann Millionen von Gläubigen drängen. Die hohen Eingangstürme (*gopuram*) sind das markanteste Merkmal aller Tempelstädte und -anlagen Tamil Nadus.

Im Süden, im Stadtteil **Adyar**, befindet sich am Südufer des gleichnamigen Flusses der Hauptsitz der **Theosophical Society**, die von der Russin Helena Petrowna Blavatsky zusammen mit Colonel H.S. Olcott 1875 gegründet und im Jahr 1882 von New York nach Madras verlegt wurde. Die Theosophische Gesellschaft hat eine wertvolle **Bibliothek** und den schönsten **Park** der Stadt mit einem riesigen **Banyan-Baum**.

### Weitere Sehenswürdigkeiten

Im südlich angrenzenden alten Stadtteil **Tiruvanmiyur** ist die Tanz- und Musikschule **Kalakshetra** angesiedelt, der „Wohnsitz der Kunst", ein wahres Schmuckstück für Madras. Die Schule liegt inmitten von Gärten und Bäumen, gegründet wurde sie von Rukmini Devi Arundale, einer Frau, die ihr ganzes Leben der Kunst widmete. Hier lernen die Studenten traditionellen Tanz, Musik und Malerei. Außerdem hat sie ein Theater, in dem alljährlich im Dezember Tanz-Festspiele abgehalten werden.

Madras besitzt ein reichhaltiges Kulturleben, seine Einwohner schätzen klassische indische Musik, Tanz und Literatur. Zwar finden das gesamte Jahr über Konzerte statt, doch die Hochsaison für Musik- und Tanz ist Dezember/Januar; alle Tanz- und Musikschulen

Foto: Avinash Pasricha

sind am **Festival** der **Music Academy** beteiligt. Jung und Alt drängen sich an jedem der 30 Tage dieses tamilischen Monats um die Tempel, wo die Lieder shivaitischer und vishnuitischer Heiligen gesungen werden.

Im **Shiva-Tempel** in Tiruvanmiyur stammt einiges noch aus der Chola-Zeit. Zwar ist Nicht-Hindus der Zutritt nur bis zu einem gewissen Punkt erlaubt, man kann sich aber auch aus der Entfernung ein Bild über den Ablauf hinduistischer Rituale machen, am besten frühmorgens und abends.

Im Südwesten der Stadt kann man im Stadtteil Guindy im **Guindy Deer Park** indische Antilopen und andere Tiere beobachten. Angrenzend gibt es einen kleinen **Children's Park** und einen interessanten **Snake Park** mit Krokodilen, Schildkröten, Eidechsen etc. und vielen Infos über Reptilien.

Bedeutende christliche Pilgerstätten findet man im Westen von Madras an der Straße zum Flughafen. **Little Mount Church**, die kleine Höhle des hl. Thomas (vor Ort als „Chinnamalai" bekannt) erreicht man durch die 1551 erbaute portugiesische Kirche. **St. Thomas Mount** soll der Ort sein, an dem der Apostel den Märtyrertod starb.

In den **AVM-Filmstudios**, 10 km stadtauswärts nach Westen, hat man die Möglichkeit, bei Dreharbeiten für indische Filmproduktionen zuzusehen; außerdem gibt es eine **Gokart-Bahn**.

Noch heute werden im Norden der Stadt, in **Tiruvottiyur** (17 km), nostalgische Motorräder der Marke **Royal Enfield** in britischer Lizenz gefertigt (**Fabrikbesichtigung** möglich, http://royalenfield.com).

Malaysischen Investoren ist der **Themenpark Kishkinta**, südlich der Stadt, zu verdanken; er bietet u. a. ein Spaßbad mit Riesenrutschen, Kart-Bahn, 3D-Kino und Märchenschloss.

Oben: Klassischer indischer Tanz (hier: Kuchipudi) wird in der Musikschule Kalakshetra gelehrt.

» Stadtplan S. 178, Info S. 185

### Chennai (Madras, ☎ 044)

**India Tourism Office**, 154 Anna Salai, Tel. 28461459. Schalter am Inlandsterminal, Tel. 22340569. **Tamil Nadu Tourism Development Corporation**, 25 Dr. Radhakirshnan Salai, Mylapore, Chennai, Tel. 28547344, www.chennai-madras.com. Tourism Complex, No. 2, Wallajah Road, Troplicane, Chennai 600002, Tel. 25383333, www.tamilnadutourism.org. Infoschalter: Flughafen für Inlandsflüge; Tel. 22560569; Central Railway Station, Tel. 25353351.

Chennai ist bestens mit Flugzeug, Bahn, Bus oder Auto zu erreichen. Flugzeuge und Schiffe verkehren zwischen Chennai und den Andamanen. Nahverkehrsmittel sind Busse, Motor-Rikschas (Preis aushandeln!), Call-Taxis u. Tourist Cabs. Es gibt schnelle Vorortzüge mit 1. Klasse.

*INDISCH*: **Dakshin**, südindisches Gourmetlokal im Hotel Park Sheraton.
**Buhari's**, traditionsreich, 83 Anna Salai.
**Jewel Box**, indisch u. continental, im Hotel Blue Diamond, 934 Periyar E. V. R. High Rd.
*CHINESISCH*: **Chung King**, große Portionen, 75 Anna Salai.
**Cascade**, auch thailänd., japan., malays. Küche, Kakani Towers, 15 Khaderi N. Khan Rd.
*VEGETARISCH*: **Annalakshmi**, eines der besten fleischlosen Lokale Chennais, 804 Anna Salai Rd., n. Higginbothams-Bookshop.
**Saravana Bhavan**, Kette mit 25 Lokalen in Chennai, preiswert, hoher Hygienestandard.
**Dasaprakash**, gute Idli, Masala Dosa, Lassis, Eis, Poonamallee High Road.
**Woodlands**, preiswert, 30 Cathedral Rd., nahe Egmore Bahnhof, Tel. 8271981.

**Government Museum and Art Gallery**, im kolonialen „Pantheon-Komplex", Besonders sehenswert sind die Bronze-Gallerie und Archäologische Sammlung von Steinskulpturen, 9.30-17 Uhr, Fr und an Feiertagen geschl., Pantheon Rd., Egmore.
**Fort Museum**, 10-17 Uhr, Fr geschl., im Fort St. George, Kamarajar Salai Rd.
**Birla Planetarium** mit **Science and Technology Centre**, 10-17.45 Uhr, Kotoor.
**Cholamandal**, Museum für zeitgenössische südindische Kunst, Galerie mit Künstlerdorf. tgl. 10-17 Uhr , ca. 10 km südlich von Chennai auf dem Weg nach Mammallpuram, Injambakkam, Chennai, Tel. (0091) 4424490092.

**Central Post Office**, Rajaji Salai, bei Parrya Corner, Mo-Sa 8-20.30, So 10-17 Uhr.

**Apollo**, gute Privatklinik, 21 Greams Road, Tel. 28293333
**General Hospital**, Park Town, Tel. 2563131.

Haupteinkaufsgebiet ist die **Anna Salai** (**Mount Road**), mit Buchläden wie **Higginbothams**, Kaufhäusern u. Kunsthandwerksläden.
Große Einkaufszentren: **Spencer Plaza Mall,** zentral, modern, mit Wurzeln in der Kolonialzeit, gute Food Courts, 769 Anna Salai; **Citi Centre** mit **Inox-Multiplex-Kino** und Food Court, Radakrishnan Salai.
Weitere Einkaufsgegenden: **Parry's Corner** mit dem benachbarten **Burma Bazar**; Straßenhändler, Imbissverkäufer, viele kleinere, ältere Läden für Alltagsbedarf u. Souvenirs.
**Pondy Bazaar**, gigantischer Kleidermarkt, Theyagaraya Rd, T. Nagar, Süd-Chennai.

Zu den wichtigen religiösen Festen gehört das *Kapalisvara- (Aruvathumoovar-)* Tempelfest im März/ April. Der Kapalisvara-Tempel ist Shiva geweiht und enthält 63 Bronzestatuen von shivaitischen Heiligen. Am achten Tag des zehn Tage dauernden Festes werden diese Standbilder in einer prächtigen Prozession durch die Straßen getragen.
Eine große Prozession findet in Little Mount um die Kirche „Our Lady of Health" am vierten Sonntag nach Ostern statt,
Beim *Carnatic Music and Dance Festival* der Madras Music Season, das seit 1927 alljährlich im Dezember/Januar stattfindet, treten herausragende Künstler der klassischen, südindischen Musik auf. Ein Tipp: Musik- und Tanz-Events finden auch, open air, vor dem Welterbe-Großrelief „Herabkunft der Ganga" in Mammalapuram statt.

**7**

**Chennai**

Foto: Julia Ziegelmaier

## TAMIL NADU

Tamil Nadu (65 Mio. Ew.), im Südosten des Dekkan, weist einige schöne lange Sandstrände auf. In einigen Küstenorten findet man noch Spuren aus dem 17. Jh., als europäische Seemächte hier an der Koromandelküste Handelsniederlassungen gründeten.

2004 suchte ein verheerender Tsunami auch die Küste Tamil Nadus heim.

Die küstennahen Reis-Ebenen werden landeinwärts begrenzt von den West-Ghats und den Nilgiri-Bergen; Uthagamandalam (Ooty) und Kodaikanal, die auf einer Höhe von über 2100 Metern liegen, sind angenehm kühle Orte, wobei Ooty britisches *Hill Station*-Flair konserviert hat, Kodaikanal aber noch schöner gelegen ist. Für seine Elefanten bekannt ist das Mudumalai Wildlife Sanctuary. Vor allem aber bietet Tamil Nadu – stolz auf sein drawidisches Erbe – prachtvolle alte Tempel und hinduistische Tempelstädte, die von den muslimischen Bilderzerstörern verschont blieben.

### ★★Mamallapuram

61 km südlich von Madras bietet der Badeort ★★**Mamallapuram** ❷ (**Mahabalipuram**), eine Auswahl großartiger Baudenkmäler, einen schönen ★**Strand**, Hotels und ausgezeichnetes Essen (v. a. Meeresfrüchte). Die Stadt war seit vorchristlicher Zeit ein wichtiges internationales Handelszentrum, zahlreiche römische Münzfunde beweisen dies. Unter der hinduistischen Pallava-Dynastie (6.-9. Jh.) zeitweise Residenz, wurde hier der südindische Tempelbaustil experimentell entwickelt und herrliche Reliefs geschaffen. Die Bauten fußen auf dem aus dem Fels herausgearbeiteten monolithischen Tempel und dem Höhlentempel, der auf buddhistische Klöster zurückgeht. Am Schluss

Links: Tempelbesucherinnen in Tanjore.

der Entwicklung steht der aus Steinquadern errichtete Freibautempel.

Im Zentrum von Mamallapuram erhebt sich ein Fels, der mit einem großartigen Relief bedeckt ist: Es ist als ★★**Arjuna's Penance** (Arjunas Buße, Bild S. 190) bekannt, tatsächlich ist hier jedoch der Mythos **Herabkunft der Ganga auf die Erde** dargestellt. Der Asket Baghirata ist links oben in Meditation auf einem Bein stehend zu sehen. Durch seine Askese veranlasst er den Fluss Ganga (Ganges), der durch den senkrechten Spalt dargestellt ist, auf die Erde zu kommen. Himmelswesen, Götter, Menschen und die Tiere des Waldes wohnen diesem frohen Ereignis bei. Die Tiere sind besonders liebevoll gestaltet: Ein kleiner Elefant stolpert zu Füßen seiner Mutter, eine Katze karikiert die Meditationshaltung des Asketen – dieses Felsrelief ist von einzigartiger künstlerischer Qualität.

Im Januar findet ein **Tanzfestival** vor dem beleuchteten Relief statt, mit klassischem Tempeltanz und Volkstanz.

Nördlich des Felsens steht in einer umzäunten Parkanlage der **Ganesha Ratha**, ein zweistöckiger rechteckiger Schrein, mit Löwen verziert und dem Elefantengott geweiht; südlich des Schreins liegen die Höhlentempel ★★**Varaha-Mandapa** (7. Jh. n. Chr. mit sehenswerten Skulpturen) und ★★**Krishna-Mandapa** mit einem Großrelief; es zeigt Krishna, wie er mit seiner Fingerspitze den Berg Govardhan anhebt, um die Hirten vor den Regenfluten Indras zu schützen.

Etwas weiter südlich, beim neuen Leuchtturm, lohnt ein Besuch der ★★**Mahishasuramardini-Höhle** S. 63, in der zwei herrliche Reliefs zu bewundern sind. Das erste stellt ein Prunkstück der Pallava-Bildhauerkunst dar: die Göttin Durga auf ihrem Löwen, wie sie den büffelköpfigen Dämon bezwingt. Das zweite Relief stellt Vishnu dar, der auf der Weltenschlange ruht.

Oberhalb der Höhle bietet der aus Granitblöcken erbaute **Olakkanatha-**

Tamil Nadu

7

Tempel („Alter Leuchtturm") von 715 n. Chr. einen herrlichen Rundblick über Mamallapuram.

1,5 km südlich an der Stadtgrenze stehen die ★★Fünf Rathas (Pancha Pandava), mit Skulpturen geschmückte Monolithen-Tempel. Sie sind aus einem großen Felsen gehauen und entstanden vielleicht einst im Rahmen eines Architekturwettbewerbs. Einige der hier entwickelten Formen wurden später als südindischer Stil verbindlich.

An der Küste gibt es drei weitere Tempel, die zusammen ★★Shore Temple genannt werden. Zwei sind Shiva, der dritte, in der Mitte, ist Vishnu geweiht. Sie stammen aus dem 8. Jh., als Freibau aus Steinquadern. Aus dieser Form entwickelten sich alle späteren Tempel Tamil Nadus. Mamallapuram war zwar nicht die Hauptstadt der Pallavas, doch als Handelsstadt weltoffen. Genaues weiß man über dieses Experimentierfeld der frühen Architektur nicht. Die meisten Bauten sind unvollendet oder haben wie die fünf Rathas nur Modellgröße. Die Pallavas waren die erste südindische Dynastie, die ihre Städte mit repräsentativen Tempeln ausstattete.

4 km nördlich liegt malerisch an einem Teich ★Tiger Cave, ein von neun Löwenköpfen umrahmtes Höhlenheiligtum.

## ★Kanchipuram

Etwa 70 km südwestlich von Madras, an der Hauptstraße nach Bangalore, liegt ★Kanchipuram ❸, eine der sieben heiligen Städte Indiens – der Legende nach die schönste Stadt des alten Indien. In vorchristlicher Zeit war sie ein theologisches Zentrum aller indischen Religionen. Bis zum 18. Jh. diente sie mehreren Dynastien als Hauptstadt, danach wurde Madras bedeutender. Den Pallavas, die vom 3. bis zum 9. Jh. herrschten, folgten die Cholas, die indes an Kanchi als ihrer nördlichen Hauptstadt festhielten.

Kanchipuram war vor dem Erstarken des Hinduismus ein Zentrum des Buddhismus. Hier gab es über 100 buddhistische Klöster, die bis zu 10 000 Mönche beherbergten. Dharmapala, ein buddhistischer Lehrer aus Kanchi (6. Jh.), stand später der berühmten Nalanda-Universität vor. Ein anderer bekannter Denker des Buddhismus, Bodhi Darma (520 n. Chr.), Sohn eines Königs von Kanchipuram, reiste nach China, wo er den Dhyana-Marga- oder Chan-Buddhismus begründete.

Kanchipuram ist in drei Gebiete, und zwar nach der jeweils ausgeübten Religion, unterteilt: Shiva Kanchi, Vishnu Kanchi und Jaina Kanchi. Die Gläubigen haben hier die Gelegenheit, über 100 Tempel zu besuchen. Einige davon sind bereits mehr als 1400 Jahre alt.

Der ★★Kailasanatha-Tempel ist der älteste erhaltene Bau und gehört zu den schönsten Tempelanlagen. Gebaut wurde er von dem Pallava-Herrscher Rajasimha als direkter Nachfolger des Shore Tempels in Mamallapuram. Im Unterschied zu anderen Tempeln wurde an ihm seit dem 8. Jh. nichts mehr verändert, so dass man hier die reine klassische Form bewundern kann. Die acht kleinen Schreine am Eingang stammen von den Ehefrauen des Herrschers und zeigen verschiedene Aspekte Shivas mit gütigem oder furchteinflößendem Ausdruck. Der rechteckige Tempel in der Nähe des Eingangs wurde von einem Sohn Rajasimhas errichtet; er beherbergt ein linga in seinem Sanktum. Hinter dem großen Schrein befindet sich ein Innenhof mit einer Reihe kleinerer Schreine und dahinter der große Turm des Sanktums.

Auch andere Tempel Kanchis gehen auf die Pallavazeit zurück, wurden jedoch später umgebaut. Der Vishnu geweihte Vaikunta Perumal-Tempel enthält drei übereinander liegende Heiligtümer. In der Umfriedung wird die Geschichte der Pallava-Dynastie geschildert, bis zu den Heldentaten von Nandivarman II., dem Erbauer.

Der Shiva-Tempel ★Ekambaresvara

diente über 1300 Jahre der Götterverehrung. Die konzentrischen Granitmau-
ern des Tempels wurden im Lauf der
Jahrhunderte von verschiedenen Herrschern und Adligen hinzugefügt. Der
größte Eingang und die größte Mauer
wurden im Jahr 1525 n. Chr. vom Vijayanagar-Herrscher Krishnadevaraya errichtet. Innerhalb des Tempels, der eine
1000-Säulen-Halle hat, steht ein heiliger
Mangobaum, der angeblich über 2000
Jahre alt sein soll.

Am anderen Ende der Stadt liegt
die Vishnu geweihte monumentale
Tempelanlage ★**Varadaraja** mit einer
1000-Säulen-Halle aus dem 16. Jh. mit
aufwändigem Skulpturenschmuck.

Wer sich für die Kunst des Jainismus
interessiert, sollte Jain Kanchi (**Tirup-
paruthikunram**) auf der anderen Seite
des ausgetrockneten Flussbettes besuchen. Die Gründung dieses Teils der
Stadt geht auf das 6. Jh. zurück. Die De-
ckenfresken der ersten Halle beschreiben die jainistische Kosmologie.

Der **Kamakshi-Tempel** ist der Göttin
Kamakshi geweiht, der Schutzpatronin
Kanchis. Er und der **Subrahmanya-
Tempel** sind religiöse Zentren der Stadt,
in der um 800 n. Chr. Shankaracharya,
der bekannteste Vertreter der *Advaita*-
Philosophie, lehrte (Wesensidentität
von Atman, der Individualseele, und
Brahman, der Weltseele).

Kanchipuram ist seit der Pallavazeit
für **Seidenverarbeitung** bekannt: Kan-
chi-Seide ist von bester Qualität, überall findet man Seidenläden, auch bei der
Herstellung kann man zusehen.

Etwas abseits der üblichen Reise-
routen, südwestlich von Kanchipuram,
liegt ★**Tiruvannamalai** ❹, eine bedeutende Pilgerstätte in landschaftlich schöner Lage am Fuß des höchst
heiligen, mit Shiva assoziierten Bergs
**Arunachala** (980 m ü. M.). Spirituelles
Zentrum der Stadt ist der riesige, Shiva
geweihte, rund 1000 Jahre alte **Aruna-
chaleshwar-Tempel**, eine der größten
Tempelanlagen Indiens. Am Aufstieg

Foto: Werner Mlyneck

Oben: Arjuna's Penance, eines der kunstvollsten,
beeindruckendsten Felsreliefs Indiens, Mamallapuram.

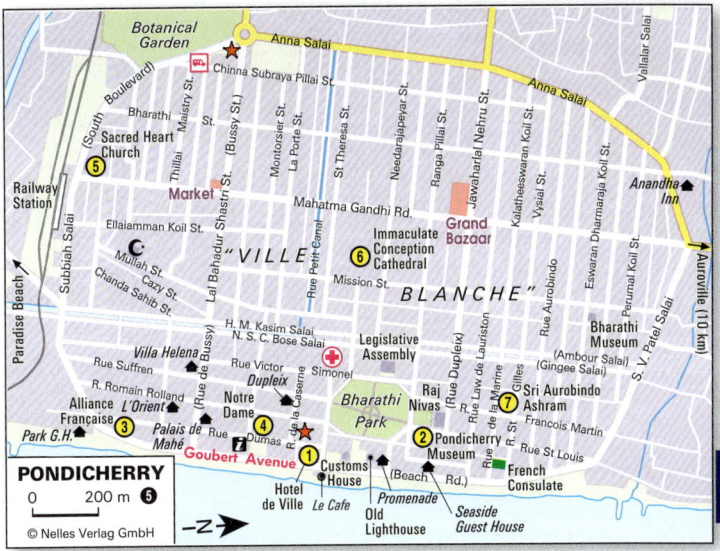

zum heiligen Berg befindet sich der **Ashram** des Ramana-Maharani, der sich als 16-jähriger auf den Berg zurückzog. Seine **Meditationshöhle** ist nach dem ersten Drittel des Aufstiegs nahe eines Aussichtspunktes zu besuchen und bis heute ein Meditationsort.

### ★★Pondicherry

★★**Pondicherry** ❺ (**Puducherry**), heute eine 240 000-Einwohner-Stadt, wurde 1674 als französische Kolonie gegründet und 1954 von Indien annektiert. Noch heute ist „Pondy" von französischem Kolonialcharme geprägt – kein Teil Tamil Nadus, sondern als Unionsterritorium eigenständig – und lädt zum Bummeln und Shoppen ein.

In der kolonialen **„Ville Blanche"**, dem *French Quarter* zwischen **Kanal** und **Strand**, locken Cafés und Boutique-Hotels in restaurierten Gebäuden. Westlich des Kanals floriert das geschäftige ehemalige Tamilviertel **„Ville Noire"**.

An der immer gut besuchten **Strandpromenade** ★**Goubert Avenue** ste-

hen u. a. das **Französische Konsulat**, das **Rathaus**① *(Hôtel de Ville)*, der **Alte Leuchtturm** und das runde **Customs House** *(Douane)*. Historische Gebäude wie die **Gouverneursresidenz Raj Nivas**, das kleine **Pondicherry Museum** ② und die **Legislative Assembly** säumen den grünen **Bharathi/Government Park**. Die **Alliance française** ③ in der Rue Dumas fördert französische Kultur und Sprache und betreibt das nette **Le Café de Flore**. Auch die **Church Our-Lady-of-Angels** ④ *(Notre Dame)* von 1855, die neugotische, rot-weiße **Sacred Heart Church** ⑤ *(Sacré Cœur)* von 1907, die barocke **Kathedrale** ⑥ von 1791 und die Uniformen der Polizisten zeugen von der französischen Zeit.

Bekannt wurde Pondicherry durch den 1926 hier gegründeten **Sri Aurobindo Ashram** ⑦ und das nahe, seit 1968 aufgebaute **Auroville** (10 km), eine Siedlung, wo Menschen aus aller Welt versuchen, friedlich und auf ökologisch verträglicher Basis in einer spirituellen Gemeinschaft zusammenzuleben. Statt der einst geplanten 50 000

**» Karte S. 189, Stadtplan S. 191, Info S. 203**     191

Foto: Alamy (mauritius images)

Weltbürger leben hier heute rd. 2000 Menschen, darunter Aussteiger und Sinnsucher aus 35 Ländern. 2008 wurde das 1971 begonnene ★**Matrimandir** („Tempel der Mutter") fertiggestellt: ein futuristischer, mit goldenen Scheiben verzierter Kugeltempel (s. Bild S. 87) mit weißem Interieur und einer Glaskugel als meditativer Mitte. Touristen ist er nur eingeschränkt zugänglich (Info: www.auroville.org, Voranmeldung nötig; Besuchsstunde am Nachmittag); Meditierende (ohne Kamera) können den Tempel schweigend besuchen. Auroville hat einen eigenen **Badestrand**.

In **Panruti** ❻, 25 km westlich von Cuddalore, steht der Shiva-Tempel **Thiruvathigai**, Paradebeispiel für einen Pallava-Ziegeltempel. Hier gründete im 7. Jh. Appar, einer der für Tamil Nadu so wichtigen Sänger und Mystiker, eine shivaitische Sekte.

---

Oben: Französisches Flair in Pondicherry (Guesthouse aus der Kolonialzeit in der Rue Dupuy). Rechts: In Chidambaram wird Shiva als Tänzer Nataraja verehrt.

## ★Chidambaram

In ★**Chidambaram** ❼, der Stadt des „kosmischen Tänzers", wird Shiva als *Nataraja*, Gott des Tanzes, verehrt. Die Bronzestatue des Gottes stellt die vollkommene Synthese zwischen Kunst, Literatur und Wissenschaft dar; der Tanz des Nataraja wird *ananda tandava*, glückseliger Tanz genannt.

Der ★**Chidambaram**-Tempel liegt im Stadtkern, begrenzt von vier breiten „Tempelwagen"-Straßen. Vier *gopuras* (Eingangstürme) bilden den Zugang. Die Türme, die Außenmauer und die gepflasterten Abschnitte wurden von Vikrama Chola und seinem Sohn Kulottunga Chola II. im 11. Jh. geplant und erbaut. Der Nordturm wurde von Krishnadevaraya von Vijayanagar um 1525 erneuert. Im nordöstlichen Teil steht die 1000-Säulen-Halle, die unter den Cholas im 12. Jh. entstand.

Die Hauptskulptur des **Nataraja** befindet sich in einem rechteckigen Heiligtum, das mit vergoldeten Kupferplatten bedeckt ist; der **Goldenen Halle**. Sie bildet das Zentrum des Universums, wo der kosmische Tanz aufgeführt wird.

Die Brahmanen des Tempels, die „3000 Dikshitas", führen Rituale in vedischer Tradition aus und organisieren Tempelfeste. Nataraja galt als Familiengott der Cholas, die nur in seiner Gegenwart gekrönt wurden. Der Tempel der Göttin **Sivakami**, der Gefährtin Natarajas, befindet sich innerhalb des Komplexes. Auch er wurde von den Cholas gebaut; sehenswert sind v. a. die Skulpturen der Tänzer. Unweit des Nataraja-Heiligtums steht ein **Vishnu** geweihter Schrein.

Der Anblick, wie Nataraja von den Gläubigen angebetet wird, bleibt unvergesslich (Fremde haben Zutritt). Im Dezember oder Januar ist das große Tempelfest. Während des fünf Tage dauernden *Nattiyanjali*-Tanzfestes im Februar und März kommen Tänzer aus ganz Indien, um Nataraja zu Ehren zu tanzen. Täglich vor der Mittagsschließung des Tempels (um 12 Uhr) ist am Hauptschrein eine schöne **Zeremonie** mit Aarti (Verehrung mit Butterlämpchen) und Glockenklingeln zu beobachten.

Foto: Ashok Dilwali

### ★Gangaikondacholapuram

Südwestlich von Chidambaram liegt ★**Gangaikondacholapuram** ❽. Etwa 1 km abseits der Hauptstraße steht der riesige Tempel **Gangaikonda Cholisvaram**, der unter dem Chola-Herrscher Rajendra I. im Jahr 1020 erbaut wurde. Er ragt in eine Höhe von 60 Metern empor und besteht ganz aus Granit.

Der Tempel, von Rajendra Chola errichtet, erinnert an seine Eroberung der Ganges-Ebene – das nördlichste Gebiet, das jemals von einem südindischen Herrscher erobert werden konnte. Er enthält wunderschöne **Steinskulpturen**, die sehenswertesten sind die von Nataraja, Shiva, Parvati und Saraswati, der Göttin der Bildung. Das **Linga** im Sanktum ist eines der größten Südindiens. Außerdem werden in diesem Tempel noch bemerkenswerte **Bronzen**

aus der Epoche der Cholas aufbewahrt. Neben dem Tempel liegt ein großes Wasserbecken, das die vom Chola-Herrscher Rajendra besiegten Könige Nordindiens mit Wasser aus dem Ganges füllen mussten. Der Chola-Kaiser gründete hier im 11. Jh. seine Hauptstadt, ließ Paläste und Festungsanlagen errichten. Über 250 Jahre lang wurde dann von hier aus der Süden des Landes kontrolliert. Die Stadt diente als Ausgangspunkt für Eroberungen in Übersee wie das Srivijaya-Königreich, das Malaysia, Singapur, Sumatra, Java und andere Inseln umfasste. Sie blieb Hauptstadt der Cholas bis zu deren Niedergang gegen Ende des 13. Jh. Die Überreste, die sogenannte Palast-Stelle, findet man einen Kilometer südwestlich des Tempels.

### ★Tranquebar und die Küste

Die Küstenstraße südlich von Chidambaram führt durch traditionsreiche Orte. In **Sirkali** ❾, der Geburtsstadt des shivaitischen Heiligen Sambandar, steht ein großer **Shiva-Tempel**.

**Tamil Nadu**

**7**

An der Mündung des **Kaveri** liegt die Hafenstadt **Poompuhar** ❿. Dieser in der Antike seit dem 4. Jh. v. Chr bedeutende internationale Handelshafen wurde in griechischen Aufzeichnungen des 1. Jh. n. Chr. *Kaberis Emporium* genannt; zu dieser Zeit lebte hier eine Kolonie römischer Griechen. Poompuhar wurde später zu einem buddhistischen Glaubenszentrum, das häufig von ausländischen Mönchen besucht wurde.

Zwei Kilometer außerhalb liegt **Tiruvenkadu**, ein Schwerpunkt der Bronzekunst, in dem über 30 **Bronzen** aus der Chola-Epoche erhalten sind.

Etwas weiter südlich liegt ★**Tranquebar** ⓫, einst eine wichtige Handels- und Fischerstadt. Hier errichtete die Dänisch-Ostindische Handelsgesellschaft 1620 die Burg **Danesborg**. Als geistiger Beistand begleiteten sächsische Missionare der Halleschen Mission die Dänen. Die in Briefform verfassten „Malabari-schen Korrespondenzen" des Bartholomeus Ziegenbalg gelten als wertvolle Quelle über das damalige Leben in Südindien. Danesborg Castle sowie der alte, von den Dänen erbaute Stadtkern, sind in recht ursprünglicher Form erhalten geblieben. Das Fort beherbergt ein sehenswertes kleines **Museum**. Am Strand hat die Neemrana-Gruppe ein **Kolonialhotel** eröffnet.

**Nagapattinam** ⓬ war vormals ein bedeutendes buddhistisches Zentrum. Im nördlich angrenzenden Ort **Nagore** kann man ein islamisches Heiligtum besuchen. Im Süden der Stadt steht in der christlichen Siedlung **Velankanni** die beeindruckende, neugotische **Basilika Our Lady of Good Health** (großes Marienfest Anfang September).

Der flache, regelmäßig von der Flut überschwemmte Küstenstreifen bei **Kodikkarai** bietet Vogel- und anderen Tierarten einen Lebensraum, der als **Calimere Wildlife and Bird Sanctuary** ⓭ unter Schutz gestellt ist.

**Tiruvarur** ⓮ liegt 24 km westlich von Nagapattinam im Hinterland. Der

Oben: Obstsnack am Strand bei Pondicherry. Rechts: Pilgerin vor einem Bildnis der Durga im Tempel von Darasuram.

dortige **Shiva-Tempel** gehört zu den größten Tempelkomplexen Südindiens; der Tempelwagen ist der größte Tamil Nadus. Die 1000-Säulen-Halle hier hat allerdings „nur" 807 Säulen. Die „musikalische Dreieinigkeit", drei berühmte indische Musiker des 18. und 19. Jh., die als die Väter der modernen klassischen Musik bezeichnet werden, stammen von hier, darunter Thyagaraja, nach dem das hiesige Internationale **Musikfestival**, das jeden Januar stattfindet, benannt ist.

### ★Kumbakonam

Einst als Heimat der gebildetsten Brahmanen bekannt, ist ★**Kumbakonam** ⑮ heute mit 140 000 Einwohnern die zweitgrößte Stadt des Tanjore-Bezirks. Sie liegt am fruchtbaren Ufer der Kaveri. Kumbakonam ist seit jeher bekannt für Kunst und Literatur, Musik und Tanz, vor allem aber für die sprichwörtliche Schlauheit seiner Bürger.

Der sehenswerteste Tempel hier ist der ★**Nagesvara-Tempel**. Obwohl vergleichsweise klein, werden in ihm großartige Skulpturen aufbewahrt, die um 910 entstanden, zu der Zeit, als die Chola-Dynastie die der Pallavas ablöste. Zwei in Stein gemeißelte **Frauenfiguren** in diesem Tempel sind einmalig in der Kunst der Tamilen. Entlang des Tempelsockels wurden Miniaturtäfelchen von erstaunlicher handwerklicher Meisterschaft angebracht, die verschiedene Geschichten aus dem *Ramayana* erzählen. Ebenfalls sehenswert ist der große Vishnu-Tempel **Sarangapani** mit seinem 40 m hohen Gopuram.

4 km westlich von Kumbakonam befindet sich ★**Darasuram** mit dem **Airavatesvara-Tempel** (UNESCO-Welterbe) aus dem 12. Jh. Dieser Shiva-Tempel gilt als ein Meisterwerk der Chola-Kunst und ist der Schönheit seiner **Skulpturen** wegen einen Besuch wert.

Weiter in Richtung Westen liegt die Ortschaft ★**Swamimalai** ⑯, die wegen des **Subrahmanya-Tempel** be-

Foto: Julia Ziegelmaier

kannt ist. Aber sie zieht auch Kenner der indischen Kunst an, denn hier leben noch einige Künstlerfamilien, in denen man den traditionellen ★**Bronzeguss** pflegt. Die handwerklichen Fähigkeiten der Chola-Künstler, die hier vor rund 1000 Jahren wirkten, leben weiter in den geschickten Händen der Swamimalai-Kunsthandwerker. Man kann ihnen bei der Arbeit zusehen, und es ist natürlich auch möglich, den Künstlern vor Ort gleich ein paar kleine Bronzen abzukaufen.

### ★★Tanjore (Thanjavur)

★★**Tanjore** ⑰ (**Thanjavur**), Hauptstadt des mächtigen Chola-Imperiums vom 9.-13. Jh., legt Zeugnis ab von der kulturellen Blüte dieser Ära. Die Leistungen der Chola auf dem Gebiet der Verwaltung, der Architektur, der Künste und der Philosophie manifestieren sich im ★★**Brihadesvara-Tempel**, 1010 n. Chr. unter König Rajaraja („König der Könige") Chola im Dravida-Stil erbaut und Shiva geweiht (UNESCO-Welterbe).

Foto: Julia Ziegelmaier

die für sich allein genommen wuchtig wirken, erscheinen jedoch, verglichen mit dem gewaltigen Gesamtbauwerk, fast klein. Der mächtige stufenpyramidenförmige, mit Skulpturen verzierte **Tempelturm** (*vimana*) im Zentrum erreicht 66 Meter Höhe und symbolisiert den Weltenberg Meru; sein 80 Tonnen schwerer halbkugelförmiger Schlussstein ist aus Granitblöcken zusammengesetzt. Man vermutet, dass diese über eine 6 km lange Rampe von Elefanten hinaufgezogen wurden.

Die Innenwände des (nur von Hindus zu betretenden) **Sanktums** sind mit wunderschönen **Fresken** aus der Epoche der Cholas versehen, auf ihnen sind u. a. die Inkarnationen Shivas abgebildet. Allerdings sind sie aus Konservierungsgründen nicht mehr zugänglich, Kopien sind auf dem Tempelgelände ausgestellt. Im Sanktum befindet sich das mit 3,50 m Höhe und fast 7 m Umfang größte **Linga** Indiens.

Es gibt übrigens in ganz Indien keinen anderen Tempel, der mehr **Inschriften** seines Gründers aufweist als dieser, in schönster tamilischer Schrift sind sie in Wände und Säulen eingraviert. Die Namen der Bauherren sind zudem aufgelistet, und auch die Mitglieder der königlichen Familien werden genannt. Überdies erlauben die Inschriften einen Einblick in die Verwaltung der Tempelanlagen, in die rituellen Bräuche und Feste; z. B. wie viele Sänger, Musikanten, Schauspieler und Tänzerinnen, deren Tanz ein Bestandteil des Tempelrituals war, dort beschäftigt waren. Die über 100 Bronzeskulpturen, die Rajaraja und andere dem Tempel stifteten, sind verschwunden; nur eine Bronzefigur des **Nataraja** ist erhalten; sie steht in einem Schrein nördlich des Eingangs.

In der Nordwestecke steht der reich ornamentierte **Subramanya-Tempel** (16. Jh.) für den Kriegsgott, dessen Treppe Elefanten zieren.

Tanjore hat noch weitere Sehenswürdigkeiten: die ★★**Tanjore Art Gallery**, die über 100 **Chola-Bronzen** von ho-

Er gilt als einer der großartigsten Tempel, die je in Indien errichtet wurden – aus Granit, und in nur 15 Jahren.

In das rechteckige, 241×121 m große ummauerte Tempelgelände führt ein Zugang im Osten, und zwar unter zwei repräsentativen, mit Steinfiguren geschmückten **Gopurams** hindurch, die ungewöhnlicherweise niedriger sind als der Haupttempel selbst. Davor wartet ein **Tempelelefant**, der Besucher segnet. Den zweiten Torturm bewachen zwei streng blickende monolithische **Wächterfiguren**.

Im Innenhof, in der Säulengalerie, sind in Nischen 108 schwarze **Lingas** aufgestellt. In einem Säulenpavillon ruht souverän ein imposanter, 6 m langer ★**Nandi** (Bulle) aus schwarzem Granit (17. Jh.) und blickt zum Haupttheiligtum seines Herrn Shiva.

Die Einzelskulpturen im Tempelareal,

Oben: Der Brihadesvara-Tempel in Tanjore, heute UNESCO-Welterbe, wurde im 11. Jh. n. Chr. von den Cholas erbaut. Rechts: Elefanten markieren den Aufgang zum Subramanya-Tempel (Tanjore).

» Karte S. 189, Info S. 203

Foto: Bernhard Walter Kaempf

**7**

**Tamil Nadu**

hem Wert ausstellt, darunter der berühmte **Vrishavahana Shiva** und seine Gattin Parvati; und die **Sarasvati Mahal Library** mit einer Sammlung seltener Palmblattmanuskripte und illustrierter Bücher. Das **Royal Museum** birgt Erinnerungen an Serfoji II., der hier im 19. Jh. regierte. Die drei Einrichtungen sind im weitläufigen **Nayak-Palast** untergebracht, der von den Nayaks im 16. und 17. Jh. auf den Ruinen des Chola-Palasts erbaut und in der Folgezeit von den Maratha-Herrschern vergrößert wurde.

Die **Malschule** der Marathen, an der die Künstler in die Tanjore-Malerei eingewiesen wurden, existiert noch. Tanjore ist auch für die Herstellung von Musikinstrumenten bekannt, darunter die *veena*, ein Saiteninstrument.

### ★Tiruchirappalli

★**Tiruchirappalli** ⓲, kurz Trichy genannt, liegt 55 km westlich von Tanjore. Hier gibt es farbenfrohe Basarstraßen wie den Diamond Bazar, den China Bazar oder den Big Bazar. Die neugotische

**Lourdes-Kirche** von 1903 des katholischen St. Joseph's College ist eine Kopie der Basilika von Lourdes, mit einem schönen Sandelholzaltar.

Das ★**Rock Fort** wurde um das Jahr 1660 auf einem 84 m hohen Felsen erbaut, den man auf 437 in den Stein gehauenen Stufen erklimmen kann. Beim Aufstieg passiert man den **Tayumanasvami-Tempel**, der Shiva geweiht ist (17. Jh.). Noch ein Stück weiter oben liegt ein ★**Höhlentempel** aus dem 7. Jh. mit Shiva-Skulpturen, den laut der erhaltenen Inschriften der Pallava-Herrscher Mahendra I. anlegen ließ. Der **Vinayaka-Tempel** auf dem Gipfel des Hügels besitzt einen Schrein des Elefantengotts Ganesh. Von oben bietet sich ein herrlicher ★**Rundumblick** über die Stadt und den Kaveri-Fluss bis nach Srirangam.

### ★★Srirangam

Vom Rock Fort sieht man bereits den ★★**Ranghanatha-Tempel** von **Srirangam** ⓳ (s. Bild S. 174), das größte

Foto: Bernhard Walter Kaempf

Vishnu-Heiligtum Südindiens, 6 km nördlich auf einer kleinen Insel zwischen Kaveri und Kollidam. Im nur Hindus zugänglichen Hauptheiligtum wird der „Schlafende Vishnu" verehrt. Ramanuja, ein vishnuitischer Heiliger, starb 1137 hier; mit seinem Wirken wird dieser Tempel in Verbindung gebracht. Die 825 x 960 m messende **„Tempelstadt"**, erbaut im 10.-17. Jh., birgt innerhalb von sieben konzentrischen Mauern sieben Höfe sowie Wohnviertel, Basare und Tempel.

Die 21 **Gopurams** werden nach außen hin immer höher. Der Bau des äußersten, 73(!) m hohen Torturms an der Südseite – der Haupteingang – wurde erst 1987 fertiggestellt. In der **1000-Säulen-Halle** im vierten Hof werden die 4000 vishnuitischen Verse der heiligen Sänger des Mittelalters rezitiert, begleitet von den anmutigen Tänzen der Arayar.

Der berühmte **Horse Court** (Pferdehalle) ist eine besondere Meisterleistung der südindischen Bildhauer- und Baukunst; die faszinierenden Skulpturen an den Säulen variieren das Thema von Reitern auf sich dramatisch aufbäumenden Pferden. Wunderschön sind auch die **Skulpturen** in den Nischen des älteren **Krishna-Tempels** im selben Hof. Über Stufen gelangt man hinauf zu einer **Terrasse**, die eine gute Aussicht auf die Tempelstadt bietet.

## ★Chettinad

Der ★**Chettinad-Palast** in **Kanadukathan** ⑳ (15 km nördlich von Karaikkudi) ist der prunkvollste der alten Kaufmannspaläste des Chettiar-Clans in der Chettinad-Region. Die Chettiar wurden einst durch Geldverleih und Asienhandel reich. Heute, da die Händler in den Großstädten leben, stehen ihre Familienstammsitze meist leer.

---

Oben: Die Pferdehalle im Ranghanatha-Tempel von Srirangam fasziniert mit expressiven Skulpturen von Pferden und Reitern. Rechts: Der Chettinad-Palast in Kanadukathan, ein Beispiel für den Wohnstil der wohlhabenden Chettiar-Händler zur Kolonialzeit.

» Karte S. 189, Info S. 203

Foto: Helmut Köllner

Die Distrikthauptstadt von Chettinad, das etwa 70 Dörfer umfasst, ist **Puddukotthai**. In **Karaikuddi**, **Kanadukathan** oder **Kadiapatti** kann man etliche dieser schönen alten Herrenhäuser sehen und durch die verlassenen Straßen bummeln. Einige sind zu Boutiquehotels umgestaltet und bieten Einblick in ihr prächtiges Inneres. Viel gerühmt wird auch die Chettiar-Küche.

Sehenswert sind das auf einem Fels thronende **Fort** aus dem 17. Jh. in **Thirumayam** (20 km von Puddukottai) und der dortige **Vishnutempel**, der einen imposanten, aus dem Fels gehauenen, auf einer Schlange ruhenden **Vishnu** der Pallava-Zeit (8. Jh.) birgt.

### ★★Madurai

Die Landschaft auf dem Weg nach Madurai ist geprägt von Kokospalmen, Reisfeldern und bizarren Granitfelsen.

In ★★**Madurai** ❷❶, einer der ältesten Städte Südindiens, steht der berühmte ★★**Minakshi-Tempel**, ein klassisches Beispiel einer südindischen Tempelstadt mit drawidischer Architektur. Seit über 2000 Jahren blüht hier das religiöse Leben; bis heute wird der Tempel von großen Pilgerscharen besucht. Man nimmt an, dass um 300 v. Chr. der erste der drei Sangams, der berühmten Dichterschulen, gegründet wurde. Der dritte Sangam, dessen Gedichte erhalten sind, existierte bis zum 3. Jh. n. Chr. Madurai war die Hauptstadt der Pandyas, die die tamilische Kultur förderten. Nach den Pandyas herrschten die Cholas und letztlich wieder Pandyas, bis zum 14. Jh.. Einige Jahrzehnte regierte hier ein muslimischer Sultan, bis die Stadt von den Vijayanagar-Königen wieder befreit wurde. Vom 16. bis 18. Jh. beherrschten die Nayaks, ehemalige Gouverneure der Vijayanagar-Könige, diese Gegend, bis 1781 die Briten kamen.

Das zentrale Heiligtum des Gottes Sundaresvara (Shiva) sowie das der Göttin Minakshi ließ der erste Nayak-Herrscher im 16. Jh. errichten. Sein Enkel fügte viele Gebäude hinzu, so die **1000-Säulen-Halle** ❶ mit kunstvollen Skulpturen von Reitern, Göttern und

Foto: Julia Ziegelmaier

Helden der Hindu-Epen; sie beherbergt heute das ★**Temple Art Museum** (wird derzeit renoviert). Auch die meisten der monumentalen Eingangstürme wurden in dieser Epoche errichtet; an jeder der vier Seiten des Tempels steht solch ein *Gopuram*, überreich verziert mit steinernen Skulpturen. Der imposanteste ist der **Südliche Torturm** 2 mit rund 50 m Höhe, der mit Gestalten aus dem Pantheon des Hinduismus bestückt ist. Von 1550 bis 1650, wuchs die Tempelanlage zur heutigen Größe heran. Direkt hinter dem südlichen *Gopuram* befindet sich der **Teich des goldenen Lotos** 3, der heilige Tempelteich, auf dessen Stufen man ausruhen und das quirlige Leben beobachten kann. Zwischen dem Teich und dem nur Hindus zugänglichen **Minakshi-Schrein** 4 steht ein **Modell**, das einen Überblick über die Tempelanlage bietet. Durch einen Durchgang im Norden erreicht man den zweiten großen Tempelbereich mit dem **Heiligtum**

des Gottes Sundareshvara 5.

Innerhalb der Anlage befindet sich ein **Devotionalien-Basar**, wo Girlanden und Götterbilder verkauft werden. Die ganze Stadt ist auf den Tempel ausgerichtet, und die Göttin Minakshi ist heute ein wichtiger Wirtschaftsfaktor.

1623-59 regierte der bekannteste Herrscher der Nayak-Dynastie, **Tirumalai Nayak**. Er ließ sich, 1,5 km südöstlich des Tempels, einen herrlichen **Palast** erbauen, der im 19. Jh. restauriert wurde. Den **Thronsaal** überwölbt eine 20 m breite Kuppel. Die **Tanzhalle** birgt heute ein archäologisches **Museum** mit schönen Skulpturen.

Das *Chitrai*-Fest im April/Mai erinnert an die dreibrüstige Göttin Minakshi. Nach einer Prophezeiung sollte die dritte verschwinden, wenn die Göttin den ihr bestimmten Mann treffen würde. Sie begegnete Shiva, das Wunder geschah, und in Madurai fand die Hochzeit mit *Sundaresvara* („Herr der Schönen") statt. Zu Ehren ihrer Hochzeit wird im Januar/Februar das *Teppam*-Fest am **Mariamman Teppakulam-Tempelteich** (5 km

Oben: Der Teich des goldenen Lotos im Minakshi-Tempel von Madurai.

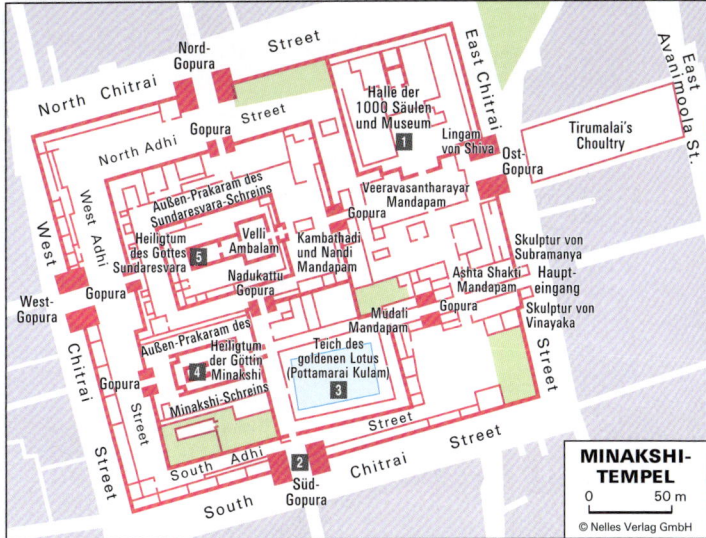

North Chitrai Street · Nord-Gopura · North Adhi · Gopura Street · Gopura · West Adhi · West Chitrai · West-Gopura · Gopura · Außen-Prakaram des Sundaresvara-Schreins · Heiligtum des Gottes Sundaresvara · Velli Ambalam · Nadukattu Gopura · Kambathadi und Nandi Mandapam · Außen-Prakaram des Heiligtum der Göttin Minakshi · Minakshi-Schreins · Teich des goldenen Lotus (Pottamarai Kulam) · Mudali Mandapam · Gopura · Gopura · Gopura · Gopura · Südgopura · South Adhi Chitrai Street · South Street · Halle der 1000 Säulen und Museum · Lingam von Shiva · Ost-Gopura · Veeravasantharayar Mandapam · East Chitrai · East Avanimoola St. · Tirumalai's Choultry · Skulptur von Subramanya · Ashta Shakti Mandapam · Haupteingang · Skulptur von Vinayaka · Street · Street

**MINAKSHI-TEMPEL**
0      50 m
© Nelles Verlag GmbH

**7**

Tamil Nadu

östl. d. Altstadt) gefeiert: das Becken wird mit Wasser gefüllt, romantisch beleuchtet und das Paar auf einem Floß darüber gezogen. Allabendlich vor Schließung des Tempels wird die Statue Shivas zum Schrein der Minakshi gebracht, um den Göttern eine gemeinsame Nacht zu ermöglichen. Man kann dieses **Abendritual** im Tempel miterleben (die Schreine selbst sind nur Hindus zugänglich).

Das **Gandhi Memorial Museum** ist 5 km nordöstlich des Stadtzentrums im **Tamukam-Palast** untergebracht.

### Rameswaram

**Rameswaram ㉒** liegt auf einer Insel im Golf von Mannar, wo laut Ramayana ein Affenheer zur Rettung von Ramas entführter Gattin Sita eine Brücke nach Sri Lanka baute; Rama huldigte nach seiner Rückkehr hier einem Shiva-*linga*, um für den Mord an Ravana zu büßen. Von der Pracht des mächtigen **★Rameswaram-Tempels** zeugen bis zu 1000 m langen **Säulengänge**, die

im 17. Jahrhundert die Sethupatis anlegten.

### ★Kanyakumari

Die Südspitze Indiens markiert **★Kanyakumari ㉓** am **Kap Komorin**, wo das Arabische Meer, der Golf von Bengalen und der Indische Ozean aufeinandertreffen. Die Sonnenauf- und -untergänge sind überwältigend. Viele Pilger, die die jungfräuliche Göttin Kanniyakumari verehren, strömen zum **Kanyakumari-Tempel** (nur für Hindus). Hoch ragt die bedeutende Marienwallfahrtskirche **Our Lady of Ransom** auf; der Apostel Thomas soll hier bereits im 1. Jh. missioniert haben.

Das **Gandhi Mandapa** markiert die Stelle, an der Gandhis Asche verwahrt wurde, ehe man sie ins Meer streute.

Nach dem **Tsunami** 2004 wurde eine **Gedenkstätte** für die Opfer errichtet. Mit Booten gelangt man zu einer Felsklippe mit einer Gedenkstätte für Swami **Vivekananda**, der hier 1892 meditierte; guter Blick von hier auf die Süd-

**》 Karte S. 189, Info S. 203**

201

spitze Indiens. Die Felsinsel daneben trägt die 2000 eingeweihte, 40 m hohe Statue des **Thiruvalluvar**, Verfasser der „tamilischen Bibel" *Kural*.

## Kodaikanal

Die Bergorte in den Ausläufern der West Ghats sind ideal, um der Hitze zu entkommen. **Kodaikanal** ㉔ (120 km nordwestl. v. Madurai) in den **Palani Hills** liegt, angenehm kühl, in 2100 m Höhe am 1863 von Briten angelegten **Kodaikanal Lake**, umgeben von herrlicher Landschaft. **Wanderwege** führen durch Parks, Teeplantagen und Wälder, vorbei an Wasserfällen und Aussichtspunkten. In „Kodai" floriert ein Eliteinternat, einst für Missionarskinder gegründet. Mehrere Kirchen sind erhalten, so die fotogene **La Salette**. Schüler aus aller Welt flanieren zwischen indischen Touristen, die hier von April bis Juni gerne dem heißen Tiefland entfliehen.

Oben: Mit der Nilgiri Blue Mountain Railway unterwegs nach Ooty.

## Uthagamandalam (Ooty)

Noch höher in den **Nilgiri Hills** liegt **Uthagamandalam** ㉕ (**Ooty**) auf 2240 m ü.M:, bis 1946 als **Ootacamund** beliebter Erholungsort für britische Kolonialbeamte, heute eine Stadt mit über 88 000 Einwohnern und gepflegtem **Botanischen Garten**. Die Umgebung der einstigen *Hill Station* bietet gute Wandermöglichkeiten. Man kann sich organisierten Touren zu Fuß oder zu Pferd anschließen. Auf dem **See** werden Ruderboote vermietet.

Ein Erlebnis ist die 5-stündige Anreise mit der ★★**Nilgiri Blue Mountain Railway**, der 46 km langen Schmalspurzahnradbahn von Mettupalayam (326 m ü. M.) nach Ooty, die – 1908 eröffnet – zum UNESCO-Welterbe zählt und atemberaubende Ausblicke bietet.

In Ooty werden Ausflüge in den nahen **Mudumalai National Park** ㉖ (900 m ü. M.) angeboten; in Jeeps, Minibussen oder beim **Elefantenritt** kann man nach Rotwild, Affen, Pfauen, Wildelefanten, Krokodilen u. a. Ausschau halten.

## Mamallapuram (☎ 04114)

ℹ️ **Tamil Nadu Tourism**, E Raja St., Tel. 2423232, www.ttdconline.com, www.tamilnadutourism.org.

↰ Vom Flughafen Chennai fahren Busse direkt nach Mamallapuram.

✕ **Sea Shore Restaurant**, sehr gute Jumbo Prawns und Fisch, direkt am Strand mit Blick auf den Küstentempel.
**The Wharf**, Seafood und Pasta, gehoben, gehört zum Temple Bay Hotel. **Moonraker**, Traveller-Bar und Restaurant, gut und günstig, im Ort, am Strand Fishermen Colony.

🎭 Im Januar Tanzfestival vor dem beleuchteten Ganga-Relief, klassischer Tempeltanz und Volkstänze. Ticketreservierung auch in großen Hotels.

## Pondicherry (☎ 0413)

ℹ️ **Pondicherry Tourism**, Goubert Salai, Tel. 2339497. **Ashram Reception Service**, Rue de la Marine, Tel. 24836. **La Boutique d'Auroville**, Tel. 2337264, www.sriaurobindo-ashram.org.

✕ **Rendezvous**, gepflegt, indisch u. französ., nette Dachterrasse, Suffren St.
**Le Club**, französisch und indische Küche, schöner Innenhof, nahe Alliance française.
**Hotel de l'Orient**, Restaurant im Innenhof des wunderschönen Boutique-Hotels.
**Le Café**, Capuccino, Eiskaffee, Kuchen, Snacks; Uferpromenade nahe Gandhimon.

🏛️ **Pondicherry Museum**, 10–17 Uhr, Mo und an staatl. Feiertagen geschl., südl. vom Govt. Park. **Bharati Museum**, 20 Esaran Koil St. **Aurobindo Ashram**, 8–12, 14–18 Uhr, Marine St.

🛒 **Grand Bazaar**, quirliges, authentisches Treiben beim Verkauf von Obst, Fisch, Textilien etc., südlich der Nehru Rd.

🎭 *Masai Magam* (Feb/März, in Pondicherry).

## Madurai (☎ 0425)

ℹ️ **Tourist Office**, W Veli St., Tel. 234757, sowie am Bahnhof und am Flughafen.

↰ Air India fliegt nach Chennai und Mumbai, Jet Airways nach Chennai. Flüge nach Madras und Trichy, Bahn- und Busverbindungen zu den größeren Städten.

✕ In Madras gibt es Dachrestaurants mit tollen Ausblicken wie das **Sulchana** u. **Park Plaza**. Im **Restaurant Anna Meenakshi** serviert man preiswert südindisches Thali auf Bananenblatt, im New College House.

🏛️ **Temple Museum**, 9–17 Uhr, Minakshi Temple. **Gandhi Museum**, alter Palast von Rani Mangammal, 10–13 u. 14–17.30 Uhr. **Thirumalai Nayak Palace Museum**, 9–13 u. 14–17 Uhr. **Meenakshi-Tempel**, 5–12.30, 16–21.30 Uhr.

✚ **Christian Mission Hospital**, E Veli St. **Grace Kennet Foundation Hospital**, 34 Kennet Rd.

🎭 *Float Festival* (Jan/Feb) in Madurai; die Götter des Minakshi-Tempels werden über Wasser gefahren. *Chitrai* (April/Mai) in Madurai. 10 Tage lang wird die Hochzeit von Minakshi mit Shiva gefeiert.

## Thanjavur (☎ 0431)

ℹ️ **Tourist Office**, im TTDC Hotel Tamil Nadu, Tel. 230984.

✕ Hervorragend ist das **Sabena Restaurant** des Hotel Gnaunam.
Billig isst man im **Aravind Restaurant** am Busbahnhof; in der Nähe bietet **New Bombay Sweets** Kuchen, Burger u. kühles Bier.

🏛️ **Palast der Nayaks / Art Gallery / Saraswati-Mahal-Library**: 9–13 und 15–18, Library Do–Di von 10–13 und 14–17 Uhr.

🎭 *Thyagaraja Music Festival* (Jan), Thanjavur. Erntefest *Pongal* (Jan) a.d. Land: Stierkämpfe, Ochsenkarren-Rennen.

**7**

**Tamil Nadu**

Kerala Lookatme

In den Backwaters bei Cochi

# KERALA

NORD - KERALA

Nummern: ❶ - ❿

0          25 km

© Nelles Verlag GmbH, München

**DAS FEST
DES LEBENS**

KERALA
COCHIN

## KERALA

Kerala – ideal für Ayurveda- und Wellness-Aufenthalte – ist ein angenehmes Reiseziel: Wer an schönen Stränden entspannen, gesund und abwechslungsreich speisen und Natur genießen will – etwa auf einer Backwater-Hausboot-Tour oder im Periyar-Nationalpark – ist hier richtig.

Der Staat Kerala wurde 1956 ins Leben gerufen, als die Grenzen der Unionsstaaten unter Berücksichtigung der Sprachgrenzen neu festgelegt wurden. Die Sprache Keralas ist das (drawidische) Malayalam. In diesem nach Goa kleinsten südindischen Unionsstaat leben auf dem schmalen fruchtbaren Streifen zwischen den West-Ghats und dem Arabischen Meer 33 Mio. Menschen auf einer Fläche von 38 900 km$^2$, was die hohe Bevölkerungsdichte von 850 Einwohnern pro km$^2$ ergibt – obwohl ein Großteil des Landes aus hohen Bergen und Wäldern besteht.

Bei der Durchreise scheint Kerala – bis auf seine großen Städte – gar nicht so dicht besiedelt, denn propere Privathäuser mit baumbestandenen Gärten prägen das idyllische Landschaftsbild. Kaum Industrieanlagen oder Fabriken sind zu sehen. Der Großteil der Bevölkerung lebt von Landwirtschaft oder Fischfang.

Kerala ist sehr grün und mit genügend Wasser gesegnet: 44 Flüsse durchziehen das Land, und der Südwestmonsun bringt ab Juni drei Monate lang reichlich Regen. Hauptanbauprodukt ist die Nuss der Kokospalme. Reisfelder, Bananen- und Kautschukplantagen ziehen sich entlang der Verkehrswege.

Im Hochland dominieren Tee- und Kaffeeplantagen und Gewürzgärten; Pfeffer, das „schwarze Gold", lockte schon seit der Antike Seefahrer aus dem Westen an, und mit den Händlern kamen die Missionare; Kerala hat einen großen Christen- (19 %) und einen großen Muslimanteil (25 %); hier wird – in Indien eher selten – auch Rind gegessen. Das Bildungsniveau ist hoch.

Politisch sind die Kommunisten traditionell stark, oft sieht man rote Fahnen mit Hammer und Sichel wehen. Seit 1957 bilden sie immer wieder die Regierung des Bundesstaats. Viele Betriebe sind, wie etwa die Kokosmatten-Manufakturen, als Kooperativen organisiert.

Uralte Traditionen des Landes wurden in Kerala bewahrt, so das Wissen um die ganzheitliche Gesundheitslehre des Ayurveda. *Kalaripayattu* gilt als die Mutter aller südostasiatischen Kampfsportarten. *Theyyam*-Trancetänze zu Festen, außergewöhnliche Elefantenprozessionen und eigene Tanz- und Theatertraditionen wie der *Kathakali* sind in Kerala noch tief verwurzelt.

**8**

**Kerala**

» Karte S. 206 u. S. 218, Info S. 227     207

Foto: Helmut Köllner

### Keralas frühe Geschichte

Am Anfang unserer Zeitrechnung konnten sich im Süden Indien die Königreiche der Cheras, der Cholas und der Pandyas etablieren. Die Cheras beherrschten in etwa das Gebiet des heutigen Kerala. Durch die stark gegliederte geografische Beschaffenheit gab es dort zumeist Kleinstaaten, die ihre Basis an der Küste hatten und vom Handel mit ausländischen Handelsseefahrern – so auch mit römischen Kaufleuten – und dem Hinterland lebten.

Seit der Zeit der Cheras begannen die ursprünglichen Stammesfürstentümer, vedenkundige Brahmanen aus Nordindien einzuladen und orientierten sich zunehmend am hinduistischen Wertesystem. Das Kastensystem fasste Fuß, und in Kerala entstand eine sehr dominante Brahmanenkaste, die *namboodris*. Sie stellen auch heute noch die höchste Brahmanenkaste dar. Die Nairs,

die rituell zweithöchste Bevölkerungsgruppe, zählten bereits zur niedrigen Shudra-Kaste und waren Krieger und Bauern. Die Ezhavas, die als Unberührbare gelten und wahrscheinlich aus Sri Lanka kamen, waren Kleinbauern.

Das Kastensystem Keralas weicht stark von dem in den Sanskrittexten vorgeschriebenen System ab; außer den Brahmanen finden sich fast keine oberen Kasten. Die Namboodris hielten ihre durch die Schenkung von Landbesitz einmal erworbene Position durch strenge Erbregelung, bei der der Besitz keinesfalls geteilt werden durfte. Auch die später zahlreich zugewanderten tamilischen Brahmanen konnten deren Position nicht erreichen.

### Das Christentum in Kerala

Etwa 19 % der 34 Millionen Keralesen sind Christen. Der Legende nach erreichte der heilige Thomas, einer der zwölf Apostel Jesu, bereits im Jahr 52 n. Chr. Südindien und gründete dort sieben Kirchen in wichtigen Hafenstädten.

---

Oben: Teeplantage bei Munnar in den West-Ghats.
Rechts: Christliche Messe am Strand bei Kovalam.

Foto: Julia Ziegelmaier

Tatsächlich geht die Christianisierung Keralas wohl eher auf Syrische Christen zurück, Vertreter des antiken westasiatischen Christentums, die im 4. Jh. als Händler kamen. Die „Thomaschristen" wurden als Händlerkaste in die Gesellschaft eingegliedert und gingen eine enge Bindung mit dem Hinduismus ein; sie sehen sich selbst quasi als die Brahmanen unter den Christen.

Die portugiesischen Katholiken (ab 1498) konnten einen solchen Status nicht erreichen, versuchten aber, die Thomaschristen zu latinisieren; 1653 kam es zu einer Spaltung der Thomaschristen in eine katholische und eine autokephale Kirche.

Mit den Holländern, die 1663 die Portugiesen als Kolonialherren ablösten, kam der Protestantismus nach Kerala; mit den Briten ab 1790 die Anglikanische Kirche, heute *Church of India*. Seit 1924 hat die neocharismatische Gemeinde der Pfingstbewegung *Pentecost* großen Zulauf; der starke amerikanische Einfluss ist noch immer in der keralesischen Pfingstkirche zu spüren.

### Der Islam

Die Araber kontrollierten die Schifffahrtswege nach Indien bis zur Ankunft der Portugiesen. Mit ihren seetüchtigen *dhaus* nutzten sie die Monsunwinde, um die Gewürzküste zu erreichen. Die Araber kamen in friedlicher Absicht und wollten nur Handel treiben. Die zwangsweise Islamisierung fand fast nur in Nordindien, im Zuge der Eroberungen der Sultane statt. Im Jahr 643 n. Chr. kamen zwei muslimische arabische Prediger – Malik ibn Dinar und Sharaf ibn Malik – nach Cranganore (Kodungallur) nördlich von Cochin, zusammen mit einigen Anhängern, die in Kerala willkommen geheißen wurden. So entstand auch die erste Moschee in Cranganore, der bald andere folgten. Die ältesten Moscheen Keralas sind kaum von den Tempeln zu unterscheiden. Sie haben ebenso leicht geneigte Dächer und Giebel; jedoch ersetzen stilisierte Blumen und Blattwerk sowie geometrische Ornamente die Skulpturen. Etwa 25 % der Keralesen sind Muslime.

» **Karte S. 206 u. S. 218, Info S. 227**

Foto: Antonio De Azevedo Negrão (Dreamstime)

## Die Juden

Die erste jüdische Gemeinde kam bereits vor etwa 2000 Jahren nach Indien, ließ sich in Cranganore nieder und blieb dort unbehelligt – bis zur Ankunft der Portugiesen. Die Araber sahen ihr Monopol im Pfefferhandel nun von allen Seiten bedroht. Dass sich die Juden darüber beklagten, die Araber würden ihre Pfefferexporte verfälschen, nahmen jene zum Anlass, einige Mitglieder der jüdischen Gemeinde zu massakrieren und deren Besitztümer zu plündern. Just zu dem Zeitpunkt hatte der Raja von Cochin den Juden etwas Land seines Herrschaftsgebietes abgegeben, das aber unglücklicherweise dicht neben den Niederlassungen der Portugiesen lag, die ebenfalls keine Gelegenheit ausließen, die Juden zu verfolgen.

Oben: Pfeffer, ein im 15. Jh. sehr wertvolles und heiß umkämpftes Produkt aus Kerala. Rechts: Die Portugiesen förderten auch die Kultivierung der Kokospalme.

## Die Portugiesen

Es existieren zahlreiche historische Zeugnisse, dass der Fürst (*Zamorin*) von Calicut den portugiesischen Entdecker Vasco da Gama empfing, als dieser zum ersten Mal im Jahr 1498 indischen Boden betrat. Die Portugiesen ersuchten um die Erlaubnis, eine Handelsniederlassung gründen zu dürfen, und baten um Handelsrechte für den Pfeffer, um dessentwillen sie die weite Reise um das Kap der Guten Hoffnung angetreten hatten. Doch traute weder der Zamorin den Portugiesen, noch trauten sie ihm, woraufhin sie mit derselben Bitte bei dem Fürsten von Cannanore vorstellig wurden. Da der ebenfalls nicht gut auf den Zamorin zu sprechen war, kam er ihnen weit entgegen, und Vasco da Gama konnte schließlich mit einer Gewürz-Fracht nach Hause segeln, deren Wert die Kosten der Reise um das Sechzigfache überstieg.

Zwei Jahre später landete Pedro Alvarez Cabral in Indien, erreichte Calicut und segelte dann weiter südwärts nach Cochin, wo er den Raja von Cochin gegen die Oberherrschaft des Zamorin von Calicut zürnen sah. Wiederum zwei Jahre später hatte es Vasco da Gama geschafft, das Handelsmonopol für Pfeffer in portugiesische Hände zu bekommen: Mittlerweile war mit dem Bau einer Festung in Cochin begonnen worden, das die nächsten 450 Jahre von der fremden Macht regiert werden sollte.

Zu Beginn der Kämpfe des Zamorin gegen die Portugiesen stand der islamische Admiral Kunjali Maraikar an seiner Seite, dessen Name zu einer Bezeichnung für alle Admirale wurde. Zwei Jahrzehnte lang lieferten sich die Kunjali Maraikars auf dem Indischen Ozean schwere Seegefechte mit den Portugiesen, doch musste der Zamorin schließlich kapitulieren. Die Legenden von den Maraikars leben noch heute in den Liedern der Fischer fort, wenn sie singend in See stechen.

Die Anwesenheit der Portugiesen beeinflusste das gesellschaftliche Gefüge in vielen Regionen Keralas. Noch heute kann man das portugiesische Erbe in den kleinen Dingen des Alltags entdecken. Die Portugiesen brachten die Cashewnuss nach Kerala und Früchte wie Guave, Zimtapfel und Papaya.

Zu Beginn des 17. Jh. versuchten die Portugiesen, die syrisch-orthodoxe Kirche zu reformieren und Latein in die Liturgie einzuführen. Als sich unter den Christen in Mattancherry das Gerücht ausbreitete, dass der syrische Patriarch gewaltsam in Madras inhaftiert worden sei, kam es zu einer Massenrevolte.

### Das moderne Kerala

Als der heutige Unionsstaat im Jahre 1956 gegründet wurde, setzte Kerala sich aus Fürstentümern und Provinzen zusammen, in denen die Mehrheit Malayalam sprach. Im Norden des Landes lag Malabar, ein Teil der britischen Provinz Madras, in deren Mittelpunkt Cochin stand. Weiter südlich befand sich der wichtige Staat Travancore, der sich bis zur Südspitze des Subkontinents, bis Cape Comorin, erstreckte.

Das „Hauptquartier" der Herrscher von Travancore war anfänglich der heute im Nachbarstaat Tamil Nadu gelegene Padmanabhapuram-Palast (s. S. 226), dann zog das Königshaus nach Thiruvananthapuram (Trivandrum) um. Die ehemaligen britischen Vorposten – die Festungen Cochin und Anjengo – wurden schrittweise integriert, während Mahe, ein winziges französisches Protektorat, Teil des französischen Pondicherry wurde, das heute zu den Unionsterritorien gehört.

Trivandrum, schon seit dem 18. Jh. Hauptstadt des Königreichs von Travancore, wurde Regierungssitz des unabhängigen Kerala. Cochin mit seinem Naturhafen wurde das Haupthandelszentrum und der heutige Stadtteil Ernakulam auf dem Festland 1967 eingemeindet. Die Häfen der Antike, in denen die Schiffe mit Teakholz, Elfenbein, Gold

Foto: Vitaly Sokolovsky (Dreamstime)

und Pfauenfedern für König Salomon oder mit Gewürzen für die Ägypter und später mit Pfeffer für das alte Rom beladen wurden, existieren immer noch, und Kerala ist im 21. Jahrhundert noch immer einer der größten Pfefferproduzenten der Welt.

Der Ballungsraum Kochi/Ernakulam ist mit 2,1 Mio. Einwohnern der größte Siedlungsraum Keralas. Um das kulturelle Zentrum am Eingang des alten Hafens bei Fort Cochin ist auf Vallarpadam Island ein neuer Containerhafen entsanden, zusätzlich zum bisherigen Hafen mit seinen Ölraffinerien.

Cannanore (Kannur) und Calicut (Khozikode; von hier stammt der Kattun) sind die Standorte der baumwollverarbeitenden Industrie, die hier hergestellten Textilien werden in alle Welt verschickt. Alleppey ist wegen seiner Kokosfasern bekannt, Quilon, auch ein alter Hafen, für seine Cashewnüsse, während das im Inland liegende Kottayam Zentrum für Kautschuk, Teakholz, Tee und Kaffee ist. Palghat ( Palakkad), ein malerisches Städtchen in den West-

**»» Karte S. 206 u. S. 218, Info S. 227**      211

# KERALA

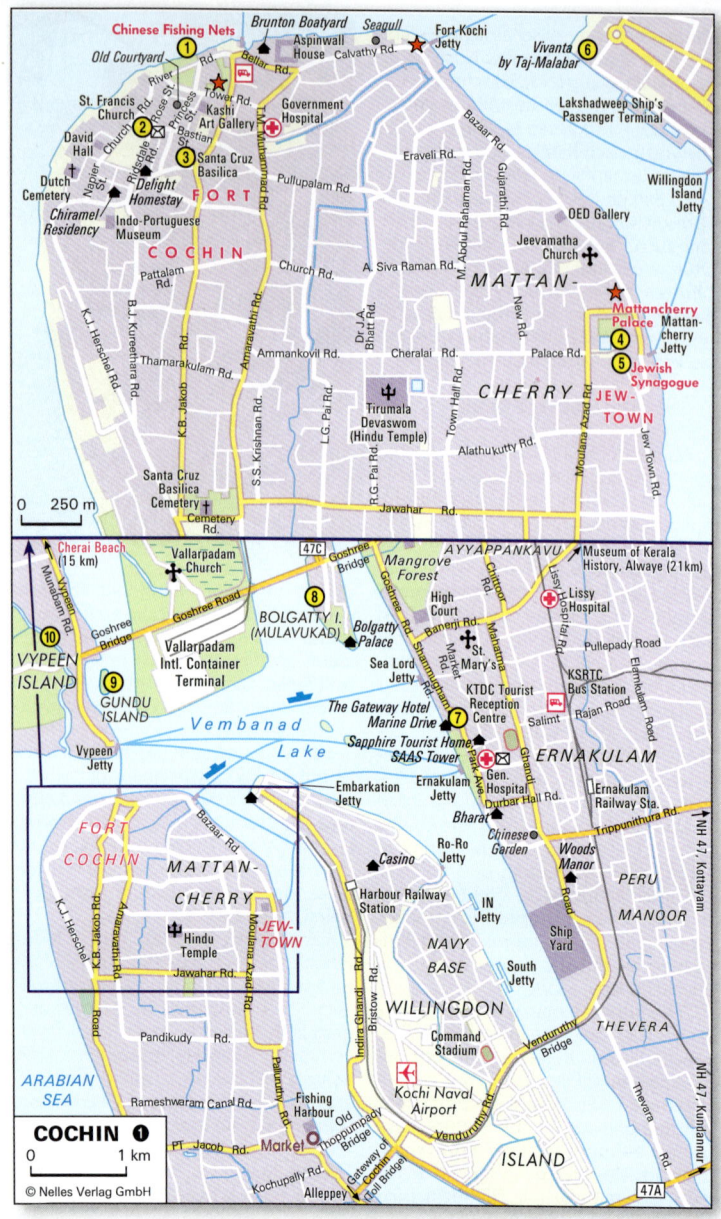

Ghats, wird als der „Reistopf Keralas" bezeichnet. Im nebligen Hochland der West-Ghats liegen Teeplantagen.

Der Bundesstaat ist für den hohen Bildungsgrad seiner Bevölkerung bekannt: 94 % können lesen und schreiben. Wegen ihrer guten Bildung sind die Keralesen auch im Ausland gefragte Arbeitskräfte: Der relative Wohlstand des Bundesstaates fußt auf den Geldern, die Auslandskeralesen u. a. aus den Golf-staaten nach Hause schicken.

Kerala hat seinen eigenen Tempelstil: wesentlich kleiner als die riesigen Tempelkomplexe Tamil Nadus und oft großteils aus Holz erbaut. Die Tempelummauerung und der Eingang werden gern mit Öllämpchen geschmückt. Charakteristisch ist das runde Allerheiligste, Holzschnitzarbeiten im Dekor sowie typisch keralesische Malereien wie im Mattancherry-Palast in Cochin. Der Tempelbereich ist meist Hindus vorbehalten. Selten dürfen Ausländer den Bereich betreten; die Herren müssen dann jedoch bereit sein, ihre Oberbekleidung abzulegen, und es gilt in der Regel strenges Fotografierverbot!

Neben Tempelstätten bietet Kerala Wildschutzgebiete und *Hill Stations* in den West Ghats. Es hat eine lange Küstenlinie und besitzt schöne Strände; die bekanntesten sind die von Kovalam und Varkala. Zu den Höhepunkten einer Reise durch Kerala gehört eine Bootsfahrt durch das weit verzweigte Lagunensystem der Backwaters.

Kerala blickt auf eine lange Tradition in Tanz und Theater zurück. Eine besondere Form des hiesigen Tanzdramas ist **Kathakali**. Kerala hat auch herausragende Filmemacher und Schriftsteller hervorgebracht, und 2012/13 fand in Fort Cochin sowie in der kolonialen Durbar Hall in Ernakulam die erste Kunstbiennale Indiens statt.

Derzeit wird ein Alkoholverbot für Kerala diskutiert; eine selbstsernannte, der Hindupartei BJP nahestehende „Moralpolizei" stellt nicht nur Trinkern, sondern auch Liebespaaren nach.

## ★★Cochin / Ernakulam

★★**Cochin** ❶ (**Kochi**) bietet vieles, was Kerala attraktiv macht, in konzentrierter Form. Die Hafenstadt an der tropischen Malabar-Küste erstreckt sich landschaftlich reizvoll über mehrere Inseln und Halbinseln, die durch Fähren verbunden sind. Per Boot kann man die **Halbinsel Mattancherry** mit dem historischen Zentrum ★★**Fort Cochin** erreichen. Hier herrscht Leben in den schmalen Sträßchen, gesäumt von Gewürzläden, Souvenir- und Antiquitätengeschäften. Der Geist der Portugiesen (ab 1502), der Holländer (ab 1663) und der Briten (ab 1790) weht noch durch die Gassen, da viele Kolonialbauten gut erhalten sind und stimmungsvolle Boutiquehotels, Cafés (wie das **Kashi Art Café** am Fort), Galerien (**OED**, Bazar Road) und Geschäfte beherbergen. Die Chance, sonst unzugängliche Lagerhallen u.ä. von innen zu sehen, bietet sich alle zwei Jahre bei der indisch-internationalen Gegenwartskunstschau *Kochi-Muziris-Biennale* (http://kochimuzirisbiennale.org), nach dem Vorbild der Kunstbiennale von Venedig.

An der **Uferpromenade** im Norden der Altstadt reihen sich die ★**Chinesischen Fischernetze** ①, besonders malerisch bei Sonnenuntergang. Noch heute bringen die Netze, deren Holzkonstruktion im 13. Jh. von chinesischen Kaufleuten im Gefolge Kublai Khans eingeführt wurde, Fänge ein. Man findet sie auch in den Backwaters von Quilon. Die Chinesen deckten sich hier mit Elfenbein, Gold, Perlen, Pfeffer, Mahagoni und Kampferholz ein.

Wichtigstes Gebäude im Fort Cochin ist die **St. Francis-Kirche** ②, wo 1524 Vasco da Gama beigesetzt wurde. 14 Jahre später brachte man seine Gebeine nach Lissabon, doch sein erster Grabstein steht hier noch. Diese älteste von Europäern gebaute Kirche in Indien war anfangs eine Holzkirche, errichtet von Franziskaner-Mönchen, die mit Pedro Alvarez Cabral nach Indien gekommen

**8**

**Kerala**

»» **Karte S. 206, Stadtplan S. 212, Info S. 227**   213

Foto: Joachim P. Chwaszcza

waren. Als sich die Portugiesen hier etablieren konnten, bauten sie die Kirche neu aus Stein. Fast ein Jahrhundert später verdrängten die Holländer die Portugiesen, und St. Francis wurde eine protestantische Kirche, heute Church of South India. 1795 wandelten die Briten sie in eine anglikanische Kirche um. Besuchern wird heute demonstriert, wie früher außerhalb der Kirche sitzende Diener die *punkahs* (von der Decke hängende Fächer) von Hand bedienten, damit die Gläubigen nicht durch die Hitze vom Gottesdienst abgelenkt wurden. Auch ein Besuch der 1902 erbauten, beeindruckenden **Santa Cruz-Basilika** ③ etwas weiter südöstlich lohnt.

Der ★**Mattancherry Palace** ④ der Rajas von Cochin birgt meisterhafte keralesische Wandmalereien. Er ist zwei Stockwerke hoch, hat ein großes Ziegeldach im Stil der Holländer, die nicht wie die Portugiesen über den einzelnen

Zimmern Dächer bauten, und wird deshalb auch **Dutch Palace** genannt. Ursprünglich hatten ihn die katholischen Portugiesen 1557 gebaut, als Friedensangebot an den Raja von Cochin, nachdem sie einen Tempel in der Nähe zerstört hatten. Später erhielt er von den Holländern ein neues Gesicht. Teile des Palastes dienen heute einem **Museum** als Ausstellungsraum für Kleider und andere Gegenstände, u. a. für den *palankin*, den Tragsessel der Rajas. Die privaten Gemächer sind mit einmalig schönen ★**Tempera-Malereien** verziert, im farblich feinfühligen, detailreichen, typischen Kerala-Stil. Abgebildet sind Szenen aus dem *Mahabharata* und dem *Ramayana* (Fotoverbot).

Vom Dutch Palace ist es nur ein Katzensprung ins ★★**Judenviertel**, doch ändert sich dort schlagartig die Atmosphäre: Alles wirkt sehr klein, es ist ruhig und die Luft ist geschwängert vom Duft verschiedener Gewürze. Da die Juden von Cochin den Gewürzhandel kontrollierten, war es einst ein reiches Viertel – das der „weißen Juden" Keralas (im

Oben: „Chinesisches" Fischernetz an der Uferpromenade von Cochin (Kochi). Rechts: Die St. Francis-Kirche in Cochin.

Foto: Paul Prescott (Dreamstime)

Gegensatz zu den „schwarzen Juden", die ihre eigenen Synagogen hatten). Wegen der Emigration nach Israel lebt nur noch ein Dutzend Juden hier.

Die ★**Synagoge** ⑤ ist durch den alles überragenden **Clocktower** gekennzeichnet. Er wurde 1760 von Ezekiel Rahabi gebaut, der vom Pfefferhandel mit den Chinesen lebte. Von ihm stammen auch die weißen und blauen handgemalten Porzellankacheln, die er aus China importierte. Die Synagoge, bekannt unter dem Namen „Pardesi", ist besonders während der jüdischen Festtage einen Besuch wert. Dann werden die heiligen Schriftrollen in großen silbernen Zylindern ausgestellt, die Wände mit Brokatbehängen geschmückt und im Innenraum die Lüster angesteckt. Vor der Synagoge brennt Tag und Nacht ein siebenarmiger Leuchter, die *menorah*.

Zwischen der Mattancherry Halbinsel und dem Festland wurde **Willingdon Island** 1920 im Rahmen eines Hafenausbaus künstlich aufgeschüttet. An ihrer Nordspitze steht seit 1935 das Luxushotel **Vivanta by Taj-Malabar** ⑥. In

der Nähe des Hafenterminals liegt das vornehme, moderne Hotel **Casino**.

Einen Kontrast zur malerischen Altstadt von Fort Cochin bietet der moderne Stadtteil **Ernakulam** auf dem Festland mit seinem pulsierenden Geschäftsleben, mit Banken, Hotels, dem **KTDC Tourist Reception Centre** ⑦, Einkaufsmöglichkeiten und den Bahnhöfen. Das KTDC (Kerala Tourism) organisiert **Bootsrundfahrten** zwischen dem alten und dem neuen Cochin. **Bolgatty Island** ⑧ wird ebenfalls angefahren, hier ließen sich die holländischen Kolonialherren im 17. Jh. nieder. Weitere Anlaufpunkte sind **Gundu Island** ⑨ und **Vypeen Island** ⑩ mit langen Stränden; besonders angenehm ist auf Vypeen der 15 km vom Fähranleger entfernte ★**Cherai Beach** mit einfachen Unterkünften sowie den reizvoll zwischen Strand und Backwaters gelegenen Cottages des **Cherai Beach Resort**.

Unbedingt besuchen sollte man eine **Tanzvorführung** des *kathakali*-Tanzdramas (*katha* = Erzählung, *kali* = Spiel); es wird traditionell von Män-

**» Stadtplan S. 212, Info S. 227**

215

Foto: Wilhelm Klein

nern getanzt. Kostüme und Makeup sind äußerst farbenfroh, und auch die **Schminkzeremonie** vor dem Tanz ist sehenswert. Thema der Tanzerzählung ist meist eine Episode aus dem Ramayana oder eine andere Göttererzählung. Hand- und Augenbewegungen sind zentral für das Verständnis der Geschichte. Die musikalische Begleitung ist sparsam aber schrill. Die für Touristen -Kurzversion dauert inklusive Schminkzeremonie etwa zwei Stunden.

### NÖRDLICHES KERALA

Einen Eindruck vom religiösen Leben in den Tempelbezirken bekommt man in **Trichur ❷** (heute: **Thrissur**, 74 km nördlich von Ernakulam). Spiritueller Mittelpunkt der Stadt ist der **Vadakkumnathan-Tempel**, im 12. Jahrhundert zu Ehren Shivas errichtet. Das Sanktum ist nur für Hindus zugänglich, die weitläufige Tempelanlage innerhalb

Oben: Synagoge in Cochin. Rechts: Kunstvolle Kathakali-Tanzmaske.

der Mauern darf jedoch von Touristen besichtigt werden. In den Monaten April und Mai findet hier das Pooram-Fest statt. Während dieses Festes wird eine Skulptur der Hauptgottheit auf die Straße getragen, damit sie einem Wettstreit beiwohnt. In zwei imposanten Reihen stehen sich Elefanten gegenüber, deren Besitzer prächtig geschmückte, auf hohen Bambusstangen befestigte Sonnenschirme hin- und herschwingen. Die Zuschauer feuern die bessere Seite an, und die Musiker ihrerseits sorgen dafür, dass man später, wenn ein Feuerwerk am Nachthimmel funkelt, den Schauplatz mit leicht tauben Ohren verlässt.

Einer der berühmtesten Hindutempel Keralas befindet sich in **Guruvayur ❸**, 33 km nordwestlich von Trichur. Der **Krishna-Tempel** von Guruvayur und die tägliche Flut von Pilgern ist beeindruckend. Empfehlenswert ist auch der Besuch des **Punnathur Kotta Elephant Sanctuary**, in dem die Elefanten, die bei den Tempelfesten zum Einsatz kommen, leben.

Wer etwas über keralesische Kultur erfahren möchte, sollte der Tanzschule **Kerala Kalamandalam** in **Cheruthuruthy ❹** (auch bekannt als **Vallathol Nagar**; 30 km nördlich von Trichur) einen Besuch abstatten. Diese renommierte Hochschule für Kunst und Kultur wurde 1930 von dem indischen Dichter Vallathol gegründet, um die traditionellen Tanzdramen Keralas zu erhalten, insbesondere das *Kathakali*.

Das benachbarte **Shoranur ❺** ist ein Zentrum für **Ayurveda-Naturmedizin** und die in Kerala praktizierte so genannte Ölmassage.

Auch in **Arya Vaidya Sala** in **Kottakal ❻** (150 km nördlich von Cochin) wird von traditionellen Ärzten, den *vaidyars*, die die Geheimnisse der Kräuter und Heilpflanzen noch kennen, alternative Medizin praktiziert und gelehrt.

**Calicut ❼** (Kozhikode) ist historisch von Bedeutung, denn ganz in der Nähe befindet sich die Stelle, an der die Portugiese **Vasco da Gama** im Jahr 1498

» Stadtplan S. 212, Karte S. 206, Info S. 227

Foto: Robert Hübel

landete und damit die Epoche der europäischen Kolonisation einläutete. Ein **Denkmal** erinnert an dem etwas nördlich gelegenen **Kappad-Beach** an das historische Ereignis. Am besten verbindet man den Ausflug zum Strand von Kappad mit einer Tour durch die ★**Backwaters**, die hier in der Umgebung von Calicut nur wenig von Touristen besucht sind. Die **Bootsfahrt** durch das Labyrinth von Wasserwegen ist ein unvergessliches Erlebnis.

Calicut ist stark muslimisch geprägt. Es gibt viele **Moscheen**, **Muchchandipalli** ist ein hervorragendes Beispiel für den hiesigen Moscheebaustil, bei dem sich die strenge Eleganz der islamischen mit der Überschwänglichkeit der keralesischen Baukunst verbindet.

Ungefähr 100 km nordöstlich von Calicut liegt das **Wayanad Wildlife Sanctuary** ❽, verbunden mit dem Mudumalai W.L.S. in Tamil Nadu und dem Bandipur Nationalpark in Karnataka. Man kann sich geführten Touren zu Fuß oder auf Elefanten durch die entlegenen Regenwälder dieser Gegend anschließen (Infos beim Wildlife Warden in Sultan Bathery in der Nähe des Reservats, Tel. 454).

**Cannanore** ❾ (heute Kannur) war einst ein bedeutender Hafen für den Gewürzhandel. Auffälligstes Bauwerk ist das 1505 von den Portugiesen erbaute **St. Angelo Fort** (für Besucher jedoch nicht zugänglich).

Von Cannanore lohnt eine Fahrt ganz in den Norden Keralas zu den herrlichen, palmengesäumten **Stränden** von ★**Bekal** ❿. Auf einer felsigen Landspitze thront das **Bekal Fort** und bietet eine fantastische Aussicht auf die Küstenlinie.

### SÜDLICHES KERALA

#### In den West-Ghats

Cochin ist ein guter Ausgangspunkt für Ausflüge in die Erholungsgebiete der West-Ghats, die an deren nebligen Berghängen liegen. **Kaladi** ⓫ (48 km nordöstlich Cochins) ist ein berühmter Wallfahrtsort. Hier wurde Adi Shankara

# KERALA

**SÜD - KERALA**
Nummern: ⓫ - ㉕

0　　20 km

© Nelles Verlag GmbH, München

geboren, der im 8. Jh. n. Chr. die Philosophie des Nicht-Dualismus lehrte.

★**Munnar** ⑫ (137 km von Cochin, 1524 m ü. M.) ist umgeben von **Teeplantagen**; man genießt eine herrliche Aussicht auf die mit Teepflanzen bedeckten Hügel. Die indischen Plantagenbesitzer leben heute in den alten Sommerhäusern der Engländer und treffen sich in deren ehemaligen Clubs.

Der 16 km entfernte **Eravikulam Nationalpark** ⑬ ist die Heimat des seltenen Nilgiri- Tahr, einer vom Aussterben bedrohten ziegenähnlichen Art.

Einen landschaftlichen Gegensatz bildet der ★★**Periyar National Park Kerala** ⑭, Südindiens meistbesuchtes Tierschutzgebiet, dessen Mitte ein künstlicher See bildet. Höhepunkt eines Periyar-Besuchs ist eine **Bootstour** auf diesem See, an dessen Ufern sich die Tierwelt versammelt. Die beste Zeit zur Tierbeobachtung sind die frühen Morgenstunden oder der späte Nachmittag, wo sich ungeachtet des Lärms, den Boote und Besucher veranstalten, Elefanten und Rotwild meist in der Nähe des Sees aufhalten. Außerdem werden Trekking-Touren in den Dschungel angeboten, wie der sehr lohnende dreistündige **Jungle Trek**. Zur Regenzeit herrscht Blutegelgefahr – *Leech-Socks* werden dann verteilt, als Schutz vor den lästigen Blutsaugern, die mit Vorliebe in die Schuhe der Dschungelwanderer kriechen. Die beste Zeit, um Tiere zu beobachten, ist das Frühjahr.

In **Kumily** ⑮, am Eingang zum Schutzgebiet, findet man Unterkunftsmöglichkeiten und Gewürzläden, in denen es die **Gewürze**, die in der Gegend angebaut werden, zu kaufen gibt. Außerdem werden Touren zu Gewürzplantagen in den Tälern rund um Periyar angeboten, z. B. zu **Abrahams Gewürzgarten** – der alte Herr Abraham spricht sogar ein wenig Deutsch.

Foto: Kakarlapudi Venkata Sivanaga Raju (Dreamstime)

**Auf dem Weg zur Küste**

Auf dem Weg Richtung Westen zur Küste, südlich von Cochin, passiert man **Kottayam** ⑯, ein wichtiges Zentrum der Gummiverarbeitung. Sehr früh siedelten sich hier, am Rand des **Vembanad-Sees**, syrische Christen an. Zeugnis dafür sind die sehenswerten Kirchen **Cheriapally** (mit einer eleganten Fassade) und **Valiyapally**.

16 km westlich von Kottayam entstanden in **Kumarakom** ⑰ mitten in den Backwaters in den letzten Jahren einige geschmackvolle Hotelanlagen. Inmitten paradiesischer Landschaft kann man sich hier den Luxus einer **Ayurveda-Kur** gönnen und Bootsfahrten durch das Labyrinth der Lagunen unternehmen.

Die Hotels organisieren Ausflüge zum **Kumarakom-Vogelschutzgebiet**. Beste Beobachtungszeit ist frühmorgens in den Monaten November bis April, wenn Tausende von Zugvögeln hier den Winter verbringen.

Rechts: Der Nilgiri-Tahr ist eine vom Aussterben bedrohte ziegenähnliche Paarhuferart im Eravikulam-Nationalpark.

**Kerala 8**

≫ **Karte S. 206 u. S. 218, Info S. 227**

Foto: Rob Broek (Stockphoto)

## ★★ Die Backwaters

★**Alleppey** ⓱ (**Alappuzha**) ist ein malerisches Städtchen, das zwischen dem Arabischen Meer und dem Vembanad-See liegt und von Kanälen durchzogen ist. Das **Nehru Trophy Snake Boat Race** findet am zweiten Samstag im August auf dem **Vembanad-See** statt; die berühmte Regatta der mit bis zu 100 Ruderern besetzten 30 m langen Kanus zieht Tausende an.

12 km von Alleppey befindet sich der noch wenig besuchte, sehr schöne **Mararikulam Beach**, der zum Baden einlädt. Einige exklusive Resorthotels sind dort angesiedelt und bieten auch ayurvedische Massagen und Yoga an.

Alleppey ist Ausgangs-, bzw. Endpunkt der berühmten Bootstouren durch die ★★**Backwaters von Kerala** zwischen Alleppey und Quilon (s. u.).

An der Straße nach Quilon liegen einige interessante Tempel, wie z. B. in **Haripad** ⓲, sowie der Palast von ★**Kayamkulam** ⓴. 2 km südlich des Orts ist das **Krishnapuram Palace Museum** ein hervorragendes Beispiel für die Architektur Keralas.

Neben Alleppey ist **Quilon** ㉑ (heute **Kollam**) ein weiteres Zentrum für Backwater-Touren. Die Stadt liegt zwischen dem Meer und dem riesigen **Ashtamudi-See**; seine **Kanäle**, die sich bis ins Landesinnere erstrecken, sind von unvergleichlicher Schönheit. Viele Besucher machen eine **Backwater-Tagestour** per Boot von Quilon nach Alleppey (oder von Alleppey nach Changanacheri) und fahren dann mit dem Taxi oder Bus weiter.

Die Backwaters sind ein Kanalsystem, das sich, mit dem Meer verbunden, auf 3000 km² entlang dem Arabischen Meer im flachen Hinterland der Malabarküste erstreckt. Die Flusslandschaft war ursprünglich mit Mangroven bewachsen, die an die Brackwasserkanäle mit ihrer wechselnden Salz- und Süßwasserkonzentration perfekt angepasst sind. Seit

Oben: Der künstliche See im Periyar National Park lädt ein zu Bootstouren mit Tierbeobachtung. Rechts: Auf den Backwaters.

Foto: Rainer Hackenberg

langem werden die Backwaters jedoch als Kulturland genutzt. Die Kanäle sind teils natürlich, teils angelegt und verbinden kleinste Ansiedlungen mit wichtigen Orten Keralas.

Innerhalb der Backwaters befinden sich 29 Seen, von denen die größten der 83 km lange Vembanadsee, der Ashtamudi- und der Kayamkulamsee sind. Die wunderschöne Landschaft mit ihrer Vogelvielfalt zeigt sich abwechslungsreich. Schmale Kanäle mäandern entlang beschaulicher Dörfer, deren Bewohner das Wasser zum Baden, Geschirrspülen oder sogar Kochen nutzen. Schlanke Boote sind die Haupttransportmittel. E

inige Kanäle wurden zu richtigen Wasserstraßen mit regulärem Bootsverkehr ausgebaut. So führt der **National Waterway No. 3** von Kollam, dem ehemaligen Quilon, über die Hafenstadt Cochin (heute Kochi) und das nette Kleinstädtchen Alleppey (heute Allapuzha, Aussprache: Allapura) nach Kottapuram. Andere Kanälchen verlanden allmählich durch Wasserhyazinthen-,

Seerosen- oder Lotosbewuchs oder werden zugeschüttet, um neue Reisfelder zu gewinnen.

Entlang der Backwaters werden viele Kokospalmen kultiviert, deren Produkte das Haupterzeugnis von Kerala sind. Kokosmilch, Kokosraspel und -Öl sind die Basis der keralesischen Küche. Kokosfleisch und die Kokosfasern aus der Schale um die Nuss gehen auch in den Export. Vereinzelt sieht man Cashew- und Mangobäume.

Die Bevölkerung der Backwaters lebt außerdem von Fischfang bzw. hält Enten, die auch zur natürlichen Schädlingsbekämpfung in den Reisfeldern eingesetzt werden.

Das Feierabendbier der Einheimischen ist der Toddy, der „Palmwein", ein weiteres Produkt der Kokospalme, zu dessen Gewinnung der Blüten- und Fruchtstand der Palme angeritzt und der gewonnene Saft vergoren werden. Er schmeckt wie eine Mischung aus Cidre und Molke und wird zu Tapiokasnacks und scharfem Fishcurry in den Backwaterkneipen ausgeschenkt.

» **Karte S. 218, Info S. 227**   221

Foto: Rainer Hackenberg

Ein Erlebnis ist eine ★★**Bootsfahrt durch die Backwaters**. Man kann das Fährboot von Alleppey nach Quilon besteigen und so günstig von morgens bis spätnachmittags eine ganze Strecke in den Backwaters zurücklegen oder mit kleinen, privat angemieteten Booten z. B. ab Alleppey oder Kottayam eine mehrstündige Rundfahrt durch die schmalen, beschaulichen Kanäle unternehmen. Ganztages- oder Zweitagesfahrten durch die Kanäle kann man auch bequem auf einem luxuriösen **Hausboot** im Stil der lokalen Reisernteboote (kettuvallam) mit Liegefläche, Kajüte und eigener Crew mit Koch unternehmen.

Hausboote mit Klimaanlage versprechen eine kühle Nachtruhe in den schwülen Backwaters, wobei dies aber das nächtliche Tuckern des Generators mit sich bringt. Die Naturgeräusche der tropischen Nacht kann man in Hausbooten ohne AC unter einem Moskitonetz erleben.

Eine Hausbootsfahrt auf den Backwaters gehört für alle Keralabesucher zum Hauptprogramm, daher ist zur Hochsaison um Allepey eine Armada von bis zu 1000 Hausbooten im Einsatz. Die Fahrt ist wunderschön und wegen der Konkurrenz unter den Betreibern auch erschwinglich. Der rege Bootsverkehr bringt jedoch in einigen Kanalabschnitten eine Vermüllung durch Plastikflaschen mit sich. Das sensible Ökosystem der Backwaters wird auch durch die starke Düngung der angrenzenden Reisfelder bzw. deren Be- und Entwässerung über die Kanäle beeinträchtigt, was das Wuchern der schön anzuschauenden Wasserhyazinthen überhand nehmen lässt. Die Probleme sind erkannt, die Maßnahmen dagegen jedoch bisher spärlich.

Direkt an den Backwaters bieten **Resorts** verschieder Preiskategorien – teils mit Ayurveda-Angebot – die Möglichkeit, stimmungsvoll in den Backwaters zu wohnen.

*Oben: Auf solchen Hausbooten kann man die Backwaters entspannt erkunden. Rechts: Der Palmenstrand von Varkala.*

Foto: Marina Pissarova (iStockphoto)

## ★★Varkala

## Trivandrum

★★**Varkala** ㉒, ein alter hinduistischer Pilgerort an der Küste zwischen Quilon und Trivandrum, hat heute eine Strandszene, wie es sie einst in Kovalam gab, bevor sich jenes Fischerdorf zum meistbesuchten Touristenziel Keralas wandelte. Die Rucksackreisenden ziehen nun den herrlichen, weißen **Sandstrand** von Varkala Kovalam vor. Aber Vorsicht: wegen gefährlicher **Unterströmungen**, v. a. im Sommer, sollte man sich bei den Rettungsschwimmern informieren, wo man am sichersten schwimmt. Es gibt einige Yoga- und Massagezentren, einfache Unterkunftsmöglichkeiten, Strandcafés und bisher nur wenige luxuriöse Hotels. Eindrucksvoll ist der Sonnenuntergang über dem Meer von der Felsenklippe am nördlichen Ende des **Papanasham Beach**.

Spirituelles Zentrum ist der **Janardhana-Tempel**; sein Sanktum ist zwar nur für Hindus zugänglich, das Tempelgelände mit dem großen **Banyan-Baum** darf aber besichtigt werden.

**Trivandrum** ㉓ (offiz. **Thiruvananthapuram**), einst Residenz des Maharajas von *Travancore* und heute Hauptstadt Keralas, liegt in eine Hügellandschaft eingebettet – eine freundliche Stadt mit breiten Straßen und vielen öffentlichen Gebäuden, die von Parks umgeben sind. Die Stadtverwaltung unterhält einen **Zoo** mit einem **Botanischen Garten** ①, in dem man schön spazieren kann.

Interessant ist die ★**Sri Chitra Art Gallery** ② mit ihrer eindrucksvollen Südasien-Kunstsammlung. Den Gemälden des russischen Esoterikers **Nicholas Roerich**, v. a. seinen Himalayabildern, ist eine eigene Abteilung gewidmet. Außerdem werden Bilder des Rajas Ravi Varma ausgestellt, dessen Thema die indische Mythologie ist.

Das ★**Napier Museum** ③ ist in einem architektonisch bemerkenswerten, 1880 für den britischen Verwaltungschef von Madras Lord Napier errichteten Gebäude untergebracht, das durch

» Karte S. 218, Stadtplan S. 224, Info S. 227

# KERALA

KOTTARAKARA, Kottayam, Kollam (Quilon)

Nedumangad, Ponmudi / Kowdiar Palace

KOWDIAR

PATTOM

Pattom Junction

NANDANKOD

G.G. Hospital

Cosmopolitan Hospital

S.U.T. Hospital

Tennis Club

Raj Bhavan

Main Central (Kollam) Rd.

Zoo, Botanical Gardens ①

Kanaka Kunna Palace

Vellayambalam Junction

Science & Technology Museum & Planetarium

Sri Chitra Art Gallery ②

Napier Museum ③

Natural History Museum

Air India

Mascot

Ullur Todu

Kollur Rd.

University Stadium
Christ Church of India
Kerala Legislative Assembly, New Secretariat

Museum

Public Library

Swimming Pool

Chandrashekaran Nair Stadium

Town Hall

Fine Arts College
St. Joseph's Cathedral

Palayam Mosque

Connemara Market

University of Kerala

General Hospital

South Park
St. George Syrian Church

Bakery Flyover

Hilton Garden Inn
Old Secretariat

Vazhutacaud Junction

Cotton Hill Rd.

St. Anne's Church

Statue Rd.

Central Stadium

Vivanta by Taj

Sankumukham Rd.

Arul Jyothi
Pankaj

YMCA Rd.

Residency Tower

Press Rd.

VANCHIYUR

General Post Office ✉

The Capital

Ayurveda College

Regency

Ghandari Amman Kovil

Hycinth by Sparsa

Petta Station

Chettikulangara Rd.

Highland Park

Chaithram

Taikkad

Kili Ar

The Royal Heritage

Sree Kanteswaram Temple

M. Gandhi Rd.

Ambika Cafe

Central Bus Station

Central Railway Station

KARAMANA

International Airport (7 km), Shangumugham Beach

Villa Maya

PERUNTANI

Thakaraparambu Rd.

Padmanabha-swamy Temple

FORT ④ ⑤

Puthen Maliga Palace Museum

City Bus Stand

East Fort Junction

SAJ Luciya

Chalai Bazar Rd.

Kanniyakumari Rd.

Nagercoil Rd.

Airport Rd.

CVN Kalari Sangham ✉

CHALAI

Sree Varaham Temple

NH Bypass

47

Kovalam (11 km)

Kovalam Rd.

Nedumkad Rd.

Power House Rd.

Hospital Rd.

Model School Rd.

Manjalikulam Rd.

Gandhi Rd.

**TRIVANDRUM** ㉓

0     0,5     1 km

© Nelles Verlag GmbH, München

224

Foto: Volkmar E. Janicke

sein eigenwilliges Dach und die Kombination indosarazenischer und keralesischer Bauweise besticht. Architekt war der Brite Robert Chisholm, dem Madras (Chennai) einige seiner schönsten Kolonialbauten verdankt. Neben kuriosen Exponaten sind eine **Bronzen-Sammlung**, Elfenbeinschnitzereien, traditioneller Schmuck Keralas sowie ein Tempelmodell zu sehen.

Im **Fort** von Trivandrum steht der **Padmanabhaswamy-Tempel 4**, den 1733 der Maharadscha von Travancore im tamilisch-drawidischen Stil mit großem Gopuram auf tausend Jahre alten Fundamenten errichten ließ (nur Hindus zugänglich). 2011 entdeckte man hier einen Jahrhunderte alten, extrem wertvollen Tempelschatz.

Direkt daneben bietet das **Puthen Maliga Palace Museum 5** Einblicke in die Palastarchitektur Keralas. Aufgrund seiner schönen Schnitzverzierungen unterhalb des Dachs in Form von Pfer-

den wird der Palast auch **Horse Palace** genannt bzw. im Gegensatz zu seinem Vorgänger, dem Palast von Padmanabhapuram, auch Neuer Palast. Innen sind zahlreiche Exponate aus dem Leben des Maharajas zu sehen.

4 km westlich, ganz in der Nähe des Flughafens von Trivandrum, befindet sich der **Shangumugham-Strand**, wo man allerdings weniger zum Baden hinfährt, sonder eher, um das nahegelegene **Fischerdorf** zu besuchen, Fisch zu essen oder um den glutroten Sonnenuntergang zu erleben.

### ★Kovalam

Der populärste Badeort Keralas liegt nur 11 km von Trivandrum entfernt: der ★**Strand von Kovalam 24** (s. Bild S. 209). Hier warten gute Hotels und zahllose Restaurants auf Badeurlauber. Die starke Brandung lädt zum Body-Surfen ein, aber Vorsicht: Wegen starker Strömungen kommt es immer wieder zu Badeunfällen. Kovalam gehört zu den Haupttouristenzielen Keralas. Aber

Oben: Der Padmanabhaswamy-Tempel von 1733 in Trivandrum.

**》 Karte S. 218, Info S. 227**

Foto: Julia Ziegelmaier

trotz Hotelneubauten und Souvenirver-käufern ist der palmengesäumte Sand-strand mit seinen traumhaften Sonnen-untergängen immer noch schön. Im Norden und Süden der Hauptbuchten findet man am **Ashok Beach** und **Palm Beach** etwas weniger überlaufene Strände.

9 km südlich liegen am **Somathe-eram Beach** zwei sehr renommierte **Ayurveda-Resorts**. An den gepfleg-ten Hotelstrand schließt der lange Fi-scherstrand an. Je nach Gezeiten ist ein reges Treiben der Fischer mit ihren traditionellen Booten zu beobachten. In der Open-Air-Kapelle am Strand treffen sich freitags bei Sonnenuntergang die Einheimischen zum Gottesdienst.

### ★Padmanabhapuram-Palast

Da die Gründung der indischen Unionsstaaten teils auf Grundlage der Sprachgrenzen vorgenommen wur-de, liegt heute eine architektonische

Hauptattraktion Keralas in Tamil Nadu, 55 km südlich von Trivandrum an der Cape Road: Der Palast von **Padman-abhapuram** ㉕, das 1550-1750 Haupt-stadt des alten Travancore war. Der höl-zerne ★**Padmanabhapuram-Palast** steht in anmutiger Landschaft vor dem Bergpanorama der Westghats– als Para-debeispiel für die hochentwickelte tra-ditionelle Architektur Keralas. Die schö-ne Anlage wird im Rundweg besichtigt, Schuhe müssen ausgezogen werden. Reizvoll ist die **Council Chamber**, wo der König einst seine Ratgeber empfing: ein schwarz polierter, spiegelnder Fuß-boden, auf den das Licht in geheimnis-vollen Mustern durch Aussparungen in den Holzwänden fällt, die zugleich für Ventilation sorgen. Das Dachgebälk ist mit Schnitzereien verziert. Sehenswert sind auch der **Mother Palace**, der alte Kern der Anlage mit herrlichen Schnit-zereien, wovon eine Säule besonders hervorsticht; die **Tanzhalle** mit den **Steinsäulen** mit schönen Frauenfigu-ren; oder das **Quartier für ausländi-sche Besucher** am Garten.

Oben: Fischer am Sandstrand bei Kovalam.

**FESTE**: Trivandrum: Zehntäg. *Utsavam*-Fest (März/April u. Okt/Nov) im Padmanabhaswami-Tempel. Von Januar bis Mai gibt es vielerorts Tempelfeste. *Ararat*-Fest in Guruvayoor (29 km NW von Trichur), März/April. Das Erntefest *Onam* (Aug/Sept) wird in ganz Kerala gefeiert, mit Schlangenboot-Rennen in Cochin, Kottayam, Aranmula und Alleppey. *Pooram*-Fest in Trichur, April. *Vishu*-Fest, April/Mai, Beginn d. Reisanbaus.

In den **Teeplantagen** um Periyar kann man nahe Vandiperiyar (Idukki-Distrikt) Tee günstig ab Fabrik kaufen. So z.B. bei **Connemara** oder **Pattumudy**. *Connemara* bietet zu jeder vollen Stunde auch eine Besichtigung der Teefabrik an (Ticket Rs.100)

### Trivandrum (☎ 0471) (Thiruvananthapuram)

**Kerala Tourism (KTDC)**, Park View, Museum Rd. gegenüber dem Napier Museum, Tel. 2321132.

**KTDC Tourist Reception Centre**, Hotel Chaitram, Thampanoor, Tel. 2330031, organisiert auch Stadtrundfahrten und Ausflüge. Schalter auch am Flughafen, Ankunftsbereich für Auslandsflüge.

**Kalavara Family Restaurant**, Press Rd. **Arul Jyothi Vegetarian Restaurant**, Statue Junction. **Dachrestaurant** des Hotels **The Capital**, gutes Essen und weiter Ausblick. Gut für ein Frühstück in Bahnhofs- und Busbahnhofsnähe ist das **Ambika Café**.

**Indian Coffee House**, Trivandrum, Thampanoor Area, nahe Bahnhof, frühmorgens bis abends geöffnet. Sehr guter einheimischer Kaffee und Snacks im ungewöhnlichen Ambiente eines Turmbaus des britischen Architekten Laurie Baker. Der „Architekt der Armen" begann Mitte des 20. Jh., günstige, klimatisch angenehme, nachhaltige Öko-Bauten aus einheimischen Materialien wie Terrakottaziegeln zu entwickeln. Indian Coffee House ist der Name einer Kette, die von den Arbeitern der Kaffeekooperativen Indiens betrieben wird und günstig guten Kaffeegenuß bereitet. Absolut sehenswert! Die Kellner tragen weiße Uniformen und Turban,

**Napier Museum** mit **Sri Chitra Art Gallery** und **KCS Panicker Art Gallery**, Di, Do-So 9-17 Uhr, Mi 13-17 Uhr, Fr geschl.

**Science and Technology Museum** und **Planetarium**, Di-So 10-17 Uhr, PMG Junction.

**Puthen Maliga Palace Museum**, 8.30-12.30 u. 15-17.30 Uhr, Fort.

**General Post Office**, Mo-Fr 8-20, Sa 8-14 Uhr, M.G. Road, südl. Secretariat.

**General Hospital**, Statue Road, Tel. 2443870. Als **Ayurvedisches Hospital** ist das **Treveni Nursing Home** im Südwesten der Stadt eine gute Empfehlung.

### Cochin (☎ 0484) (Kochi / Ernakulam)

**KTDC**, Tourist Reception Centre, veranstaltet auch Touren, Shanmugam Rd., Tel. 2353234; Flughafen, Tel. 353001.

Sehr gut in Fort Cochin sind die Restaurants des **Old Courtyard** (internationale Küche, gehobenes Niveau), des Hotels **Malabar House** (indisch, mediterran) und **Brunton Boatyard** (Malabari und Seafood).

Ansonsten findet man passable Lokale in den Hotels **Seagull** (Fisch, gutes Preis-Leistungsverhältnis, direkt am Wasser, Terrasse), **Casino** (Fisch). **Chinese Garden Restaurant**, Warriom Rd. bei M.G. Rd. **Pandhal**, nordind. Küche, gute Kuchen, M.G. Rd..

**Kashi Art Café**, in einem offenen Innenhof (Nichtraucher) mit **Galerie** indischer Gegenwartskunst, N 440 Burgher Street, Fort Kochi, www.kashiartgallery.com.

Hinter den Fischernetzen ist ein kleiner **Fischmarkt**, man kann gekauften Fisch gegen Kochgebühr und Abnahme von Beilagen vor Ort in kleinen Lokalen zubereiten lassen.

**General Hospital**, Hospital Rd., Ernakulam, Tel. 360002.

**Hill Palace Museum**, 9-12.30 u. 14-16 Uhr, Mo geschl., Tripunithura.

**Museum of Kerala History**, 10-12 u. 14-17 Uhr, Mo geschl., Edappally.

**Archaeological Museum**, Sa-Do 9-17 Uhr, Mattancherry Palace.

**OED Gallery**, Fort Kochi, 51600 Bazaar Road, Mattancherry.

**Head Post Office**: Fort Cochin, Willingdon Is.; Ernakulam, Hospital Rd.

**Kerala 8**

Schattenspendende Urwaldbäume begrenzen den herrlichen Beach No. 7 auf Havelock Island

## ANDAMANEN UND NIKOBAREN

0 ___ 50 km

© Nelles Verlag GmbH, München

## TROPISCHE INSELN

**ANDAMANEN**

**LAKKADIVEN**

## ANDAMANEN UND NIKOBAREN

Das Naturparadies der Andamanen und Nikobaren wurde am 26.12.2004 von einer Flutwelle, ausgelöst durch ein Erdbeben im Indischen Ozean vor der Nordwestküste Sumatras, heimgesucht. Die **Andamanen** waren – abgesehen von Little Andaman – weniger betroffen.

Auf den **Nikobaren**, die näher am Epizentrum lagen, zerstörte der Tsunami ganze Küstenstriche und forderte tausende Todesopfer. Unter den Ureinwohnern war die Zahl der Toten angeblich gering, da diese rechtzeitig in höherliegende Gebiete geflohen waren. Vermutlich wurden große Teile der Korallenriffe der Nikobaren (der Archipel gehört zu den schönsten Schnorchelrevieren der Welt) durch aufgewirbelten Schlamm, Wasserdruck und Trümmer zerstört. Mangrovenwälder und Fischgründe der Eingeborenen wurden geschädigt, viele Schildkröten-Nistplätze vernichtet.

Nähert man sich den Andamanen und Nikobaren aus der Luft, erscheint das tiefblaue Meer so klar, dass man die Wassertiefenabstufungen als konzentrische Ringe unterschiedlicher Färbung wahrnehmen kann. Der Archipel besteht aus 290 Inseln (darunter nur 36 bewohnte), die auf halber Strecke zwischen Calcutta und dem Äquator liegen und deren Nord-Süd-Ausdehnung 725 km beträgt. Die Hauptstadt ist Port Blair auf der Insel South Andaman, das auf dem Luft- oder Seeweg von Calcutta (1255 km) oder Madras (1191 km) zu erreichen ist.

Die Permit-Pflicht für Reisen nach den Andamanen wurde aufgehoben; nur eine Registrierung nach Ankunft ist noch erforderlich. Touristen erlaubt ist der Aufenthalt in Port Blair und Umgebung, Mayabunder, Diglipur, Rangut, Havelock Island, Long Island, Neil Island, sowie Ausflüge zum Mount Harriet, nach Madhuban, zu den Inseln Jolly Buoy, Red Skin, Cinque und Little Andaman.

Ein Besuch der Nikobaren ist Ausländern nicht gestattet.

Im 9. Jh. berichteten arabische Händler erstmals von der Existenz dieser Inseln. Marco Polo nannte sie „Land der Kopfjäger". Gegen Ende des 17. Jh. wurden die Andamanen und Nikobaren von den Marathen annektiert, die vom indischen Festland kamen.

Die Dänen betraten als erste Europäer die Inseln. Sie gründeten auf den Nikobaren eine Siedlung, die sie aber im Jahr 1768 wieder aufgaben. 21 Jahre später legten die Briten eine Niederlassung auf den südlichen Andamanen an, mussten diese wegen der ungesunden

**9**

**Andamanen, Lakkadiven**

» **Karte S. 230, Info S. 239**

Foto: Helmut Köllner

Lebensbedingungen allerdings bald wieder verlassen.

Schließlich wurden beide Inselgruppen 1856 von den Briten annektiert. Ab 1858 diente die Südinsel der Andamanen den Briten als Strafkolonie für Aufständische. Die dadurch eingeschleppten Krankheiten dezimierten die Zahl der Negrito-Ureinwohner dramatisch. Während der Anglo-Burmesischen Kriege dienten die Nikobaren als Basis für die East India Company.

Im II. Weltkrieg wurden die Inseln von den Japanern erobert, die einen Grausamkeitsrekord aufstellten. Die von ihnen gebauten Betonbunker sind von Aussichtspunkten auf allen großen Inseln sichtbar. Sie führten auch Obstbäume, Reis- und Gemüseanbau ein. Nach der Unabhängigkeit wurden die Andamanen und Nikobaren 1947 in die Indische Union eingegliedert.

In ethnischer Hinsicht unterscheidet sich die Urbevölkerung der Inseln von

der des indischen Subkontinents. Aborigine-Stämme – darunter die letzten Negritos – lebten bis in die Neuzeit fast ungestört. Im 19. Jh. gab es noch etwa 5000 Ureinwohner, heute zählen die Stämme nur noch wenige Mitglieder. Sie sind Fischer, Jäger und Sammler, die den Kontakt mit der modernen Zivilisation scheuen.

Die Urbevölkerung der Nikobaren scheint mongolischer Abstammung zu sein. Auf Car Nicobar leben die **Nikobarer** (rd. 30 000), und auf Great Nicobar die **Shompen** (rd. 250). Am geheimnisvollsten sind die **Sentinelesen** auf der Insel North Sentinel (rd. 200) – steinzeitliche Jäger, die einst alle Eindringlinge mit ihren vergifteten Pfeilen angriffen. Sie bemalen ihre Körper mit Kalk und Ocker, und ihr Schmuck ist aus Knochen und Perlen gefertigt. Auch die **Onge**, die um den Dugong Creek und South Bay auf Little Andaman leben und zu den Negritos zählen, bemalen ihre Körper. Die Onge zählen noch knapp 100, die **Jarawa** auf Middle und South Andaman etwa 350 Mitglieder, wäh-

---

Oben: Island Hopping zwischen den Inseln der Andamanen.

rend es nur noch knapp zwei Dutzend **Andamaner** (Ureinwohner) auf Greater Andaman gibt.

Die Schutzgebiete der Urbevölkerung *(Primitive Tribal Research Areas)* sind offiziell nicht zugänglich. Dennoch haben jahrelang Ausflugsveranstalter das Jarawa-Gebiet auf der in den Norden führenden Andaman Trunk Road, gegen deren Bau die Jarawa kämpften, mit Touristen wie auf einer „Menschenfotosafari" durchfahren.

In Port Blair werden interessante Filme über das Leben der Stämme gezeigt: montags und donnerstags im Hotel Andaman Teal House, mittwochs und freitags im Megapode Nest, und dienstags im Hornbill Nest.

Seit der Unabhängigkeit hat sich die Bevölkerung der Andamanen durch den Strom von Zuwanderern aus Indien auf über 300 000 vervielfacht.

## ANDAMANEN

### Port Blair

Das lebhafte **Port Blair** ❶ auf South Andaman hat einen Marinehafen, ein Krankenhaus, Schulen und ein College. In der Gegend um den **Aberdeen Bazar** sind genügend Geschäfte zum Einkaufen. Besucher können zwischen mehreren Hotels wählen.

Das **Anthropologische Museum** gibt faszinierende Einblicke in das Leben der Ureinwohner, außerdem findet man eine Sammlung von Fotos und primitiven Werkzeugen. Im **Marinemuseum** sind Muscheln und Korallen zu bewundern. Das **Forest Museum** auf der **Chatham-Sägewerksinsel** zeigt örtliche Holzarten und ihre Verwendung in der Holzverarbeitung.

Das **Cellular Jail** übt eine makabre Faszination auf indische Besucher aus. Die Briten ließen das Gefängnis ab 1896 zunächst für Kriminelle errichten. Später – bis 1947 – wurden hier indische Freiheitskämpfer unter erbärmlichen Bedingungen eingekerkert, heute ist es deshalb eine nationale Gedenkstätte. Im Museum kann man Gefangenenlisten, Zellen, Galgen, Peitschen und Foltergeräte studieren. In der Touristensaison findet abends gegen 19 Uhr eine *Sound and Light Show* statt.

### Ausflüge in den Süden Port Blairs

Mit ihren palmengesäumten Stränden und üppigen Regenwäldern sind die Inseln ein Paradies für Ornithologen und Naturkundler. 242 Vogelarten wurden hier registriert. Orchideen, Farne, Mangroven, Palmen, tropische Früchte und wertvolle Hölzer wie Mahagoni und Teak gibt es im Überfluss. Die Strände sind aus feinem, weißem Korallensand; man braucht nur knietief ins kristallklare Wasser zu waten, und schon ist man umgeben von farbenprächtigen Tropenfischen und Korallen.

7 km südlich der Stadt liegt ★**Corbyn's Cove** ❷. Der beliebte palmengesäumte **Badestrand** ist ein idealer Platz zum Schwimmen und Sonnenbaden. Es gibt ein Restaurant, eine Bar und Wassersportmöglichkeiten.

Etwas weiter südlich in **Sippighat** ❸ werden in der staatlichen **Forschungsfarm CARI** im Rahmen wissenschaftlicher Untersuchungen Nutztiere, Nutzpflanzen und Gewürze wie Nelken, Muskatnuss und Zimt gezüchtet.

★**Chiriya Tapu** ❹ (35 km südlich, Bus von Port Blair), ein Fischerdorf an der Südspitze von South Andaman, eignet sich gut für einen Tagesausflug zu Picknickplätzen, Tropenwald-Pfaden und idyllischen Stränden; Birdwatcher zieht die vielfältige Vogelwelt an, ein biologischer Park ist geplant.

Die paradiesische, stille Welt der 15 Inseln, die den **Mahatma Gandhi National Marine Park** ❺ bilden, erreicht man von der Anlegestelle in **Wandoor**, 29 km südwestlich von Port Blair (regelmäßiger Busverkehr). Die Tropenwälder, Mangrovensümpfe, Flora und Fauna und die farbenprächtige Unterwasserwelt stehen unter Naturschutz; der

**9**

**Andamanen, Lakkadiven**

» **Karte S. 230, Info S. 239**

Foto: djowform (iStockphoto.com)

Tsunami 2004 hat jedoch einige Korallenstöcke beschädigt. Jeden Vormittag (außer Montag) starten Boote zu den Inseln Jolly Buoy und Red Skin, beides Schnorchelparadiese. Die kleine Insel **Jolly Buoy** mit ihren flachen Gewässern lässt sich in einer Stunde umrunden. Auf **Red Skin** gibt es Korallen, Strände, Felshöhlen, Mangrovensümpfe und Waldpfade.

Das Schutzgebiet um **Cinque Island Sanctuary** ❻ mit seinen weißen Sandstränden und kristallklaren Gewässern ist ideal zum Schnorcheln. North und South Cinque sind von Korallenriffen umgeben und zählen zu den schönsten Inseln der Andamanen. Für einen Besuch (nur mit Tourveranstalter) benötigt man die Erlaubnis des Forest Department. Man kann sich ein Boot und einen Führer mieten, tagsüber auf den Inseln campieren und sich nachts zum Schlafen auf das Boot zurückziehen.

Der Tourismus hat in den letzten Jahren auch **Little Andaman** ❼, die südlichste Andamanen-Insel erreicht. Hier hat der Tsunami 2004 beträchtliche Schäden angerichtet. Erst 1997 war die kleine Insel für Ausländer geöffnet worden. Die etwa 100 noch lebenden Mitglieder des **Onge-Stammes** sind auf ein 25 km² großes **Reservat** im Süden der Insel zurückgedrängt worden. Fähren halten in **Hut Bay** an der Ostküste (8 Std. von Port Blair). Im Norden gibt es einige fantastische weiße **Sandstrände** und einfache **Guest-Houses** und Hütten zum Übernachten. Es werden Tagesausflüge mit Booten von Port Blair aus angeboten, außerdem kann man auf dem Rücken von **Elefanten** die Wälder der Insel erkunden.

### Nördlich von Port Blair

**Ross Island** ❽ war einst der Verwaltungshauptsitz der Briten und ist heute sehenswertes Denkmal kolonialer Vergangenheit. Pfade führen über die Insel, vorbei an Ruinen, und ein kleines Muse-

Oben: Beach No. 5 auf der Insel Havelock. Rechts: Arbeitselefanten als Helfer beim Holzrücken im Regenwald.

　　**» Karte S. 230, Info S. 239**

Foto: Julia Ziegelmaier

um informiert über die Geschichte.

Boote nach Ross Island starten täglich (außer Mittwoch) am Phoenix Bay Jetty, Port Blair. Von hier werden auch Fahrten zur **Viper Island** ❾ angeboten. Zu sehen sind dort die Ruinen eines alten Gefängnisses (errichtet von den Briten 1867) und hoch oben auf einem Hügel die Überreste der Galgen.

**Mount Harriet National Park** ❿ (55 km von Port Blair, 365 m hoch) ist ideal für eine Wandertour. Eine Fähre verkehrt von Phoenix Bay zur Hope Town Jetty, von dort nimmt man den Bus zum (verfallenen) Viadukt. Ganz in der Nähe beginnt der Pfad zum Gipfel, der sich 1,5 Stunden durch tropischen Regenwald schlängelt.

Sehr beliebt sind Ausflüge nach **Madhuban** ⓫. Dort kann man zusehen, wie im Dschungel die Elefanten beim Holzfällen eingesetzt werden. Den einst die gesamten Inseln bedeckenden Urwald hat die großflächige Abholzung der letzten Jahrzehnte stark dezimiert, und weite Gebiete werden heute als Plantagen genutzt.

### ★Havelock Island

Neil Island und Havelock Island im Ritchie's Archipel sind von Port Blair aus leicht mit dem Boot von der neuen Phoenix Bay Jetty zu erreichen. Mit etwas Glück sieht man unterwegs Delfine oder große Meeresschildkröten.

★**Neil Island** ⓬ besitzt Tropenwälder, herrliche Sandstrände mit kristallklarem Wasser, exzellente Schnorchelmöglichkeiten, eine Tauchbasis am Beach No 1 und einfache Unterkünfte (3 Std. per Boot von Phoenix Bay).

Von Port Blair verkehren Fähren zur üppig grünen, vom Tsunami verschonten Insel ★**Havelock Island** ⓭ (40 km, 2-4 Std. Fahrt). Hier findet derzeit eine starke touristische Entwicklung statt. Tauchbasen und Bungalowhotels sind entstanden. An der Jetty lockt das gemütliche Restaurant **La Brasserie** mit leckeren Speisen und Getränken.

Einladende Unterkünfte mit unterschiedlichem Preisniveau gibt es südlich des Bootsanlegers am **Beach No. 2** bis **Beach No 5**. Das **Café del Mar** z.B.

**Andamanen, Lakkadiven** 9

» **Karte S. 230, Info S. 239**   235

Foto: Robert Riethmüller

tauchen und schwimmen gehen.

Auf gehobenen Niveau übernachtet man direkt am traumhaften Beach No 7 im schönen Öko-Bungalow-Jungle-Resort **Barefoot**. Vor dem Zeltcamp bietet ein nettes **Restaurant** in einem Holzpavillon eine kleine Auswahl an Speisen und Getränken. **Island Camping** am Traumstrand hat feste Zelte mit Betten (ausschließlich mit Reservierung beim Tourist Department Port Blair).

Vor dem **Elephant Beach** befindet sich ein schönes **Korallenriff**.

Vorsicht vor **Salzwasserkrokodilen**: eine tödliche Attacke auf Schnorchler hat es gegeben.

### Middle und North Andaman

**Long Island** ⑭, vor der Südostküste von **Middle Andaman**, erreicht man mit der Fähre, die zweimal wöchentlich von Port Blair und Havelock nach Rangut fährt. Das Forest Rest House bietet Unterkunft, und man kann sich die Erlaubnis holen, an einigen der fantastischen Strände sein Zelt aufzuschlagen.

**Rangut** ⑮ auf Middle Andaman erreicht man mit der Fähre von Port Blair (9 Std.) oder per Bus über die **Andaman Trunk Road**. Im Ort gibt es einfache Unterkünfte. Die Insel ist (mit Ausnahme der Stammesreservate!) für Ausländer zugänglich. Busse und Fähren fahren zu dem 70 km nördlich gelegenen Ort **Mayabunder** ⑯, ebenfalls mit einfachen Unterkünften.

In **North Andaman** ist Diglipur ⑰ die einzige Ortschaft, wo sich Ausländer aufhalten dürfen (Fährverbindungen von Mayabunder und Port Blair).

## LAKKADIVEN

Die Lakkadiven (Lakshadweep) liegen rd. 450 km vor der Küste Keralas und gehören zu den von Delhi direkt verwalteten Unions-Territorien. Die 36 **Koralleninseln** nehmen eine Landfläche von 32 km² ein, nur 10 von ihnen

hat schöne Bungalows in unterschiedlichen Kategorien und bietet auch Tauchkurse an; angeschlossen ist ein einfaches, aber gutes Restaurant mit indischer Küche und Traveller-Snacks. Das **Wild Orchid Resort** am **Vijaynagar Beach** (Beach No. 5), 7 km vom Jetty auf der Ostseite von Havelock, bietet ein sehr gutes Restaurant mit Fischspezialitäten und eine Bar; die Bungalows mit gehobenem Niveau liegen jedoch teils etwas nah an der Zufahrtsstraße.

Der weiße Sandstrand ★★**Radhanagar Beach**, auch **Beach No. 7** genannt, gehört zu den schönsten Asiens; auch die Unterwasserwelt dort ist sehr sehenswert.Bis an den Strand reichen hohe Urwaldbäume (Mahua) mit gewaltigen Luftwurzeln. Ein Walk führt zu einer weiteren herrlichen Bucht, der ruhigen **Laguna**. Auf diesem Walk trifft man zuweilen **Arbeitselefanten** mit ihren Treibern. Mit einem der Elefanten, Rajah, kann man am Beach No 7 auch

Oben: Die palmengesäumten Strände der Lakkadiven warten auf Gäste.

**》 Karte S. 230, Info S. 239**

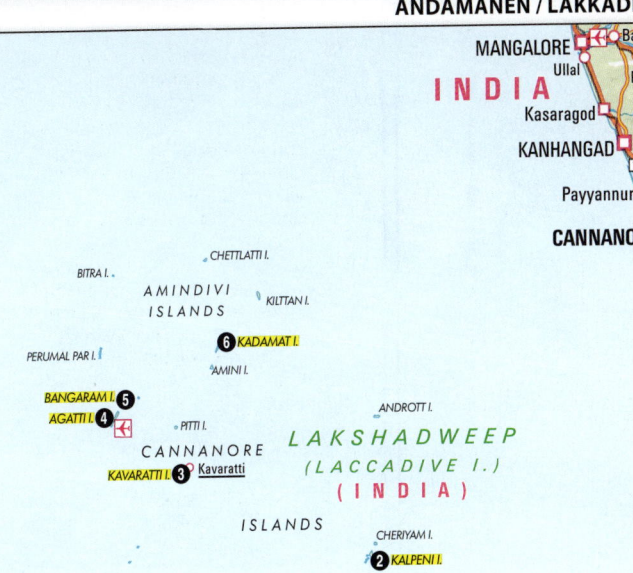

MANGALORE

Bantwal

48

Ullal

Puttur

**I N D I A**

Kasaragod

KANHANGAD

17

Payyannur

**CANNANORE**

CHETTLATTI I.

BITRA I.

A M I N D I V I
I S L A N D S

KILTTAN I.

PERUMAL PAR I.

⑥ KADAMAT I.

AMINI I.

BANGARAM I. ⑤
AGATTI I. ④

PITTI I.

ANDROTT I.

L A K S H A D W E E P

C A N N A N O R E

( L A C C A D I V E   I. )

KAVARATTI I. ③ Kavaratti

( I N D I A )

I S L A N D S

CHERIYAM I.

② KALPENI I.

*L A K S H A D W E E P*

9

**Andamanen, Lakkadiven**

*N i n e   D e g r e e   C h a n n e l*

*S E A*

① MINICOY I.

*E i g h t   D e g r e e   C h a n n e l*

INDIA

MALDIVES

KANDUFURI

IHAVANDIFFULU
ATOLL

FILADU

TILADUMMATI

**M A L D I V E S**

HANIMADU

ATOLL

**LAKKADIVEN**

0        50 km

© Nelles Verlag GmbH, München

Foto: Ludwig Mirgl

sind bewohnt (Gesamtbevölkerung rd. 60 000). Die meisten Bewohner sind sunnitische Muslime. Kokospalmen gibt es im Überfluss; die Kopra-Produktion aus Kokosnüssen und Fischerei sind die Haupteinnahmequelle.

Man kann hier im klaren Wasser der Lagunen segeln, Fische und Korallen beim Schnorcheln oder von einem Glasboden-Boot beobachten und an einsamen weißen Stränden baden. Wegen der angenehmen Wassertemperaturen zwischen 24° und 34°C (Nov. bis März) und der fantastischen Unterwasserwelt zählen die Lakkadiven zu den schönsten **Tauchrevieren** der Welt. Während des Monsuns jedoch sind die Inseln vom Festland so gut wie abgeschnitten.

Die Inseln **Minicoy** ❶, **Kalpeni** ❷ und **Kavaratti** ❸ stehen nur indischen Touristen offen; **Agatti**, **Bangaram** und **Kadmat** sind auch für internationale Touristen geöffnet. Eine Aufenthaltserlaubnis erhält man vom Lakshadweep

Office in Kochi, zusammen mit dem Ticket und der Hotelbuchung. Es gibt Flüge von Goa und Kochi zum **Flughafen** der Insel Agatti (von dort Hubschrauber- oder Schiffs-Transfers zu anderen Inseln) sowie **Kreuzfahrten** und Speedboote von Kochi.

Auf **Agatti Island** ❹ bietet das Luxusresort **Agatti Island Beach** Cottages am Strand. Bootsfahrten und Schnorchelausflüge zu kleinen Nachbarinseln werden angeboten.

Die Palmeninsel **Bangaram** ❺ (459 km von Kochi) ist unbewohnt, aber nicht unbelebt – täglich kommen Arbeiter mit Motorbooten in die Hotelbucht, um Kokosnüsse zu ernten. Das einzige Hotel ist das **Bangaram Island Resort** mit luxuriösen Cottages und Vollpension. Die zugehörige Tauchschule bietet Scuba Diving, Windsurfen und Bootstouren;  Schnorchelausrüstung kann ausgeliehen werden.

Auf **Kadmat Island** ❻ bietet das **Kadmat Beach Resort** eine etwas günstigere Möglichkeit, das Tropenparadies der Lakkadiven zu erleben.

Oben: Der Anemonenfisch lebt in Symbiose mit der Seeanemone.

## ANDAMANEN (☎ 03192)

Die meisten innerindischen Fluglinien wie z. B. Air India fliegen fast tägl. von und nach Madras (Chennai) und Calcutta (Kolkata). Buchungen für die 4-tägige Schiffspassage: Shipping Corporation of India, Shipping House, 13 Strand Rd., Calcutta, Tel. 22482354 oder Rajaji Salai, Chennai, Tel. 25231401.

Von Port Blair nach Havelock verkehren neben der normalen Fähre und der Touristenfähre auch eine moderne, komfortable, klimatisierte Katamaran-Fähre.

Die nötige **Aufenthaltserlaubnis** (Permit) erhält man bei Ankunft in Port Blair für die Dauer von 30 Tagen. Zu beantragen auch bei der Indischen Botschaft Ihres Heimatlandes. Das Permit erlaubt einen Aufenthalt in Port Blair, Havelock Island, Long Island, Neil Island, Mayabunder, Diglipur und Rangut. An diesen Orten gibt es auch Unterkünfte.

### Port Blair

**India Tourism Office**, 189 Junglighat, Main Rd., Port Blair, Tel. 33006. Informationsschalter am Lamba Line Airport, Tel. 20414. **Andaman and Nicobar (A & N) Tourism Office**, Tel. 32747.

**Flughafen**, Tel. 35944. **Bus Terminus**, Tel. 20278.
**Polizei / Notfall**, Tel. 33077.
**G. B. Pant Hospital**, Tel. 33102.
**Flugauskunft**, Alliance Air, 03192/33108; Auskunft Flughafen, 32983; Jet Airways, 03192/36922.
**Shipping Corporation of India**, Tel. 33347.

**New Lighthouse**, sehr gute Fischgerichte.
**Vishranti**, indische und kontinentale Küche, schöne Einrichtung.

**Anthropological Museum**, 9-12.30, 14-16.30 Uhr, Sa geschlossen, Tel. 32291.
**Samudrika Naval Marine Museum**, 8.30-12, 14-17 Uhr, gegenüber Andaman Tea House.
**Sägemühle** mit **Forest Museum**, Mo-Sa 8-14.30 Uhr.

**Cellular Jail**, Di-So 9-12, 14-17 Uhr, nördl. von Aberdeen Jetty.
**Zoo** mit **Mini Zoo**, Di-So 8-17 Uhr.
**Sippighat Farm (CARI)**, staatl. Versuchsfarm mit Besichtigungen, 6-11 u. 12-16 Uhr, Montag geschlossen.
**Aquarium**, 9-13 und 14-16.45 Uhr, Mi und jeden 2. Sa geschlossen.

*Island Tourism Festival*, Februar, 10-tägiger Kulturevent auf allen Inseln; mit klassischem Tanz, Musik, Kunsthandwerk.
*Subhas Mela*, auf Havelock Island, einwöchiges Kulturfest, Jan.

### Havelock Island

**La Brasserie**, angenehmes, entspanntes Lokal mit sehr leckeren Speisen und Drinks, gemanagt von Barefoot, schweizer Küchenchef; beim Jetty in Havelock, www.jungleresort.ch.

## LAKKADIVEN

**Agatti**, **Kadmat** und **Bangaram** sind für ausländische Pauschalreisende geöffnet. Das **Permit** erhält man mit Ticket und Hotelbuchung vom **Lakshadweep Office**, c/o Casino Hotel, Willingdon Island, Kochi, Tel. 0484/2668221, Fax 2668001, oder von ind. Reisebüros. Air India fliegt 3x wöchentl. von Goa, 6x wöchentl. von Kochi zum Agatti Airstrip. Transfer mit Boot oder Helikopter zur Insel Bangaram. Pauschalreisen mit Schiff über die Touristenagentur SPORTS (s. u.).

*REISE-AGENTUREN:* Touren sollten zwei Monate vorher gebucht werden. **SPORTS**, Indira Gandhi Road, Willingdon Island, Kochi, Tel. 0484/2668387, Fax 0484-2668647, laksports@vsnl.net, www.lakshadweeptourism.com.
**Mercury Travels**, 191, Mount Road, Chennai, Tel. 044/28526122, 8522993, Fax 044/28520988.
**Raj Travels & Tours**, Chowpatti Bldg., S.V.P. Rd., Mumbai, Tel. 022/23672424, 1600229900, srtt@vsnl.com.
**Lakshadweep Foundation**, K.S.R.M. Bldg., Light House Hill, Mangalore, Tel. 0842/21969.

**9**

**Andamanen, Lakkadiven**

## VORBEREITUNGEN

### Klima / Reisezeit

Die **beste Reisezeit** für eine Südindientour ist von Ende Oktober bis März – wobei im Oktober/November gelegentlich Taifune und starke Regengüsse entlang der Ostküste möglich sind.

Gegen Ende März wird es schon sehr heiß; Ende Juni beginnt der **Monsunregen**, der in den letzten Jahren jedoch etwas unzuverlässig eingesetzt hat. Regenwolken hängen von Juni bis Mitte Oktober über dem Land, und die Luftfeuchtigkeit ist hoch. Es regnet jedoch nicht durchgängig, immer wieder bricht stunden- und tageweise die Sonne hervor. Wer sich an Pfützen nicht stört und kühleres Wetter schätzt, kann auch die Monsunperiode als angenehme Reisezeit empfinden.

### Bekleidung

In den südlichen Küstenregionen benötigt man ultra-leichte, nicht zu enge Kleidungsstücke sowie Sandalen, die an Tempeln leicht aus- und angezogen werden können. In den Basaren kann man sich zudem mit luftigen, bequemen Baumwollhosen und Indienhemden einkleiden. Leichte lange Hosen und langärmelige Hemden schützen abends vor Moskitos.

In Hotels und Bussen mit Aircondition ist es oft kühl, ein langärmeliges T-Shirt oder eine Strickjacke tun dann gute Dienste.

An heiligen Stätten sollte man auf kniefreie Shorts und ärmellose Tops verzichten.

Für allein reisende Frauen gestaltet sich das Reisen angenehmer, wenn man sich eher „bedeckt" hält. Bei Männern wird ein nackter Oberkörper als beleidigend empfunden. An Stränden, die von westlichen Besuchern frequentiert werden, ist die Bekleidungsordnung lockerer.

### Botschaften und Konsulate

**Deutschland:** Botschaft der Republik Indien, Tiergartenstr. 18, 10785 Berlin. Tel. 030/25795-0, Fax 030/25795-102, www.indianembassy.de. Indisches Generalkonsulat, Friedrich-Ebert Anlage 26, 60325 Frankfurt/Main, Tel. 069/153005-0; Visa nur beim IGCS, Friedrich-Ebert-Anlage 3, www.igcs-visa.de. Indisches Generalkonsulat, Raboisenstr. 6, 20095 Hamburg, Tel. 040/338036, Fax 323757. Indisches Konsulat, Widenmayerstr. 15, 80538 München, Tel. 089/210239-0.

**Österreich:** Indische Botschaft, Kärntner Ring 2, 1015 Wien, Tel. 0222/5058666, Fax 0222/5059219, indemb @eoivien.vienna.at, www.indian-embassy.at.

**Schweiz:** Indische Botschaft, Kirchenfeldstr. 28, 3006 Bern, Tel. 031/351110, india@spectraweb.ch. Iconsulate General of India, 9, rue de Valais, 1202 Geneva, Tel. 022/7384548, Fax 022/7315129.

### Visum

**Visum:** Die Bestimmungen zur Einreise ändern sich mit der Pandemielage häufig; die aktuellsten Informationen hierzu finden sich auf den Webseiten: https://cgimunich.gov.in/pages/MjY2 www.auswaertiges-amt.de

**Touristen** wird empfohlen, ein **E-Visum** (Aufenthaltsdauer für touristische Zwecke: ein Monat / ein Jahr / fünf Jahre) und kein reguläres Papiervisum zu beantragen, und zwar unter **https://indianvisaonline.gov.in/evisa/tvoa.html**

Das Touristenvisum ist nicht verlängerbar und nicht umwandelbar (außer unter bestimmten Bedingungen, für die der Foreigners Regional Registration Officer (FRRO) oder Foreigners Registration Officer (FRO) kontaktiert werden kann).

### Permits

**Permits**: Ein Besuch der Nikobaren ist Ausländern nicht erlaubt. Für den Besuch der Lakkadiven ist eine Sondergenehmigung (Restricted Area Permit) erforderlich. Bangaram, Agatti und Kadmat sind die einzigen Inseln der Lakkadiven, die für ausländische Besucher (und nur im Rahmen von Pauschalreisen) zugänglich sind; das Permit erhält man zusammen mit dem Ticket und der Hotelreservierung bei Lakshadweep Administration, Wellington Island, Harbour Road, Kochi.

Aufenthaltsgenehmigungen für Restricted Areas können vor der Abreise bei der Indischen Botschaft oder einem Konsulat im Heimatland beantragt werden (mindestens 6 Wochen vor Abreise), oder bei einem der Foreigners' Regional Registration Büros in Indien. *Delhi:* Level 2, East Block, Sector 1, RK Puram, New Delhi, Tel. 26711384, Fax 26711384. *Mumbai:* Special Branch II, CID, Office of the Deputy Commissioner of Police, 3rd Floor, Head Office, Annex 2 Crawford Market, Mumbai – 400 001, Tel. 22620446, 22621288. Fax : 22620721. *Kolkata:* 237 A, AJC Bose Rd.; Kolkata, Tel. 22473300. *Chennai:* 26 Haddows Rd., Nungambakkam, Chennai 600034, Tel. 28275444. In Distriktshauptstädten kann man sich wg. Permits u. Visumverlängerung auch an den Polizeichef (Superintendent of Police) des Polizeihauptquartiers wenden.

### Zoll

**Zoll**: Auch wer durch die grüne Zollschranke geht, muss mit stichprobenartigen Gepäckuntersuchungen rechnen. Als zollfreie Artikel gelten Gegenstände des persönlichen Bedarfs wie Schmuck, eine Kamera, Brillen, ein Notebook, Trekkingausrüstung usw.; 200 Zigaretten und 0,95 l Alkohol dürfen eingeführt werden. Hochwertige Gegenstände wie etwa eine teure Videokamera müssen deklariert werden. Devisen ab einem Betrag von umgerechnet 5000 US$ sind bei der Einreise zu deklarieren.

Fahrzeuge darf man nur mit dem Carnet eines Automobilclubs nach Indien einführen. Teure Wertgegenstände müssen deklariert werden. Die Einfuhr von Drogen, lebenden Pflanzen, Elfenbein, ungemünztem Silber und Gold und von Waffen ohne Waffenschein ist verboten.

Aus Indien ausführen darf man weder Antiquitäten, die über 100 Jahre alt sind, noch Tierhäute, Goldschmuck im Wert von über 20 000 Rs oder anderen Schmuck im Wert von über 10 000 Rs.

### Währung / Devisen

Landeswährung ist die **Indische Rupie** (*Rupee*), die in 100 Paisa unterteilt ist (1 € ≈ 80 Rs; tagesaktueller Kurs unter www.oanda.com). Im Umlauf sind Münzen zu 5, 10, 20, 25 und 50 Paise sowie 1, 2, 5 und 10 Rupies, und Scheine im Wert von 1, 2, 5, 10, 20, 50, 100, 500 und 2000 Rupies.

Vor November 2016 ausgegebene 500er und 1000er Scheine sind ungültig! Indische Rupien dürfen weder einnoch ausgeführt werden. Die Zahl 100 000 wird als *lakh* bezeichnet, 10 Millionen als *crore*, 1 Milliarde als *arab*.

Beim Geldwechseln keine beschädigten Scheine akzeptieren und sofort nachzählen. Am Flughafen sind die Wechselkurse bei staatlichen Wechselstuben manchmal besser als im Hotel, die besten Kurse bieten Wechselstuben in Großstädten bzw. ATM (Bankautomaten) für Kreditkarten und Maestro-EC-Karten (nicht für VPay). Wechselbestätigung aufbewahren. Siehe auch „Banken / Geldumtausch", Seite 244.

**Devisenvorschriften:** Fremdwährung darf in Form von Scheinen in beliebiger Höhe eingeführt werden – vorausgesetzt, man deklariert den Betrag beim Zoll. Geld im Wert von bis zu 5000 Dollar ist nicht deklarationspflichtig. Man muss zumindest einen Tauschbeleg in Höhe der zurückzutauschenden

**10**

**Reise-Informationen**

Summe bei Ausreise am Flughafen vorweisen können, um seine restlichen Rupies dort zurücktauschen.

## Gesundheitsvorsorge

Aktuelle Informationen zu Covid-Impfvorschriften finden sich unter www.auswaertiges-amt.de.

Schließen Sie vor der Reise eine **Auslandskrankenversicherung** mit Rücktransportversicherung ab.

Eine Gelbfieberimpfung ist nur notwendig, wenn Sie zehn Tage vor Einreise nach Indien ein Gelbfiebergebiet besucht haben (v. a. Länder in Afrika u. Südamerika).

Empfehlenswert sind Impfungen gegen Tetanus, Diphterie, Polio und Hepatitis A, bei längeren Aufenthalten auch gegen Hepatitis B und für die ländlichen Regionen gegen Typhus, Tollwut und Meningitis.

Ob eine Malaria-Prophylaxe sinnvoll ist, hängt von Reiseart, Jahreszeit, Dauer und Region ab: Tropeninstitut konsultieren! Für Standard-Pauschalreisen genügt „Standby", also das Mitführen eines Medikaments für den Notfall. Ein geringes Malariainfektionsrisiko besteht in Goa, Tamil Nadu und Kerala zur Monsunzeit.

Konsequenter Mückenschutz in den Abend- und Nachtstunden verringert das Malariarisiko erheblich, das heißt: Expositionsprophylaxe ist wichtig. Malaria-Mücken sind dämmerungs- und nachtaktiv, in nicht klimatisierten Zimmern bietet ein Moskitonetz. Extrem wichtig ist Mückenschutz aber auch tagsüber – etwa im Hinblick auf das immer häufiger auftretende Denguefieber, Japanische Enzephalitis und Chikungunya-Fieber. Höhenlagen über 1500 m gelten als malariafrei. Bei Fieber sofort zum Arzt: schnelle Labordiagnose und sofortige Therapie sind wichtig!

Da auch in Indien AIDS vorkommt, achten Sie darauf, dass in Krankenhäusern die Injektionsnadeln sterilisiert sind oder am besten Einwegspritzen benutzt werden.

Die **Reiseapotheke** sollte folgende Medikamente enthalten: Malaria-Tabletten als Standby, Mittel gegen Übelkeit und Durchfall (wie z. B. *Lomotil*), Elektrolyt-Pulver, Breitband-Antibiotika (z. B. *Tinidazol*, das auch gegen häufig vorkommende Einzeller wie Amöben und Lamblien wirkt), **Mückenlotion** oder -spray, Sonnenschutzmittel, ein Antiseptikum, Verbandzeug.

Malaria-Medikamente (aber nicht Malarone oder Lariam) erhält man billig in indischen Apotheken. Apotheken, die an Krankenhäuser angeschlossen sind, haben rund um die Uhr geöffnet. In allen Krankenhäusern findet man einen Arzt, der Englisch spricht.

Die bei Indienreisenden häufigste Krankheit ist **Durchfall**, meist hervorgerufen durch Bakterien wie Shigellen oder Einzeller wie Lamblien und Amöben. Eine zeitnahe **Stuhlprobenanalyse** in einem indischen Labor ist ratsam, um mit der richtigen Medizin dagegen vorzugehen. Präparate wie Lomotil können zwar den Stuhlgang bremsen und Elektrolyte die Vitalität erhalten, was auf einer langen Fahrt wichtig ist, aber nicht die Erreger stoppen. Falls die Darmprobleme im Heimatland fortbestehen, empfiehlt es sich, spätestens dort eine Stuhlprobe zu machen, denn eine verschleppte Amöbenruhr ist eine sehr ernste Sache.

Vorsicht: Leitungswasser ist nicht sicher, abgepacktes Trinkwasser aber überall erhältlich. Im Allgemeinen sollte man beim Genuss von Salat, ungeschälten Früchten oder Früchten, die man nicht selbst geschält hat, vorsichtig sein; frisch gekochte Gerichte direkt vom Herd sind relativ ungefährlich. Deshalb gilt: **„Boil it, peel it or forget it!"**

## Ausreise

Auch wenn die Rückbestätigung des Tickets 72 Stunden vor dem Abflug kaum noch erforderlich ist, sollte man die Abflugzeit am Tag zuvor im Internet überprüfen! Für die Abfertigung am

Flughafen sollte man bei internationalem Abflug drei Stunden einplanen, da die Sicherheitsprüfungen lange dauern. Bei Inlandsflügen genügt meist eine Stunde.

## REISEWEGE NACH INDIEN

**Mit dem Flugzeug**: Über 50 internationale Fluggesellschaften fliegen u.a. Calcutta, Mumbai, Delhi, Bangalore, Hyderabad, Kochi, Trivandrum, Kozhikode und Madras mit mehr als 150 Flügen wöchentlich an. Es gibt auch Direktflüge nach Goa und Trivandrum.

## REISEN INNERHALB INDIENS

### Fluglinien

Die staatliche indische Fluglinie Air India, steuert viele in- und ausländische Ziele an. Sie hat sich dank der Konkurrenz durch zahlreiche indische Privatairlines stark verbessert und ist eine sehr zuverlässige Fluglinie, die Kilobeschränkungen bei aufgegebenem Gepäck großzügiger handhabt als andere indische Airlines. Ab 20 kg wird sonst in der Regel auf innerindischen Flügen 200-250 Rs. Übergepäckgebühr pro extra Kilo berechnet, auf internationalen Flügen 100-150 U.S. Dollar pauschal für mehr als 23 und unter 32 kg.

Mittlerweile gibt es etwa ein Dutzend gute private indische Fluggesellschaften mit modernen Maschinen, darunter Billigairlines wie Go First, IndiGo und Spicejet.

### Eisenbahn

Das indische Eisenbahnnetz ist mit über 62 000 km das größte Asiens und das viertgrößte der Welt. Es gibt mehrere Bahnklassen; am besten für Langstrecken geeignet sind die 1. Klasse mit Aircondition und klimatisierten Liegewagen (*a/c-2 tier sleeper*), und 1. Klasse mit klimatisierten Großraum-Liegesesseln (*a/c chair car*). Leintuch und Kissen werden gestellt. Weniger komfortabel ist die 1. Klasse ohne Aircondition, da es hier heiß und stickig werden kann. Die preiswerten Liegewagen der 2. Klasse ohne Aircondition sind ideal für hartgesottene Traveller. Bettzeug und Decken bringt man am besten selber mit. Essen und Getränke gibt es auf allen Bahnhöfen und in Langstreckenzügen.

*Indrail-Pässe:* Preislagen von 24 US $ für 1/2 Tag bis zu 530 US $ für 90 Tage für die 1. Klasse mit AC (mit AC doppelt, 2. Klasse halb so viel). Erhältlich bei Asra Orient Reisen, Kaiserstraße 50, 60329 Frankfurt/M., Tel. 069/2562720, www.asra-orient.de.

In großen Bahnhöfen wie z. B. Mumbai, Delhi und Madras befinden sich spezielle Buchungsschalter für Ausländer (*Tourist Quota Counter*), die auf vielen Strecken bei der Reservierung Vorrang erhalten. Für Frauen gibt es auf größeren Bahnhöfen auch ein *Ladies Counter*, an kleineren Stationen eine separate Warteschlange für Frauen (*Womens' Queue*). Alleinreisende Frauen, die mit einem Nachtzug fahren, können bei der Buchung darum bitten, dass man ihnen einen Platz in einem Abteil mit anderen weiblichen Reisenden zuteilt. In manchen Zügen gibt es auch separate Frauenabteile. Bei Reservierungen muss der Reisepass vorgelegt werden.

Tickets sollte man möglichst früh reservieren (www.indianrail.gov.in). Bei Problemen mit Reservierungen oder „angeblich vollen Zügen" wendet man sich an den Station Superintendent oder den Chief Reservations Supervisor. Lange Warteschlangen und Zugverspätungen sind „normal", hier hilft nur Geduld. Die schnellste Verbindung zwischen den Großstädten bieten die Shatabdi-, Rajdhani- und Express-Züge, während die Passenger Trains eher langsam sind.

An den Informationsschaltern der großen Bahnhöfe ist die Broschüre „Trains at a Glance" mit Fahrplänen und Preisen erhältlich.

**Reise-Informationen 10**

## Taxi / Bus

**Taxis/Mietwagen:** Die offiziellen Taxis sind gelb und schwarz lackiert, sie unterscheiden sich von den privaten Taxis der Reiseveranstalter und Autovermieter, die in der Regel komfortabler ausgerüstet sind. Die Gebühren variieren von Bundesstaat zu Bundesstaat, Mietwagen werden in der Regel immer mit Chauffeur vermietet.

In einer dreirädrigen **Autorikscha** können bis zu drei Personen ohne Aufpreis mitfahren. Zwischen 22 Uhr und 6 Uhr werden Zuschläge verlangt. Es gibt mittlerweile nicht nur laute Knatterkisten, sondern auch umweltfreundliche Modelle mit E- oder Gasantrieb.

An den Flughäfen werden die Taxikennzeichen sowie Name und Ziel des Fahrgastes notiert. An internationalen Flughäfen gibt es einen *prepaid* Taxiservice (im voraus zu bezahlendes Taxiticket für ein registriertes Taxi zum Festpreis) und für Transitreisende einen Zubringerbus zu den Inlands-Flughäfen. Bevor Sie mit einem Taxi losfahren, achten Sie unbedingt darauf, dass das Taxameter vor der Fahrt auf Null bzw. auf den Mindestpreis zurückgestellt wurde.

In vielen Städten wird ohne Taxameter gefahren, den Preis immer vor der Fahrt aushandeln (dann ist Verhandlungsgeschick gefragt), in anderen wird er benutzt. Prepaid Counter für Festpreis-Taxifahrten gibt es häufig auch an Bahnhöfen und Busbahnhöfen. Gerade bei einer nächtlichen Heimfahrt ist es für Frauen sicherer, in einer Gruppe zu fahren oder ein registriertes Funktaxi mit GPS zu rufen.

**Busse:** Während der Stoßzeiten sollten Nahverkehrsbusse gemieden werden. Busverbindungen zwischen Städten bieten verschiedene Unternehmen an, eingesetzt werden komfortable und einfache Busse. Luxusbusse haben meist Aircondition. Expressbusse verkehren auf Langstrecken, oft sorgen Videofilme für lautstarke Unterhaltung.

Für Langstrecken bei Nacht empfehlen sich Sleeper-Busse (mit Betten).

## Rundreisen

Sightseeing-Touren mit landestypischen Bussen durch die Städte und in die unmittelbare Umgebung werden preiswert von fast jedem *State Tourism Department* veranstaltet; daneben gibt es auch Tourenpakete, die verschiedene Ziele im Land kombinieren. Tagesausflüge (wie z. B. Delhi – Agra – Delhi) und Rundreisen, die zwischen einer Woche und zehn Tagen dauern, werden in großer Zahl und Vielfalt angeboten, denn die Inder reisen selbst sehr gerne und meist in großen Gruppen.

## PRAKTISCHE TIPPS

### Banken / Geldumtausch

Banken sind von Montag bis Freitag 10 bis 14 Uhr geöffnet, am Samstag von 10 bis 12 Uhr. An gesetzlichen Feiertagen, am 30. Juni und am 31. Dezember bleiben die Banken geschlossen.

Bargeld sollte man nur bei Banken oder autorisierten Geldwechslern tauschen (keine beschädigten Rupie-Noten annehmen – diese wird man kaum wieder los!). US Dollar und Euro sind die gängigsten Fremdwährungen. Große Hotels wechseln Geld zu jeder Tageszeit, allerdings zu einem schlechteren Kurs.

In größeren Städten werden gängige Kreditkarten von vielen Hotels, Geschäften und Restaurants akzeptiert.

In allen Städten gibt es Banken, die Bargeld auf Kreditkarte ausgeben. Geldautomaten (ATM), die gängige Kreditkarten und EC- (nur Maestro!-) Karten annehmen und immer den günstigsten Wechselkurs bieten, gibt es in allen Städten, funktionieren jedoch nicht immer.

Trunk Route
other Route

**BAHNVERBINDUNGEN**
© Nelles Verlag GmbH, München

### Einkaufen

Indien hat eine lange kunsthandwerkliche Tradition. Selbst die Gegenstände des täglichen Bedarfs werden kunstvoll hergestellt. Der Unterschied zwischen handgewebten Textilien und Fabrikwarekleidung ist nicht zu übersehen. Falls Sie befürchten, beim Einkauf „übers Ohr gehauen" zu werden, kaufen Sie in staatlichen Kaufhäusern oder bei amtlich lizenzierten Geschäften; eine Liste dieser Geschäfte gibt es bei India Tourism.

### Essen und Trinken/ Alkohol

Die meisten Restaurants bieten gute bis hervorragende südindische Küche an, besonders regionale Spezialitäten sollte man versuchen. Das Essen in guten einheimischen vegetarischen „Pure Veg"-Lokalen kann auch der westliche Besucher probieren. Generell gilt Vorsicht bei Essen vom Straßenstand, solange es nicht frisch frittiert ist. Vorsicht bei Ungekochtem, besonders Salat und Mayonnaise. Keinesfalls Leitungswasser trinken! Abgepacktes Tafelwasser ohne Kohlensäure ist überall erhältlich, auch echtes Mineralwasser wie *Himalaya* oder mit Mineralien versetztes Wasser (*Bisleri*). Immer vor dem Essen die Hände waschen, in einheimischen „Pure Veg"-Lokalen gibt es ein extra Waschbecken hierfür im Lokal außerhalb der Toiletten.

In den Restaurants größerer Hotels bekommt man auch internationale Küche. Es gibt 24-Stunden-Coffee-Shops und Fast-Food-Ketten – Speisen gibt es oft rund um die Uhr, Schankschluss ist jedoch um 23.30 Uhr.

Nicht alle Restaurants besitzen eine **Alkoholausschanklizenz** (*liquor license*). Wein zum Essen gibt es in gehobenen Restaurants oder Hotels, kühles Bier in den meisten besseren nicht-vegetarischen Lokalen sowie in Hotels und Traveller- und Touristencafés um die großen Sehenswürdigkeiten. Oft wird Bier aber nicht im Freien ausgeschenkt, um Alkoholismus zu unterbinden.

In Kerala sind die Gesetze in punkto **Alkoholgenuss** relativ streng, ein Totalverbot wurde zeitweise erwogen. In Sternehotels ist der Ausschank jedoch erlaubt. Zuweilen schenken Strandbars Bier an Touristen im Teeservice aus.

Im Unionsterritorium Lakshadweep ist Alkoholkonsum nur auf der Touristeninsel Bangaram gestattet.

Indien hat keine lange „Trinkkultur"; die höchste Hindu-Kaste der Brahmanen (Priester), die dritthöchste Kaste der Vaishyas (Händler) und die Muslime tranken traditionell keinen Alkohol.

Erst in jüngerer Zeit wird **Wein** als Genussmittel zum Essen getrunken. Seitdem gibt es auch eine Auswahl indischer Weine, die an Produkte aus Australien oder Südafrika erinnern. Sie sind gut trinkbar, haben aber kein Feinschmeckerniveau. Bekannte Marken sind *Sula* oder *Grover*. Es gibt auch indischen **Sekt** der Marke *Sula* oder *Marquise de Pompadour*, ein französischindisches Joint-Venture-Produkt.

**Spirituosen**: Indischer Rum ist trinkbar, wenn er auch an den karibischen nicht heranreicht. Es gibt einheimischen Whisky und Gin. In Goa wird auch Coconut- und Cashewnut-*Fenny* angeboten, ein hochprozentiger Schnaps. Von selbstgebranntem Schnaps aus unbekannter Quelle sollte man unbedingt die Finger lassen: Es besteht Vergiftungs- und Erblindungsgefahr!

Die bekannteste **Biermarke** ist *Kingfisher*. Das normale Bier hat 4,8% Alkohol und wird in 0,5 l-Flaschen gereicht. 0,33 l-Flaschen werden v. a. in der gehobenen Gastronomie gereicht. Es gibt v. a. auf dem Land auch stärkere und starke Biersorten bis 8 % Alkohol.

*Toddy* ist vergorener Palmsaft oder **Palmwein**, das lokale Bier des kleinen Mannes in Südindien.

Außerhalb von Restaurants und Bars gibt es Alkohol nur in **Spirituosenläden** zu kaufen, die in großen Städten und besonders in Goa, der ehemals portugiesischen Kolonie und im ehemals französischen Pondicherry gut sortiert sind. In „Wine Shops" auf dem Land gibt es keinen Wein, sondern nur Rum, Whisky und ungekühltes Starkbier.

### Feste / Ferien

Die Termine für die indischen Feste richten sich nach dem Mondkalender; aktuelle Informationen hierzu beim GITO. Einige Feiertage sind fest, so der Tag der Republik (26. Januar), der Unabhängigkeitstag (15. August), Gandhi Jayanti (2. Oktober) und Weihnachten (25. Dezember).

### Fotografieren

Fotografieren ist an den meisten Orten ohne Einschränkung erlaubt, an manchen Sehenswürdigkeiten jedoch nur gegen Gebühr. Verboten ist das Fotografieren militärischer Anlagen, Brücken und bestimmter Heiligtümer; große Tafeln weisen auf das jeweilige Fotografierverbot hin. Bevor Sie jemanden fotografieren – und dies gilt besonders bei Frauen – sollten Sie vorher um Erlaubnis bitten.

### Führer

Touristenführer, die Englisch oder eine andere Fremdsprache beherrschen, kann man in allen größeren Touristenzentren über ein Reisebüro oder über India Tourism mieten. Diese Führer sollten im Besitz einer Lizenz des Indian Department of Tourism sein; nichtzugelassene Führer werden in manchen Sehenswürdigkeiten nicht eingelassen. Für einige historische Bauwerke hat das Archaeological Survey of India eigene Handbücher herausgegeben, die recht lohnend sind.

### Gewichte und Maße

In Indien gilt für Gewichte und Maßeinheiten das metrische System. Gold-

schmuck und bestimmte Silberartikel werden jedoch nach Gewicht verkauft, ausgedrückt in *tola*, einer traditionellen Gewichtseinheit, die 11,66 Gramm entspricht.

Der Wert von Edelsteinen hängt von ihrem Gewicht in Karat ab (ein metrisches Karat entspricht 0,2 g).

Die Inder haben für 100 000 übrigens ein eigenes Wort: *lakh*; 10 Millionen sind ein *crore*; „Million" ist unüblich.

### Kino

In Großstädten werden außer „Bollywood"-Produktionen auch englischsprachige und die neuesten Hollywood-Filme gezeigt, in Provinzkinos hingegen oft nur Filme in Hindi oder der Bundesstaatssprache.

Topaktuell und sehr beliebt sind die modernen Multiplexkinos mit bequemen Liegesesseln.

### Museen

Die meisten Museen sind sonntags geöffnet, schließen dafür aber an einem Wochentag. Auch an den Nationalfeiertagen ist geschlossen.

### Netzspannung

Die Netzspannung beträgt 230 Volt (200-260 V). In Hotels passen Euro-Flachstecker meist; für Schukostecker hingegen ist ein Adapter für die dreipoligen indischen Typ-D-Steckdosen nötig.

### Post

Die Post arbeitet recht zuverlässig, Briefe kann man sich an die Hauptpostämter der Großstädte schicken lassen, wo sie bis zur Abholung gelagert werden: Name (Nachname unterstreichen), General Post Office – poste restante. Briefe sollte man nicht in einen Briefkasten werfen, sondern zum nächsten Postamt bringen und dort sofort ab-

**10**

**Reise-Informationen**

stempeln lassen. Pakete müssen vor der Aufgabe eingenäht werden, was meist billig in Läden oder an mobilen Ständen vor dem jeweiligen Postamt möglich ist.

## Presse

Täglich in englischer Sprache erscheinen *The Times of India, Hindustan Times, The Hindu, The Telegraph, Asian Page* und *Indian Express*. Die Zeitschriften *India Today* (vierzehntägig) und *Sunday* (wöchentlich) greifen vor allem indische Probleme und weniger das Weltgeschehen auf. *Destination Traveller* ist die Zeitschrift für Reisende und Touristen, *Tehelka* ein kritisches, investigatives Magazin.

## Telekommunikation

**Auslandsvorwahl** nach Indien: 0091. Für Orts-, Inlands- und Auslandsgespräche gibt es *Public Call Offices* (PCOs) in Flughäfen, Bahnhöfen und Postämtern. Selbst in kleineren Städten in ländlichen Gegenden gibt es privat betriebene Fernsprechzellen (durch die Aufschrift STD/ISD gekennzeichnet), von denen auch Anschlüsse im Ausland direkt angewählt werden können.

**Mobiltelefon**: Man kann lokale Sim-Karten (u. a. von Airtel oder Vodafone) in jedem besseren Handyshop erwerben. Jedoch sollte man für das Prozedere unbedingt Zeit und Reisepass mit Visum sowie ein Passbild und am besten eine Passkopie mitbringen, da die Registrierung aufgrund der Sicherheitsauflagen sehr ernst genommen wird, z. T. ist auch eine Referenzadresse in Indien nötig. In der Regel fallen für Telefonieren bzw. Internetnutzung Roaminggebühren an, wenn man innerhalb Indiens den Bundesstaat wechselt. Das Neuaufladen der Karte mit Geld ist dagegen unproblematisch und wird in jedem Handyshop und in vielen der besseren Hotels vorgenommen.

**Internetcafés** (die teils auch Net-Phone bieten) sind weit verbreitet, die Preise sind dabei mit durchschnittlich 15-30 Rs/Std. sehr günstig.

Viele Hotels und Restaurants bieten **WLAN** für den Internetzugang mit Smartphone, Tablet oder Notebook an.

## Touristen-Information

Internet: **www.india-tourism.com**

Das Department of Tourism der indischen Regierung hat 18 überseeische Büros (siehe Adressen) und 21 inländische Informationsbüros (siehe Info-Boxen). Sie stehen Indien-Besuchern in allen Belangen helfend zur Seite – seien es Fragen zum Visum, zur Gesundheit oder zu Exportbestimmungen. Außerdem geben sie Broschüren über jedes Reiseziel in Indien heraus. Allerdings sind sie nicht alle gleich effizient.

Beim GITO (Government of India Tourist Office) erhält man Listen der Unterkünfte einschließlich Preisliste, Taxigebühren, Entfernungstabellen und andere nützliche Informationen über Nahverkehr, Einkauf, Banken, Geldumtausch und Restaurants. Die Adressen (mit Telex- oder Fax-Nummer) ermöglichen es, im voraus Zimmer zu buchen. Die GITO-Büros und andere staatliche Touristenbüros dienen nur als Informationsstellen, man kann hier weder Rundreisen noch Hotels buchen. Diesbezüglich muss man sich an einen Reiseveranstalter wenden.

## Verhaltensregeln

Beim Betreten von Tempeln, Moscheen, Gedenkstätten und Heiligengräbern muss man die Schuhe ausziehen – vereinzelt muss man barfuß gehen. In *gurudwaras* (Sikhtempeln) muss man den Kopf bedecken. Mancherorts wird an Ledergürteln o.ä. Anstoß genommen, anderswo ist Fotografieren verboten. Meist sind Verbots- und Gebotstafeln ausgehängt, und Besucher sollten sich danach richten.

Die Inder wissen es zu schätzen, wenn man ihren Gruß *namaste* (in Malayalam: *namaskaram*, in Tamil: *vanak-kam*) erwidert: Man grüßt mit aneinander gelegten Handflächen, die in der Regel bis zur Brust oder zur Stirn erhoben werden. Der westlich Handschlag ist nur in Kreisen der europäisierten oberen Mittelschicht angebracht – es schickt sich eigentlich für Hindus nicht, Fremde (und besonders solche des anderen Geschlechts) zu berühren.

Ist man zu einer Mahlzeit mit Einheimischen eingeladen, bei dem die Gerichte mit der Hand gegessen werden, sollte man nur die rechte Hand benutzen, die linke gilt als unrein. Auch wenn man Gegenstände erhält oder gibt oder jemandem die Hand schüttelt, wird nur die rechte Hand benutzt.

Nacktbaden ist verboten, auch wenn sich in Goa nicht alle westlichen bzw. russischen Gäste daran halten. Öffentliche Zurschaustellung von Zärtlichkeiten ist generell verpönt.

Im Allgemeinen sind die Inder äußerst gastfreundlich und hilfsbereit, mit einem ausgeprägten Hang zur Neugier. Man muss sich auf direkte, persönliche Fragen nach Beruf, Einkommen und Familienstatus gefasst machen.

### Zeit

Trotz der Größe des Landes hat Indien nur eine Zeitzone, weshalb es etwa auf den Andamanen im Osten bereits zwei Stunden früher dunkel wird als in Mumbai.

Indian Standard Time (IST) liegt 4,5 Stunden vor der mitteleuropäischen Zeit. (Delhi 12 Uhr = Berlin 7.30 Uhr).

## ADRESSEN

### Botschaften / Konsulate

**Deutschland** *Chennai:* Mico Bldg., 49, Ethiraj Salai, Chennai 600105, Tel. 044/28210810, Fax 044/28273542, germanychennai@vsnl.com.

*Delhi:* 6/ 50G, Shanti Path, Chanakyapuri, New Delhi 110021, Tel. 011/26871831, Fax 011/26873117, germany@vsnl.com, www.germanembassy-india.org.

*Goa:* c/o Cosme Matias Menezes Group, Rua de Querem, Panaji, Goa, Tel. 0832/2235526.

*Kolkota:* 1, Hastings Park Rd., Kolkota, Tel. 033/24791141/2, 033/24792150.

*Mumbai:* Hoechst House (10.Stock), Nariman Point, Tel. 022/22832422, Fax 022/22025493, germanconsulmumbai@vsnl.com.

**Österreich** *Chennai:* Kothari Bldg., 115, Nunkambakkam High Rd., Chennai 600034, Tel. 044/28334515, Fax 044/28334560, bhkotari@vsnl.com.

*Delhi:* EP-13, Chandragupta Marg, Chanakyapuri, New Delhi 110021,Tel. 011/26889049/50, Fax 011/26886929.

*Kolkota:* 19, Netaji Subhas Rd., Kolkota, Tel. 033/22208346-49.

*Mumbai:* 206-210 Balram Building, Tel. 022/22874758/9, tamara-valladares@jasubhai.com.

**Schweiz**. *Chennai:* 224, TKK Rd., Alkapet, Chennai 600018, Tel. 044/24353886, Fax 044/24342363, muthu. rama@gems. vsnl.net.in.

*Delhi:* Nyaya Marg, Chanakyapuri, New Delhi 110021,Tel. 011/26878372-4, Fax 011/26873093.

*Mumbai:* 102, Maker Chambers IV, J. Bajaj Marg, Nariman Point, Tel. 022/22884563, vertretung@mum.rep. admin.ch.

### Informationen im Ausland

**Deutschland**: Indisches Fremdenverkehrsamt, Baseler Str. 48, 60329 Frankfurt, Tel. 069/2429490, Fax 24294977, www.india-tourism.de.

## AUTOREN

**Shalini Saran** war Project Editor dieses *Nelles Guide* und ist eine bekannte indische Reiseschriftstellerin und Fotografin.

**Varsha Das** arbeitet als Redakteurin in New Delhi. Sie hat Sanskrit und Hindi studiert und schreibt für diverse Tageszeitungen und Magazine. Sie verfasste das Kapitel „Orissa".

**Ashis Banerjee** hat Politik und Literaturwissenschaft. Gegenstand seiner Veröffentlichungen ist die Politik und Gesellschaft Indiens. Er verfasste die Features „Kastenwesen" und „Frauen in Indien" mit.

**Dr. R. Nagaswamy** ist Experte für Sanskrit sowie südindische Kunst und Kultur. Er ist Koautor der Kapitel „Geschichte", „Karnataka", „Andhra Pradesh", „Madras", „Tamil Nadu" sowie Autor des Features „Tempelreise".

**Shiraz Sidhva** arbeitet als freie Journalistin in New Delhi. Sie ist Koautorin der Kapitel „Mumbai", „Maharashtra" und „Goa".

**Geeta Doctor** lebt als freie Journalistin in Mumbai. Die Kapitel „Kerala" und „Tropische Inseln" stammen teilweise von ihr.

**J. Inder Singh Kalra** ist Vorsitzender der International Wine, Food and Travel Writer's Association für Asien. Er ist Koautor von „Indische Küche".

**Ulrike Teuscher**, Indologin und Studienreiseleiterin, überarbeitete große Teile des Textes.

**Helmut Köllner**, Indologe und Studienreiseleiter für Süd- und Südostasien, hat das Feature „Indisches Wirtschaftswunder" sowie Teile von „Geschichte" und „Goa" neu verfasst.

**Julia Ziegelmaier** studierte indische Kunstgeschichte, ist Künstlerin und Studienreiseleiterin für Indien. Sie hat diese Ausgabe aktualisiert. Von ihr stammen die Features „Götter" und „Ayurveda". Große Teile von „Kasten-wesen" und „Indische Küche" hat sie neu verfasst.

**E. Scholz, C. Sühs**

## REDEWENDUNGEN IN TAMIL UND MALAYALAM

In Indien gibt es 21 Hauptsprachen und über 200 Dialekte. Tamil, Malayalam, Kannada und Telugu sind die am weitesten verbreiteten südindischen Sprachen. Tamil wird in allen südlichen Staaten verstanden, ebenso Englisch (eher als Hindi).

| | Tamil | Malayalam |
|---|---|---|
| Begrüßung | Vannakkam, namaskaram | Namaskaram |
| Auf Wiedersehen | Poitt vaare | Varate |
| mehr | Konjam kudi kodu | Aeniim |
| Wo ist das? | aenge irk apa? | evede? |
| Wie weit ist ... entfernt? | Aevlav duram ... ? | ettaradooram ana? |
| Wie komme ich nach ...? | Aeppadi poi varla ... ? | illekya en ganiye ana ponade? |
| Wieviel kostet das? | Inda villa? | Enthu vila? |
| Das ist teuer! | Raemba villa | Vila Kudutal anu |
| Kann ich die Speisekarte haben? | Konjam menu kaat? | Menu kanikyamo |
| Bitte ohne Eis! | Ice poda venda | Ice venda |
| Weniger Zucker bitte! | Shakara konkama podu | Panjasara korekyuga |
| Die Rechnung bitte! | Konjam bill tarunge! | Bill kondu veru |

| | Tamil | Malayalam | | Tamil | Malayalam |
|---|---|---|---|---|---|
| ich | aennake | njan | Kaffee | kapi | kapi |
| du | nningal | nningal | Reis | saadam | choru |
| ja | amma | sari | Tee | chaya | chaya |
| nein | venda | venda | Milch | paale | paalu |
| bitte | daevayi | dayavayi | Zucker | shakara | panjasaara |
| danke | nandri | nandi | Joghurt | taiire | taiire |
| groß | perithu | valuthu | Essen | sapad | bakshanam |
| klein | chinna | cherriyade | kommen | inga va | varu |
| heute | indr | innu | gehen | ange po | po |
| morgen | nallikye | naale | Salz | uppe | uppu |
| gestern | naete | innale | Chilis | mellagu | mulagu |
| heute nacht | inne raatike | innu ratri | weniger | konjama | kurachu |
| Woche | vaaram | azcha | | | |
| Monat | maatham | maasam | | | |
| Jahr | varudam | varsham | | | |
| sauber | shuttam | virti | 1 | onuru | onne |
| schmutzig | ashinnam virtikaettade | | 2 | irandu | rande |
| heiß | chude | chude | 3 | munru | mune |
| kalt | tannupe | thanupu | 4 | naale | naale |
| Geschäft | kadaa | kadaa | 5 | ainthu | anju |
| Medizin | marinnyu | marunnu | 6 | aaru | aaru |
| wieviele | aettana | ethra | 7 | aeru | ezhu |
| Ei | mutta | kozhimutta | 8 | aettu | ettu |
| Gemüse | tarkali | pacchakaari | 9 | onpathe | umbude |
| Wasser | tanni | wellam | 10 | paththu | pathe |

Reise-Informationen 10

# REGISTER